國家社科基金重大招標項目《近代漢語方言文獻集成》結項成果

陝西師範大學中國語言文學『世界一流學科建設』成果

本輯獲『江西省高校人文社科重點研究基地招標項目「江西客贛方言歷史文獻集成與校注」』資助

近代漢語方言文獻集成 第三輯

喬全生 主編

近代漢語客贛方言文獻集成

（全三卷・卷一）

李軍 編著

创于1897
商務印書館
The Commercial Press

圖書在版編目(CIP)數據

近代漢語客贛方言文獻集成/李軍編著. —北京：商務印書館，2023
(近代漢語方言文獻集成/喬全生主編)
ISBN 978-7-100-21637-1

Ⅰ.①近… Ⅱ.①李… Ⅲ.①客家话—方言研究
Ⅳ.①H176

中國版本圖書館CIP數據核字(2022)第162548號

近代漢語方言文獻集成　第三輯
近代漢語客贛方言文獻集成
李　軍　編著
策劃編輯　徐從權　　責任編輯　俞必睿
封面設計　熊　熊　　版式設計　文　虹

商　務　印　書　館　出　版
(北京王府井大街36號　郵政編碼100710)
商　務　印　書　館　發　行
北京捷迅佳彩印刷有限公司印刷
ISBN 978-7-100-21637-1

2023年1月第1版　　開本787×1092　1/16
2023年1月北京第1次印刷　　印張72½
定價：1680.00元

《近代漢語方言文獻集成》編委會

《近代漢語方言文獻集成》總目録

第一輯　《近代漢語官話方言韻書韻圖文獻集成》（李子君）
第二輯　《近代漢語湘方言文獻集成》（田範芬）
第三輯　《近代漢語客贛方言文獻集成》（李軍）
第四輯　《近代漢語客家方言域外文獻集成》（莊初昇）
第五輯　《近代漢語官話方言域外文獻集成》（郭利霞）
第六輯　《近代漢語官話方言課本文獻集成》（余躍龍）
第七輯　《近代漢語官話方言綜合文獻集成》（趙褘缺）
第八輯　《近代漢語晉方言文獻集成》（王爲民）
第九輯　《近代漢語吴方言文獻集成》（石汝杰）
第十輯　《近代漢語閩方言文獻集成》（錢奠香）
第十一輯　《近代漢語粵方言文獻集成》（伍巍）
第十二輯　《近代漢語徽方言文獻集成》（朱蕾）
第十三輯　《近代漢語平話土話方言文獻集成》（林亦）
第十四輯　《近代漢語方志所録方言文獻集成》（莫超）

《近代漢語方言文獻集成》前言

《近代漢語方言文獻集成》是 2010 年國家社科基金重大招標項目（項目批准號 10 & ZD122）的結項成果，由我擔任項目主持人和首席專家。2019 年初項目經過嚴格評審，最後獲評「優秀」，通過結項。

該成果以《近代漢語方言文獻集成》（以下簡稱《集成》）冠名，由商務印書館正式出版，共分十四輯，約 200 餘卷。共收集唐五代宋至 1949 年以前中外文獻 1000 餘種。

書名中的「近代漢語」，采用吕叔湘先生的觀點，時間起訖：晚唐五代（公元九世紀）至五四運動。① 考慮到二十世紀三四十年代也有一些重要的方言文獻，故將時間下限延至 1949 年。本套叢書的「方言」一詞，指現代漢語十大方言。方言劃分及順序依據《中國語言地圖集》（第 2 版）②，名稱采用魯國堯先生《學思録：「X 語」和「X 方言」》中的見解，如稱「閩方言」不稱「閩語」。③ 因此《集成》的漢語十大方言爲官話方言、晉方言、吴方言、閩方言、客家方言、粵方

---

① 吕叔湘《〈近代漢語讀本〉序》（上海：上海教育出版社，2005 年）：「我們發現，儘管從漢魏到隋唐都有夾雜一些口語成分的文字，但是用當時口語做基礎，而或多或少地摻雜些文言成分的作品是直到晚唐五代才開始出現的（如禪宗語録和敦煌文學作品），因此我們建議把近代漢語的開始定在晚唐五代即第九世紀。」「這樣，漢語的言文分歧就維持了很長一個時期，直到五四運動後才重新統一起來。」

② 中國社會科學院語言研究所、中國社會科學院民族學與人類學研究所、香港城市大學語言資訊科學研究中心《中國語言地圖集》（第 2 版），北京：商務印書館，2012 年。

③ 魯國堯《語言學文集：考證、義理、辭章》，《學思録：「X 語」和「X 方言」》，上海：上海人民出版社，2008 年。

言、湘方言、贛方言、徽方言、平話土話方言。書名中的「方言文獻」包含：方言韻書、方言韻圖、方言字書、注音字母材料、羅馬記音材料、方言語法、方言詞典、方言課本、古代方志所記方言材料、部分方言作品（包括蒙書、用方言寫作的文學作品）、文士雜記等，涵蓋國内外公開出版、公私庋藏的方言文獻。所謂「集成」，乃藴將晚唐五代以降迄於1949年的方言文獻萃聚、裒集一編之意。

《集成》的編著工作以現代漢語十大方言爲主綫，劃分爲三大板塊：1. 全面訪查、搜集反映各大方言文獻資料的種類、數量及存佚、收藏情況，編制《近代漢語方言文獻總目》。2. 對文獻的版本、藏館、體例、内容、語音特徵（或音系）、學術價值和研究成果等提要鈎玄，撰寫《近代漢語方言文獻提要》。3. 將搜集到的千餘種方言文獻按十大方言區整理、彙編，出版《近代漢語方言文獻集成》。

《集成》十四輯名稱及編撰者如下：

李子君、郭利霞、趙禕缺、余躍龍：《近代漢語官話方言文獻集成》
王爲民：《近代漢語晉方言文獻集成》
石汝杰：《近代漢語吴方言文獻集成》
錢奠香：《近代漢語閩方言文獻集成》
莊初昇：《近代漢語客家方言域外文獻集成》
伍　巍：《近代漢語粵方言文獻集成》
田範芬：《近代漢語湘方言文獻集成》
李　軍：《近代漢語客贛方言文獻集成》
朱　蕾：《近代漢語徽方言文獻集成》
林　亦：《近代漢語平話土話方言文獻集成》
莫　超：《近代漢語方志所録方言文獻集成》

由於官話方言文獻數量巨大，乃離析爲四，分别由以下諸君擔任：

李子君：《近代漢語官話方言韻書韻圖文獻集成》

趙祎缺：《近代漢語官話方言綜合文獻集成》

郭利霞：《近代漢語官話方言域外文獻集成》

余躍龍：《近代漢語官話方言課本文獻集成》

《集成》主要收録、影印原始方言文獻，也酌收利用方言文獻研究某方言的論著。編寫文獻提要時盡力爲每一種文獻提供封面、扉頁、目録、正文頁。

《集成》所收方言文獻均是明確記録、探究某地方言的文獻材料。如明代李實《蜀語》、民國初孫錦標《南通方言疏證》等。不收録主要反映通語的文獻，如宋代王觀國《學林·方俗聲語》。不收録含有某地方言詞語的其他作品，如敦煌變文、《元曲選》、筆記小説等。不收録反映唐五代西北方音的漢藏對音、梵漢對音的佛經文獻等。也暫不彙集零星的、散見於各種文學作品中的方言詞語。在域外文獻方面，一般不收録用方言翻譯的《聖經》等各種譯本。

同一類型的文獻，只收録初版在1949年之前的成品成果，不收録出版於1949年之後的成品成果。前者如《唐五代西北方音》（羅常培1933）、《湖北方言調查報告》（趙元任等，1936年調查，1948年出版）；後者如《雲南方言調查報告》（楊時逢1969）、《四川方言調查報告》（楊時逢1984）、《宋代西北方音》（李範文1994）。

官話區的方言雜字類書籍繁多，總數不下400種，《集成》主要收録對方音史或方言詞彙史有研究價值的雜字類書籍，最後篩選出20餘種。對同一種雜字類書，如果内容相同，即收録年代較早的一種。如果内容不同，只收録對方音史或方言詞彙史有研究價值的版本，不一定收録年代較早的一種。如山東曲文炳《新編四言雜字》，最早刊於康熙三十二年（1693），此後又有刻本《音注四言雜字》。《集成》只收對方音史或方言詞彙史更有研究價值的《音注四言雜字》。

每輯所録文獻，基本以成書時間爲序。成書時間不明者則取初刻時間，刊刻時間不明者則取序跋時間，初刻、序跋時間均不詳者，則附於同一朝代文獻之末。

每輯卷首均有總序與某輯前言，各輯編著者在前言中均會有自己對所輯録文獻的獨到的認識和説明。

《集成》由於種種原因，各方言區還有一些方言文獻未能録入，如：反映晉方言的文獻《芸香齋韻法新譜》（國家圖書館），反映冀魯官話的《切韻指南》（山東省圖書館）、《音韻集成》（吉林大學圖書館），反映湘方言的《認字叢鈔》，反映吴方言的字書《鄉音字類》（南京圖書館），反映湖北方言的字書《六音便覽》，反映湖南贛方言的韻書《一法通》，反映客家方言的注音字母材料《贛方言考》等。以後將俟機補録。

《集成》歷經八年編纂始成，今又能够得以正式出版，其中甘苦，不必多言。但我一直藴藏於心中的感激之情，却不能不説。總而言之就是『感謝』。

《集成》項目是一個工程，我作爲首席專家，負責規劃、組織和主持實施工作，雖也在國内外收集部分文獻，但大量的實際工作是由衆多的參與搜集整理、進行編纂的專家學者完成的。感謝他們在這八年裏的艱辛勞動和無私奉獻。

《集成》經過專家嚴格評審結項後，商務印書館的领导獨具慧眼、高瞻遠矚，用最快的時間，派出最强的編輯力量部署這套叢書的出版，專門召開叢書主編與編審組出版專題座談會。衆所周知，商務印書館在國内外學術界、出版界久負盛名，這套叢書能够在商務印書館出版，既體現出了該館對本套叢書學術價值的充分認可，對學術文獻的高度重視，也體現出該館出版大型叢書的雄厚實力，更彰顯出該館打造學術精品、力推傳世文獻的大魄力與大胸懷。商務印書館的馮愛珍編審以及編輯組的各位編輯爲本套叢書的出版付出了諸多心力。

陝西師範大學校領導、文學院領導對本套叢書的出版格外重視，給予人力、物力、財力各方面的大力支持。陝西師範大學出版總社劉東風社長、雷永利總編輯，在出版前期專門安排郭永新主任、杜莎莎、鄭若萍編輯對本套叢書進行技術指導。

我藉此機會謹代表編撰者向商務印書館、陝西師範大學各級領導及分卷主編所在單位領導表達崇高的敬意！

《集成》得以順利出版，我們還要感謝自始至終關心、支持、指導我們的侯精一先生、魯國堯先生和張振興先生，三位先生從我申請立項到項目開題，從課題結項再到集成出版，從來不是挂名的顧問，而是實實在在地指點迷津，真真切切地幫扶匡助。這裏特向三位先生表達最真摯的謝意！

感謝撥冗出席本項目開題、中期報告和結項會議的各位專家以及山西省社科規劃辦、山西省教育廳以及山西大學社科處、陝西師範大學社科處的各位領導！

還要特别感謝無私地奉獻出自己珍藏多年的地方文獻的諸位師友：如劉曉南教授的珍藏本《廣新方言》，胡松柏教授的珍稀本《婺城鄉音字彙》《新安鄉音字義考正》，吴葆勤編審的珍藏本《太谷元音》等。

最後，衷心感謝爲本叢書出版出謀劃策的胡安順教授、汪啟明教授、王貴元教授。感謝參與本套叢書、組織各種會議、承擔具體事務性工作的青年教師王曉婷、辛睿龍、于融以及多位博士生、碩士生！

《近代漢語方言文獻集成》主編喬全生

二〇一九年十二月於陝西師範大學語言科學研究所

正其誼而不謀其利，明其道而不計其功

——《近代漢語方言文獻集成》總序

喬全生

在世界文明古國裏，唯有我們中國文明没有中斷，綿延幾千年，燦爛輝煌，歷久彌新，爲人類做出了極其重要的貢獻。考古學家認爲，中國文明的起源，文字是重要因素。三千多年以前，中國就已經有了甲骨文。有了文字，就出現了利用文字記録的文獻。季羨林先生在《中國大百科全書·語言文字》的『梵語』一條中說：『在世界所有古代語言中，梵語文獻的數量僅次於漢語，遠遠超過希臘語和拉丁語。』①中國文獻的産出至宋代達到一個高峰，而這正是近代的開端。陳寅恪先生在鄧廣銘著《宋史職官志考證》序中說：『華夏民族之文化，歷數千載之演進，造極於趙宋之世。』②

地方志至宋代興起，體例逐漸完備，所記内容日趨豐富。至南宋，方志之學日臻成熟。方志作爲記載一方之事之志書，是由地方性的人物傳記和地方性的地理專著滙合而成。③宋代以前的志書内容簡略，門類大致包括地圖、山川、風土、物産、人物等類。司馬光稱其『博物之書』，歷史價值極高。明清兩代，方志編纂大盛，明代方志中方言專編尚少，清代至民國方言編漸多，據我們收集資料統計，清代至民國，中國方志所録方言文獻 392 種（含波多野太郎《中國方志所録方

---

① 季羨林《中國大百科全書·語言文字·梵語》，北京：中國大百科全書出版社，1988 年，第 75 頁。

② 陳寅恪《〈宋史職官志考證〉序》，《金明館叢稿二編》，臺北：里仁書局，1984 年。

③ 倉修良《方志學通論》，北京：方志出版社，2003 年，第 33 頁。

言彙編》274種，我們補充收録118種），地理範圍包括廣東、廣西、貴州、安徽、江蘇、浙江、湖南、湖北、四川、陝西、山西、河北、甘肅、遼寧、山東、河南、福建17個省（自治區），所記方言語料反映了當時的語言面貌，可爲漢語方言史的研究提供文獻學證據。

最早能够反映近代漢語方言口語的材料可追溯到唐宋兩代。敦煌變文等文書中的韻文、别字異文均反映唐五代時期的西北方音或晉方音。同样，宋代的禪宗語録中也含有大量的方言口語詞，可與当今活的方言相對比，是研究方言詞彙史的重要參考。由於這些方言材料比較分散，不在本叢書輯録之列。羅常培先生根據漢藏對音、藏文譯音以及注音材料，結合今西北地区方音和山西方音勾勒出晚唐五代時期的西北方音，著成《唐五代西北方音》，由於初版是1933年，本叢書予以收録。由党項人骨勒茂才編、刊於西夏仁宗乾祐二十一年（1190）的《番漢合時掌中珠》，是西夏文和漢文雙解語彙辭書，是中國境内最早的雙語對照教材。李範文先生根據《番漢合時掌中珠》西夏、漢兩種文字注音情況，結合今西北地区蘭州、平凉、西安、三水方音和山西的文水、興縣方音勾勒出十二世紀末宋代西北方音，著成《宋代西北方音》，由於出版於1994年，本叢書不予收録，但《番漢合時掌中珠》是集中反映宋代方音的珍貴材料，本叢書予以收録。

十六世紀開始，來華的西方傳教士也開始記録和研究漢語方言，出現了利瑪竇、金尼閣、馬禮遜、艾約瑟、衛三畏等傳教士漢學家。他們爲了傳教的需要編著了一批數量可觀的漢語研究著作與漢語教學用書。從功能類型上劃分，這批漢語研究文獻大致分爲三種：一種是工具類的漢外語對照字典、詞典，一種是學習類的漢語教科書，一種是學術性的漢語研究專著。本叢書所收域外傳教士文獻中反映官話方言的文獻有110種、吴方言文獻43種、粵方言文獻13種、客家方言文獻19種、閩方言文獻51種，研究地域主要涉及官話區和東南沿海地區，這些文獻的研究内容涉及語音研究、漢字研究和語法研究等各方面。他山之石，可以攻玉。這批傳教士方言文獻與中國的傳世文獻相互印證，在一定程度上彌補了傳世文獻的不足。傳教士漢學家的研究成果和對漢語的思考，爲漢語研究提供了新的思路，對國内的漢語語音、文字和語法研究都産生了較爲深遠的影響。可惜的是，這批傳教士方言文獻有的散藏於倫敦、巴黎、京都，中國香港、澳門、上海、北京等地的圖書館，束之高閣，知之者寥寥，有的散落民間或藏在少數學者手中，未能成爲學術公器。

從目前收集到的方言文獻看，官話方言、吴方言、閩方言文獻最爲豐富，徽方言孤本文獻最多，晉方言、湘方言、贛方言、平話土話方言等文獻相對較少。各方言内部文獻數量也不均衡，以吴方言爲例，雖然文獻數量可觀，但主要集中在幾個中心大城市的方言，如上海、蘇州、温州等。

域内官話方言文獻最爲豐富，反映明清官話方言的韻書、韻圖就多達128部200餘種，可謂『音韻蜂出，各有土風』。經甄别、考校後，收録了最能直接反映明清兩代官話音系的韻書、韻圖59部。所選59部文獻中，僅孤本傳世文獻就有27部，如《瓊林雅韻》《東國正韻》《洪武正韻譯訓》《文韻考衷六聲彙編》《韻助略集》《音泭》《韻史》《七音譜》等。反映官話區方言字書、詞語考、方言實録等70餘種文獻中，也有10餘種罕見或抄本等珍稀文獻。如：清代河南偃師人裴希純的《原諺》，記録了河洛方言詞語，雖是刻本，未見圖書館收藏；民國山東肥城汶陽人馬文源的抄本《俚言雜字》爲宇内孤本。還有一本更爲特殊，清末開封人常茂徠的《石田野語》，收有開封方言詞語，整書爲紅墨印製的刻本，當是正式出版前的校勘本。域外官話方言文獻中，也有幾種是價值頗高而學界未予關注的。如：［英］鮑康寧的《英華合璧》（*Mandarin Primary*），1887年第一版。［法］閔宣化《漢語口語（北部北京官話）的結構規則》［*The Structural Principles of the Chinese Language: An Introduction to the Spoken Language*（*Northern Pekingese Dialect*），1930年第一版］。［美］賽兆祥的《官話口語》（*An Exposition of the Construction and Idioms of Chinese Sentences as Found in Colloquial Mandarin*），1889年上海美華書館出版。［英］翟理斯的《華英字典》（*A Chinese-English Dictionary*），1892年出版於上海。

本叢書收入的其他方言區的中外文獻也不乏首次發掘的孤本、珍本。本叢書輯録的徽州方言的抄本韻書多達50餘種，均爲首次發現。如：《重編摘註鄉音集要字義》清嘉慶年間抄本，上下二册。《各處鄉音字彙》胡子如抄，光緒卅一年抄本，一册，殘。《全副字彙》，光緒辛卯年十月抄本，雲川王質文抄，一册，全。本叢書輯録的湘方言珍本韻書多達20餘種，録入本叢書3種。如：清代楊世樹（長沙）《聲律易簡編》，稿本（約十九世紀早期）。楊唐（邵陽）《天籟字彙》四卷，清宣統三年（1911）刻本。李旦冥（長沙）《湘音檢字》，1937年長沙錦文印務館石印本。本叢書輯録的粵方言中外文獻，清代伍殿綸《增輯字音分韻撮要》，孤本，刊於1886年，此書是目前見到的最早刊刻本。華天閣本《分韻撮要》，孤本，刊於1911年，現爲廣州私人藏本。域外粤方言字書［英］）馬禮遜《廣東省土話字彙》（*Vocabulary of the Canton Dialect*）（By R. Morrison，D.D），善本，澳門東印度公司1828年版，現藏於美國加利福尼亞大學圖書館。本叢書輯録的客家方言域外文獻中有多種是學術界鮮有人關注的珍貴文獻。如：荷蘭人范德斯達特編的《客家詞典》（*Hakka-Woordenboek*），1912年在巴達維亞（今雅加達）出版。這本辭典描寫的是一種六聲調系統的梅縣腔的客家方言，具有極高的學術價值。

此外還有一些文獻比較珍貴，如：山西晉方言字書介休《方言雜字》，江西客贛方言字書《辨字摘要》、韻圖《空谷傳聲》、民國客贛方言注音字母材料《國音四種》（高安）、蘇州方言字書《鄉音字類》等。

如此極其豐富而珍貴的文獻，正統文人不予重視，甚至輕視，一直没有得到搜集、整理。至民國時期有些學者重視，但由於國家貧弱，以致無力做整理、出版的工作。適逢中華人民共和國成立七十年，特别是改革開放四十年，民族復興，經濟繁荣，文化發展，如今有條件進行大規模的文獻搜集和整理，可謂恰逢其時。

漢語方言文獻廣泛見於海内外，卷帙繁多，收集起來十分不易。以往多位國内外學者做過一些局部性的方言文獻整理，如日本學者波多野太郎所編《中國方志所録方言匯編》（九册）（日本横濱市立大學，1963），林雙福、洪惟仁主編《閩南語經典辭書彙編》（十種）（臺北武陵出版社，1993），香港長城文化公司影印《罕見韻書叢編》（二十二種）（香港長城文化出版公司，1995），黄建群《湖北方言文獻疏正》（五種）（湖北教育出版社，1999），馬重奇《清代漳州三種十五音韻書研究》（三種）（福建人民出版社，2004），周建設《明清、民國時期珍稀老北京話歷史文獻整理與研究》（其中韻書六種）（首都師範大學出版社，2015）等。這些文獻在國内外學術界均有一定的影響。

但是像《近代漢語方言文獻集成》這種面向古今中外，大規模、超時空的漢語方言文獻整理出版，在國内外尚屬首次。該叢書之搜集、編纂，歷時八載。整個項目由海内外20余位專家學者，組成14個子課題組，共收集唐五代宋至1949年以前中外文獻1000餘種，結項稿达A4纸160，000餘頁。在此基礎上，分别編纂出漢語十大方言區的《文獻目録》、現存方言文獻的《文獻提要》和《近代漢語方言文獻集成》，形成一個大型的『近代漢語方言文獻語料庫』。與此同時，研究編纂人員還分别發表或出版了20餘篇（部）重要的階段性研究成果。基本達到了本項目立項之初提出的『使散見的文獻集中起來，使罕見的文獻常用起來，使孤本的文獻共用起來，使隱性的文獻彰顯起來』的總體目標，體現出『集全國之力，盡地利之便，成文獻之全，顯學術之威』的鮮明特色。今以《近代漢語方言文獻集成》（以下簡稱《集成》）冠名正式出版，共分十四輯，約200餘卷。

我們希望通過《集成》這個重大成果，把前人留下來的大批珍貴的漢語歷史方言文獻予以妥善保存，并充分發揮其在漢語語言學以及相關學科研究中的重要作用，使其真正成爲學術研究的公器，爲漢語研究，尤其爲漢語語音史研究、漢語方言史研究提供豐富的、全新的重要文獻依據。

盛世修典。規模宏大的《集成》的整理和出版，充分反映了最近幾十年來中國經濟和文化的巨大發展。這也是學術界、出版界響應黨中央、習近平總書記關於弘揚和傳承中華優秀傳統文化、堅定文化自信偉大號召的重要舉措之一。《集成》作爲近代漢語方言歷史文獻的集大成者，是我們回答時代課題的重要實踐。《集成》的出版必將在海内外漢語學界引起重大反響，成爲溝通東西方文明的重要橋梁，本《集成》堪稱國之瑰寶，必將在世界文明史上、在構建人類命運共同體中綻放出耀眼的光芒。

清代皮錫瑞在《經學歷史》中云：『凡學不考其源流，莫能通古今之變。』這裏首先要涉及的就是文獻，就是指那些具有歷史價值或參考價值的記録和資料。《集成》幾乎集齊了晚唐宋代至1949年所有的漢語方言中外文獻，包括語言事實的記録和相關的整理研究資料。它們對於漢語方言史研究、漢語方言學史研究、漢語語言學研究有着重要學術價值。現縷述如下：

（一）爲漢語方言史的研究奠定堅實基礎

馬克思説：『研究必須充分地佔有材料，分析它的各種發展形式，探尋這些形式的内在聯繫。』① 明代陳繼儒云：『史

① 馬克思《資本論》，《馬克思恩格斯全集》第23卷，第23頁。

之难，难於料耳。』[①]《集成》正是爲漢語史、漢語方言史研究提供充分的、豐富的材料的重要的舉措。

漢語方言文獻是研究漢語方言史的根基和重要依據，在漢語方言史研究中具有『一錘定音』的重要作用。李榮先生指出：『方言研究以實地調查爲本。方言的歷史比較研究如有文獻印證，猶如脚踏實地。早期方言韻書的重要性就在乎此。』[②]漢語方言歷史研究包括漢語方言歷史層次的構成、漢語方言歷史演變規律等方面的研究，有兩個重要依托：一是現代方言的語言事實，二是歷時歷代的方言事實。其中歷代的方言事實必須求諸歷史文獻資料。探求現代方言語言事實的發展和演變，也離不開歷史文獻資料。從這個意義上來説，文獻資料是漢語方言歷史研究的最重要基礎之一。

二十世紀在美歐盛行一時的『普林斯頓學派』(Princeton school）主張抛棄文獻，單純從現代方言材料出發，構擬漢語各大方言的原始形式，進而構擬原始漢語，以真正貫徹原汁原味的西方歷史比較法自詡，其工作雖然具有一定的意義，但失誤嚴重，是不成功的。他們的失敗，不僅暴露出歷史比較法固有的缺陷，也從反面證明了歷史文獻之於方言研究的重要性。

漢語有着汗牛充棟的歷史文獻，挖掘并利用這些豐富的方言歷史文獻進行方言史研究，使『歷史文獻考證法』成爲可能并充分發揮其作用。豐富的方言歷史文獻既是方言史研究的重要依據，也是方言史研究的重要内容，已成爲二十世紀方言史研究的主要特點。再加之漢語方言有着近百年的調查和研究成果，也爲漢語方言史研究運用『歷史比較法』開展歷史方音的構擬工作提供了極大便利。

（二）爲漢語語言學史特别是漢語方言學史的學科建設提供基本保障

文獻搜集、整理在學術研究中具有基礎性與前提性的作用。文獻的發掘與整理往往能推動一個新的學科的發展與繁

---

① ［明］陳繼儒《〈弇州史料〉序》，《弇州史料》三十卷，［明］王世貞撰，董福表編。左都禦史張若溎家藏本，明萬曆四十二年（1614）刻本。

② 李榮《〈渡江書十五音〉序》，《方言》，1988年01期。

榮，近代敦煌文獻的整理推動了敦煌學的興起與發展，就是最有力的證明。陳寅恪先生在《〈敦煌劫餘録〉序》中暢言：「一時代之學術，必有其新材料與新問題。取用此材料，以研求問題，則爲此時代學術之新潮流。」羅常培先生在《〈十韻彙編〉序》中直言：『有一分材料才有一分的結果，有十分材料才有十分結果。』均强調文獻材料對學科建設的重要性。漢語語言學作爲人文社會科學研究的一個重要組成部分，其學科的發展與繁榮同樣離不開對文獻材料的依托。

歷史文獻資料既是漢語史研究的主要對象，更是學科建設的重要依傍。只有充分佔有文獻材料，才能夯實漢語史研究的基礎。各時期的韻書、韻圖以及其他歷史語音文獻材料不斷被發掘、整理與研究。尤其在傳統韻書、韻圖等反映通語特徵的材料整理與研究方面成績卓著，二十世紀二十年代劉復、魏建功、羅常培的《十韻彙編》，八十年代周祖謨的《唐五代韻書集存》等，依據對這些文獻材料的深入研究，基本建立漢語語音史的學科框架。中國獨特的人文歷史，決定了漢語在每一歷史時期除具有通行全國的雅言或通語外，不同時期、不同地域還具有豐富多彩的方言現象。研究漢語史、研究漢語語音史，必須緊密聯繫漢語方言史、漢語方言語音史。只有在對各大區方言史的研究取得突破性的進展，將通語史研究與方言史研究相互結合，構建立體研究框架的前提下，才能稱得上一個完整的學科研究。《集成》的出版必將有力地促進漢語史和方言史的學科發展，從而推動整個漢語語言學學科的繁榮和發展。

（三）爲普通語言學，特別是爲漢語語言學研究的理論創新創造重要條件

理論創新以佔有豐富的史料爲根基，捨乎此，渾如「良賈不操金，大匠不儲材，雖鄭卓、公輸立窘矣」。①《集成》爲語言學研究提供了巨量的漢語和漢語方言文獻資料。歷史是一面鏡子，對於語言學研究來説，我們可以從這些文獻資料裏透視漢語和漢語方言發展演變的大致面貌，引導我們探討、思考一些重大的，具有一定普遍性的理論問題，爲理論創

①［明］陳繼儒《〈弇州史料〉序》，《弇州史料》三十卷，［明］王世貞撰，董福表編。左都禦史張若溎家藏本，明萬曆四十二年（1614）刻本。

新創造重要條件。這些問題例如：語言與社會政治、經濟的關係，語言與民族、文化的關係，語言的統一與分化跟社會歷史發展的關係，等等。

《集成》出版後，學術界將可以利用這些豐富的文獻對漢語語言學界歷來盛行的『歷史層次説』提出質疑和修正。學術界對『歷史層次』的研究多有偏頗。『歷史層次』的研究必須限制在特定語言史和方言史研究的框架之内，只有重視漢語方言歷史文獻，緊密結合田野調查的語言事實，才能避開『偏於假設，疏於實證』的陷阱。何大安指出：『利用「層」來解釋語言的變化，尤其是解釋音變，稱爲Substratum Theory，一度非常流行。但由於少有實證，近年頗受質疑。』①因此，漢語方言文獻是方言歷史層次分析的『試金石』。

以往的學術界一般認爲，比較語言學是以印歐語爲基礎形成的學説。王力先生曾嚴正提醒中國語言學家：『現在我們天天談漢語特點，天天還是在西洋語法的範圍内兜圈子。必須跳出如來佛的手掌，然後不至於被壓在五行山下。』②魯國堯先生也多次一針見血地批評：『即使很重視「理論」的學人，其所見也僅僅鎖定在外國的語言學，特别是美國語言學，以致在做美國語言學的中國版。』③《集成》提供的巨量歷史信息，將有可能提供一種新的思考角度、思考方式，可望建立以漢語方言歷史文獻爲基礎、以大量漢語方言語言事實爲依據的，具有鮮明漢語語言學特色的歷史比較語言學和共時比較語言學。

王國維云：『欲求知識之真與道理之是者，不可不知事物道理之所以存在之由與其變遷之故。』④《集成》還可以爲漢語語言學的有關學科提供一個全面觀察漢語歷史演變與發展的重要陣地。這種觀察還可以爲與語言學有密切關係的相關學科，例如社會學、人類學、民族學、文化學等社會人文學科的研究，提供必不可少的重要參考。

① 何大安《語言史研究中的層次問題》，《漢學研究——臺灣語言學的創造力專號》，2000年12月，第18卷特刊。
② 王力《語言的民族特點和時代特點》，《中國語文》，1956年第10期。
③ 魯國堯《語言學與美學的會通：讀木華〈海賦〉》，《古漢語研究》，2012年第3期。
④ 王國維《〈國學叢刊〉序》，《王國維文選》，徐洪興編選，上海：上海遠東出版社，2011年。

（四）爲語言學研究方法論上的創新做出重要貢獻

《集成》首次對全國漢語十大方言區自唐五代至 1949 年之前的漢語方言歷史文獻的著録、存佚、版本等情况進行搜集整理，其中不乏孤本、珍本，非常珍貴。同時對現存的漢語方言文獻編制目録提要，簡要介紹其版本、内容、學術價值和研究概况，然後將現存的漢語方言文獻進行彙編，這在漢語方言文獻搜集史上还是第一次，填補了漢語方言研究資料的巨大空白。這種窮盡地收集、全景式地展示的研究方法，爲漢語史、漢語方言史研究的復興提供了全面的文獻保障。

《集成》對漢語十大方言區内部方言文獻進行了全面的比較研究，這種縱向比較、横向求證的研究方法，比較準確地確定這些文獻的性質，可以確保方言文獻性質的準確定位。這種定位進一步證實：具有中國特色的『歷史文獻考證法』與『歷史比較法』相結合的『新二重證據法』是中國傳統學科，包括歷史學、語言學等學科研究的最佳方法之一。

目前已對搜集到的漢語方言歷史文獻進行了全面掃描，構建了包含巨量的『近代漢語方言文獻語料庫』，下一步將完善數據庫。這個語料庫和數據庫具有相容、擴容、查詢、檢索、存取等方面的一定優勢。它可以進一步爲漢語語言學、漢語方言學的研究方法的現代化提供服務。

編纂這套叢書，不僅爲學術界提供豐富的文獻資料，我們自己也通過文獻編纂解决了一些學術問題，甚至是難題。如對近代官話的界定、反映近代官話方音韻書韻圖的體認等，都得力於爲編纂《近代漢語方言文獻集成》而進行的排查、探訪和整理。

參與編著這樣一部『縱及歷史一千年，横跨方言十大區』的學術經典文獻集成，無論是主編還是各位分卷主編，皆以保存先賢文獻、弘揚學術爲己任，遇到的各種困難、碰壁均視如微芥，付出的心血、汗水悉在所不惜。故本序文以董仲舒『正其誼而不謀其利，明其道而不計其功』冠名，以表明我們共同的心志。

二〇一九年十二月於陝西師範大學語言科學研究所

《近代漢語客贛方言文獻集成》内容概述

江西地處吴頭楚尾，境内分佈有非常豐富的方言資源，其中客贛方言是江西境内通行的兩大主要方言。近幾十年來，江西客贛方言的調査研究取得了比較豐碩的成果，隨着研究的深入，對方言歷史進行研究也就顯得尤爲必要。有宋以來，江西文教鼎盛，但有關江西客贛方言的歷史文獻却比較少見。我們通過大範圍的搜尋，共搜集了九種客贛方言歷史文獻。内容概述如下：

一《辨字摘要》

該書是江西臨江（今樟樹市臨江鎮）人饒應召於乾隆二十二年（一七五七）編寫的一部方言字書，分平上去入四卷，以同音字組的形式列字，所列字都有簡單的釋義。卷首有四聲『目次圖形』，相當於音節檢字表。該書可以看作一部較早的音節檢字表的字書。『凡例』指出：『此書與《字彙》相表裏，凡字有形而不能識認者，則用《字彙》考之。用字而不知其形與義者，則舉此書閲之。』

根據我們對其語音系統的研究，該書語音是以臨江方言爲基礎的，比較完整、系統地反映了兩個多世紀以前的江西贛方言，在方言、語音史方面都具有較高的研究價值。該書流傳較廣，版本較多，我們以最接近原貌的南京圖書館所藏咸豐十年刻本《太乙樓辨字摘要》爲底本，對其進行了校録，並附民國二年富華圖書館印行的《增注辨字摘要》四卷影印本[①]。

① 該影印本蒙安徽大學王曦教授提供。

二《類字蒙求》

《類字蒙求》是光緒元年由南州（今南昌）人燕果安刊刻的一部童蒙識字刻本，前言指出：『此先師齊掌衡、何蕒階兩夫子苦度金鍼，藏之祕篋，幾六十年。』則其成書年代當在一八一五年前後，距今近兩百年。此書共分上、下兩册，二十六類目，列出相關詞語，並在疑難字詞右上角以直音、紐四聲法的方式注音。注音依據的是十九世紀初的南昌方言，爲研究贛方言的代表南昌話兩百年前的語音面貌提供了豐富的材料。該版本爲本人所收藏。

三《重訂類字蒙求》

《重訂類字蒙求》是燕果安學生師竹齋主人在《類字蒙求》基礎上的改編本，除調整了類目之外，也增加了注音。其注音依據同樣是十九世紀初的南昌方言，與《類字蒙求》注音可以互相印證。此次據南昌廣文書店木刻本影印。

四《翻切指掌空谷傳聲》

《翻切指掌空谷傳聲》，稿本，著者不詳。據卷尾南豐劉孚周（字三安）跋文，稱作者爲『九叔』，則著者當爲江西南豐劉孚周族人。劉孚周爲光緒十七年（一八九一）舉人，據跋文知此書成於一九〇一年之前。劉孚周曾於光緒癸卯年（一九〇三）刊刻了清代著名循吏、數學家南豐劉衡（一七七六—一八四一）的《六九軒算書》。劉衡很可能是劉孚周同族先人，而《翻切指掌空谷傳聲》作者很可能是劉衡之孫，清末著名文學家、語言學家劉庠（一八二四—一九〇一）。

《翻切指掌空谷傳聲》是一部以反映官話語音爲宗旨的韻圖。劉孚周以旁注的形式比較了韻圖『官話』音與南豐『土語』的異同，並增列了部分切字。這些旁注內容、增列的切字以及原本韻圖透露了百年前江西南豐方言的語音特徵，提供了清晰勾勒清末南豐方言聲母、韻母、聲調三方面語音特徵的文獻資料。

五《空谷傳聲》

《空谷傳聲》題『錦里遺人墨農』著，該書是一部仿照《韻法直圖》而編撰的韻圖，按五音分類。韻圖反映了非常鮮明的贛方言特點，本書據江西省圖書館所藏稿本進行校録。

六《國音四種》（節録）

《國音四種》是一部稿本，作者爲江西高安人涂鋕。『國音四種』實際上是指書中的四大綱，即：（一）國音和舊音韻及羅馬字的比較，（二）發音學補義，（三）拼音群説，（四）改正土音法。從内容上看，該書主要是爲推廣國語服務的，具有講義的性質，其寫作時間當在一九一八年後。

《國音四種》前三篇主要是對注音字母音值的説明、發音方法的解説、國音拼法與舊反切的比較等，只能算一般的語音知識介紹。對我們來説，最有價值的是第四篇『改正土音法』。他的主要方法是『用注音字母作媒介，尋找他們相差的條理』。也就是通過土音與國音的對比，從中發現二者的對應規律，因此是一篇非常有價值的方言研究的學術論著。在比較過程中，作者不但完整地歸納了高安土話的聲韻調系統，而且在『國音和土音的差異』部分從『聲母的變動』『韻母的變動』『聲母韻母的共同變動』『平仄的變動』四方面總結了高安方言與國音之間的差異，共計五十一條條例，也就是方言與標準語之間的五十一條對應規律。這是涂鋕對當時高安話深入研究的結果，也是對八十年前高安話的真實記録。雖然涂氏没有對高安話的語音系統進行詳細的描寫，不過他在把土音與國音進行對比的過程中，舉了不少的例證，其中就反映出了一個完整的音系。這對探討近百年前高安方言的語音狀況，近百年來高安方言的語音演變具有重要價值。涂鋕對江西高安方言的研究，比羅常培對臨川方言的研究要早十多年，可以説，涂鉎是真正意義上最早對江西境内贛方言進行研究的學者。

這次整理我們根據江西省圖書館所藏稿本，只對前三篇的内容做大致介紹，重點將第四篇「改正土音法」進行整理校録，爲學術界瞭解近百年前的高安方言、瞭解江西本土學者對江西贛方言的研究狀況、瞭解江西贛方言研究學術史提供一份珍貴材料。

七《贛南方音考》

《贛南方音考》與《贛方言考》均爲南康人鄔榮治所著，鄔榮治（一八八一—一九四九），字心普，清末秀才，民國初年畢業於北京警官學校，歷任南康農業學校校長、省立贛縣中學校長。參加了第一批北京國語培訓班。該書爲江西省立第二師範學校叢刊之一，仿章太炎《新方言》之例，分類訓釋了南康方言的方言詞彙，並以方音與國音對比的方式，研究了南康方言的特點。

八《贛方言考》

《贛方言考》是一部稿本，分『贛方言字考』『贛方言新考』『古音新考』三部分。『贛方言字考』分十二類，對贛南方言（實指南康方言）的方言詞從音義兩方面進行考釋。『贛方言新考』實際就是《贛南方音考》的擴充版，以注音字母爲工具，對南康方音與國語進行了比較。『古音新考』是以方音證古音，提出了『古無曉匣紐』的觀點。

該書是將傳統方言考釋法、反切法和注音字母注音法相結合，對贛南方言詞彙音義進行研究的力作。内容非常豐富，論述非常細緻，是目前所見第一部研究贛南方言的著作，對研究二十世紀初的贛南方言詞彙、語音具有非常重要的價值。

九《南康古語考》

《南康古語考》，南康人謝震孚著，刊刻於民國二十二年。謝震孚曾任教于北平中法大學文學院。自敘指出：『南康位於江西南部，邊遠之區也。以崇山峻嶺梗阻，交通不便，居民質樸，習俗猶存古風。語言多保持其固有，往往間存古語。故窮鄉宿老，囿於鄉音，而語不失方，轉與古語合。或音稍異，亦近于古，或爲一聲之轉，或爲一韻之轉。究其通轉之則，以求其實證，探討根源，使之返本復始，由是可察古今聲韻變化，得其會通也。觸類而引申，知今言可通古語，而古語亦可證今言。古語因今言而通，今言因古語而明矣。此古語之所以探求者焉』。因此『搜討吾邑語言中之存古語者，稍加詮次，名曰「南康古語考」』。

這同樣是一部以方言證古音，或研究方言存古現象的方言詞彙考釋的專著。一共考釋了一百三十五個方言詞，從詞義、語音方面進行了考釋，語音以傳統反切爲主。是研究客家方言詞彙的又一部重要文獻。

以上九部文獻是目前所能搜集到的江西客贛方言最重要的歷史文獻，並且都是第一次系統整理和發掘，對推進客、贛方言歷史語音與詞彙研究具有非常重要的文獻價值和研究價值。

《近代漢語客贛方言文獻集成》目録

卷一

卷二

卷三

咸豐庚申新鐫

太乙樓辨字摘要

瀟水 盧紹麒
楊吉鼇編訂

字畫音義俱
照匯典韻書
考訂解透詳
明無一差謬

校對無訛

辨字摘要自序

甚矣，字義之浩繁也。非獨幼學不能盡識，即白首窮經螢窗靜習之士而執筆茫然往往有之。抑無論出於經史之難者，辨之不悉，即日用常談，偶索其字形而百思不得，比比皆然。余嘗欲立少觀多，使無煩苦之憾。因不揣譾劣，殫厥心力，詳查《字彙》，凡係五經諸史，以暨常用必需之字，載之簡中。其餘無與於舉業，無益於家務國政者，則一概弗録。越數月，而此書告成，雖義理淺易，不能如子雲之造奇字，然持此以詔幼學，厥功非淺。即老成細閲，亦未必無小補云。乃或者曰：『字義浩繁，何止限之以此？苟據此書而求之，不幾掛一而漏萬乎？』余曰：『否，否！不觀此書命名之意乎？謂之辨字，解其理也，謂之摘要，反之約也。編之夫復何咎？但鈔謄實多錯誤，不得已而授諸梓焉。匪敢曰傳世也。聊以供一時之便覽云爾。倘同志而賜宏覽，幸諒其亥豕魯魚如恕首事焉可。』瀟水饒應召題於潄芳書軒

凡例

一 此書與《字彙》相表裏，凡字有形而不能識認者，則用《字彙》考之。用字而不知其形與義者，則舉此書閱之，而一覽了然。但《字彙》該括，而此書從簡約耳。

一 此書以平上去入爲四類，而以『天子聖哲』四字冠其首。一類之中其音韻相同者編爲一科，其一科，則同陰文以別之。

一 前列目録以數目定其板次，使查者一覽了然。如欲查『先』字，須知一『先』字是平聲，與『天』字同韻。看『天』字第一板，則從第一板閱之。欲查『冉』字，須知『冉』字是上聲，與『免』字同韻，看『免』字在幾十板，則從幾十板閱之。餘俱仿此。

一 有兩字共一義者，則書一字，其下注曰『某同』；如『某』字，則注曰『某同』是也。或有數字同一義者，則連書數字，而共以一注釋之。

一 有同一字而二三音者，音異而義亦異，則各類俱列之。如『爲』字，平聲則與『惟』字同列，讀去聲則又與『謂』字同列是也。餘俱仿此。或字有音異而義不異，亦間有列於各類者，在人詳查得之。

一 注内凡有用點者，即係本文大字。

一　注内所音與大字旁有音者，皆難認之字，而以音明之也。

一　字有正、古、俗三樣之分，如正字凡頂頭者即是，至俗與古則上注曰『古』曰『俗』。在人隨便用之。然總以從科場所尚者爲佳。

乾隆貳拾貳年丁丑洪歲孟秋月

玉川弘農氏梓行

《辨字摘要》平聲目次圖形①

天一 二 三 皆三 盤三 四 五 唆五 六 奇六 七 八 九 陶九 黄九 十 十一 凡十一 十二 章十二 十三 俄十三 十四 靈十四 十五 十六 周十六 十七

消十七 十八 高十八 十九 基十九 廿 廿一 因廿一 廿二 廿三 山廿三 廿四 加廿四 廿五 甘廿五 廿六 同廿六 廿七 遥廿七 廿八 廿九 熏廿九 三十

胡三十 三一 茶三一 工三一 三二 慈三二 三三 台②三三 余三三 三四 由卅四 崖三五 爹三五 夫三五 三六 姿三六 朱三六 十三七 云三七 卅
八 才三八 員三八 三九

一天曾占生堅③烹尖庚煙二邊撐官坑千愆蔙崩偏恩仙拈歡三寬覗豌顛亨登彝皆釵④乖齋揩騃歪籭盤四萌炎乾行弘

① 目次圖形右欄爲各聲調卷韻目表，以外加「□」表示。韻目下的數字爲各韻目在該書中的頁碼（即凡例所説板次）。左欄爲各韻目所含小韻韻目及其在本書中的具體頁碼。原文有明顯訛誤者，以校注形式進行標注。

② 「台」原作「杏」。

③ 「堅」原作「壂」。

④ 「釵」原作「䟦」。

連田岑蟬五綿胼①塵賢然稜言前丸旋唆磋柯阿科六窩波坡戈哥多呵拖奇夷葵七黎雷持槌爲提眉八梅回宜兮皮尼齊

時肥頹摧垂隨九危陶毫毛曹劳袍敖黄十羊忙唐郎良常旁杭詳薔攘長十一王狂昂強藏娘房凡談蘭還殘閑十二蠻②顔

章相倉綱薑莊當央十三匡霜商鏘邦昌光方湯汪薌荒將滂康俄③十四駝羅婆④摩禾河和靈十五平辰名琴丞盈廷十六吟形

情人旬周秋憂休修鳩丟丘收十七抽啾消標搜蕉囂鄒刁夭挑嬌飄十八蹺謳勾招兜摳搊超鍬偷燒高叨搔十九蒿遭刀敲

凹包拋撓操猱基希箚廿知丕衣溪西尸妻梯低卑廿一疽奎圭威非雖追崔吹灰推因廿二珍精今辛兵青廿三申稱欣卿聽丁

砯山番間丹灘廿四餐扳班彎關戗嚕加哇巴沙丫叉咱瓜呀廿五嗟花誇遮他車鰕葩奢髩甘喧安涓冤專廿六堪酸端川參

簪貪憨圈同容蒙瓏廿七龍朋窮紅逢農顒熊崇戎從遥調廿八寥謀朝婁喬苗樵浮韶侯投愁饒廿九堯瓢熏分屯坤昏君敦

孫奔氳春村尊裩三十温傾吞胡盧扶徂徒吾蒲卅一無模茶華牙爺杷麻伽遐拿邪蛇工封中卅二充雍怱宗松兄空通翁烘

聾蹤冬慈卅三祠台鰓開栽哀該余渠如除卅四鱼殊由求流囚柔紬繆牛卅五崖柴排懷埋鞋爹些靴夫姑踈乌初卅六租呼

鋪都枯姿司雌朱虛居卅七書區於姝⑤云倫焚純文門群卅八魂存盆豚才来臺孩呆員拳元寒卅九團鸞玄傳蠶

①「胼」原作「肦」。
②「蠻」原作「彎」。
③「俄」原作「倒」。
④「婆」原作「姿」。
⑤「姝」原作「妹」。

《辨字摘要》上聲目次圖形

四十 **子**史此**宇**主女許舉耳四一 暑處去**李**諉蟻止起以四二 斐矢比屨米洒嘴揣痞已侈毀四三 乳餒鬼① 水跪取腿你體喜泚

氏**免**遺愆四四 莞肯宛鮮冉冷撿耿忝輦四五 管顯狠滿匾儼典省淺閃諂剪展欵等怎玆**友**四六 紐九帚柳手② 丑朽酒煣**往**養

爽恍訪四七 掌榜嗛莽黨敞倘享強獎曩搶賞講廣創想四八 兩壤沆**斗**渺杳鳥皎苟剖偶某叟漂吼四九 否沼表走擾簍悄小少

曉窕口剿肇屌**丙**五十 整閔景引忍頂領審挺請五一 品悻醒井逞**古**府母武魯祖五二 普覩五苦所楚虎土補**馬**寡假把雅打

① 『鬼』原作『兔』。

② 『手』原作『年』。

廈要槎五三摦鮓野且扯惹捨寫者姐【果】裸挫瑣朶跛荷五四娜妥顆火我左可【保】好稿早倒老巧襖嫂草五五討卯【覽】亶簡喊

反斬剗板産赧眼檄晚①綰坦五六【采】愷藹改宰海蕫②【遠】敢坎暖鉉犬罕阮喰舛轉五七纂短卷愴撰揞【勇】拱冡總慒憧竦寵

捧桶冗五八翁哄孔恐壟醎【永】袞窘捆本盾頃忖刎粉準五九渾蠢損本③【乃】駭夬派解買洒楷矮歹④擺跐

①「晚」原作「浼」。
②「蕫」原作「薹」。
③「本」原作「木」。
④「歹」原作「女」。

《辨字摘要》去聲目次圖形

六十 聖 任敬正印近聘秤信 六一 盡晉命併吝迎訂定釁 代 害亥愛 六二 賫蓋帥在再戴艾 咏① 忿鈍問混巽舜頓 六三 訓閏郡困

論逩寸悶棍圳榊 地 志 六四 利意被世 六五 氣義計係治閉 六六 痳祭費帝細娶 位 惠 六七 歲罪內貴愧瑞退隊鋭最 六八 對僞泥 丈

蕩帳狀亢巷旺當向降 六九② 誑糨亮況釀樣讓象王③ 放匠浪上喪傍醬盎 七十 善 練薦殿片免貫念賤 七一④ 恨欠店現泮羨厭

① 『咏』原作『永』。
② 『六九』原作『亢』。
③ 『王』原誤列爲陰文。
④ 『七一』原作『七二』。

練発戰甑贈硬滲面半七二孟淩徧埂見豆茾料跳茂凑七三叩俏要陋召瘦奏漚紹尿照弔俵醮阜笑叫七四票廟竅鬪坐惰剁

貨破播過臥磨箇賀佐課懦七五父户故務素步杜助路七六悟慕布庫妬介蔡械賴敗帶曬艾七七外怪賣壞債拜快駕乍亞

哌霸鬖卦化七八罵柘謝跨借下怕詐藉夜社廈但暫犯七九諫贊散宦慢慣濫辦闞雁限旦萬扮髭動八十凍汞奉控訟仲衆甕

宋粽[illegible]弄嗅貢夢縱用八一共汗眷纂縣岸幹倦看串斷願鑽怨蒜八二亂段颴士字恣裕去二八三句著恕住御道造冒號八四

傲躁抱到告撈靠報哨右受秀救八五臼①紂嗅謬就溜晝

① 「臼」原作「白」。

《辨字摘要》入聲目次圖形

哲八六八七八八八九一八九九十九一九二九三叔九三九四九五決九五九六九七達九七九八佛九八九九樂九九一百百零一百零二

八六哲帖雪業末結八七仄宅葉叶竭色白八八列百革或國妾黑滅接客八九徹涉厄特①別勒瀾德熱跌一九十習即立九一十尺

必執吉九二匹迪吸七的九三逆日及叔欲伏逐讀九四速木禄六谷竹肉哭僕九五菊促旭曲斛族卜篤夙足玉屋決割九六盒納

曰闕拙月撮渴掇血奪雜刷遏捋啜九七説達甲答殺洽法臘扎九八察鼾拔乞八恰滑刮佛域孛勿九九屈突忽率②述出骨橘

窋矞咄窟洫訥猝卒没兀樂一百薄洛託各昨約作百零一莫酌博確鶴腳索霍杓爵畧擴虐勺百零二鵲郭削若却學椓

①「特」原作「時」。
②「率」原作「卒」。

【一】

《辨字摘要》平聲類①

天 古靝苠先氣也理也。添加、。甜和也。

曾人姓。增、添，重也。憎、惡。矰、繳，射名。繒、帛。罾、網。翶飛也，舉也。鄫國名。箏樂器。

爭争、鬥，、辨。猙、獰，凶獸。琤玉名。蓁美盛貌。榛木名。臻至也。砧正音斟，擣繒石也，今人用作砧板。

占、卜。沾霑、惹，、濡。毡氈毛物，、条。饘飦粥也。鸇鷏鷙鳥。邅迍、。旃之也，又旗曲柄。

旜勉、，勤也。鱣、魚。栴、檀，香木。詹多言也，至也、省也、給也，又与占同，又姓。譫多言也。瞻、視，、望。

生發、，、長。牲畜、，犧、。笙、簫。甥外、。甡衆、，並立，又多也。森、然，木盛。參古葠人、，藥名。

鬙鬅、，髮亂。莘有、，地名。珄金色。僧和尚。

堅、固，、牢。肩、背，又任也。幵孔聖妻名。汧水名。鈃鐵器，似鐘而长頸。豣三歲之豕。兼兼、并。

---

① 爲與原書目次一致，按原文版式排列。原書各韻代表字以陰文表示，今仍以外加「□」表示。韻類各小韻，按原書以另行頂格表示。爲與四聲目次對應，注明原書各頁碼。頁上下以「***」表示。

＊＊＊

蒹、葭中。 縑絲也。 鶼比翼鳥。 搛夾持物也。 緘、默，三緘其口，又束篋縢也，索也。封也。

烹、煮。 拌俗拚以手調物，又、棄。 怦、、，心急也。 潘人姓。 胼膨腹中、脹。 丼①使也。 澎、湃，水名。

砰古䃕、磅，石隕聲。 牪古犅牛駮，如星。

尖、利，、小。 杴木、。 箋牋、簡，、帖。 鐫刻字。 錢彭祖姓。 湔、滌，澣手。 煎煎、炒，以火銷物。

殲微也，盡也，又刺也，滅也。 瀸水名，又水至也。

庚年、，又干名。 鶊鶬、鳥。 更、換，、漏。 秔稻之不②黏者。 賡、颺，、和。 根、苗，、本。 跟足、、隨。 耕、種，、田。

羹、湯也。

煙俗烟古煙火氣，雲氣。 淹、溺。 亜上城具，又塞也。 奄、忽，、留，同淹。 咽喉、。 臙胭、脂。

燕國名。 閼、氏，单于嫡妻。 焉和也，豈也，安也。 鄢邑名，又姓。 嫣美貌，又、然一笑，又音偃，人名。

---

① 「丼」當爲「蘋」，「拼」之或體，使也，披耕切。

② 「不」原作「米」。

【二】

閹、官，太監。 醃以鹽、物。 餍饜飽足。 懨厭懕安也，好人安詳之容。 湮、没，又塞也，沉也，落也。

邊、塞，、旁。 籩、豆，竹器。 蝙、蝠，翼鼠。 編、列，簡編。① 鯿、魚。 鞭古㚇馬、，、策。

撑、船。 撐斜拄，俗用撑。 掙、持。 崢山、。 琤玉聲。 錚金聲。 睜、目，開視。 鐺釜屬，有耳足。

瞠直視貌，、乎其後。

官、宦。 倌、人，主駕者。 棺、槨，、木。 肱股、，手也。 冠衣、。 觀覌、看，又音貫。 觥酒器，兕、。

坑、坎，土、。 阬、陷。 桱牛膝下骨。 硜、、，犹碌匕。 慳、吝。 鏗、鏘，金玉聲，又瑟聲。

千、萬，數目。 阡、陌，田中界限。 芊茂屮。 仟千人之長。 圱圩三里曰、。 遷迁、移，陞。 韆鞦、。 蹮蹁、。

僉皆也。 簽、押，、頭。 籤竿竹、，典②、也。 崟山顛。也 詮、解，詳說事理。 銓、衡，品評人物。

絟細布。 栓椩也。 筌荃取魚竹器。 痊病除。 恮謹貌。 跧伏、。 佺偓、，仙也。 竣退也，事完。 悛改過。

---

①「簡」原作「間」。
②「典」原作「冒」。

* * *

訧、尤，、過。茾葵、，藥名。諐過咎也。僁過也。謙和也，、讓。搴扳取也，又、衣。騫虧也，又馬之繫。攐摳衣。

褰、袴，衣揚動，揭衣也。㩃手動也，扳取也。攓蹜也。𧞤袴也。牽、扯，、連，又、牛，星名。攑擧①也。

薟②豨、，中藥。③杴鍫屬。

崩、倒。痭妇人、病。帡、幪，盖也。在旁曰、，在上曰幪。搬、運，、演。祊廟門旁祭。伻使者曰、，④抨同。般幾、。

偏、旁，不正。篇文成章也。艑舟名。翩、翻，疾飛。蹁、跹，舞貌。

恩、愛，、澤。

仙僊神、。鱻、潔。先初也，早也。纖纎、毫，微細也。瑄璧大六尺。暹暹進也，日光。宣、召，、揚。鮮新、。

拈指取物也。

歡懽俗歓欢、喜。讙諠譁。驩、虞，與歡娛同。轟雷聲。薨諸侯死曰薨，又、、，衆聲。

---

①『擧』原作『夅』。

②『薟』原另起一行，當誤。

③『豨』原作『稀』。

④『抨』原作『拼』。

【三】

寬、大，、舒。

覞闚視也，又候也。　襘整也，又衣之蔽前也。

豌、豆。　剜刺，削。

顛①、倒，、狂，　巔山、。　滇云南，地名。　蹎、仆，②跌倒。　癲瘋、。

亨享、通。　哼嗆、，愚怯貌。　啍口氣，又重遲貌。　吞咽也，餐也，並也，③滅也，又人姓。

登升也，進也，又成熟也。、程，、仙。　簦竹器。　燈灯、火，、燭。　豋禮器，、豆。

羴羶羊臭也。　搧引風也。　栓木釘。　煽、惑，火熾也。　痡皮剥起也。④　苫⑤稈、，居喪寢席。

皆齊也，俱也。　階堦、級。　喈鳳鳴和聲。　偕仝也。　街、市。

釵、鐶。　差、使，、役。　猜、疑。

---

①「顛」原文落。

②「仆」原作「休」。

③「並」原作「斤」。

④「剥」原作「釗」。

⑤「苫」原作「苦」。

* * *

乖垂、離，、巧，、滑，、舛。

齋潔也，莊也，、居。

揩、摩，①擦也。

騃痴也。挨、礳，、延。

歪不正也。

籭米、，下物竹器。篩竹名，南方以爲船。俗作米、之、，誤。

盤、盞，、纏。槃、桓，自得。縏婦事舅姑，佩用小囊。般、樂。磐、固，大石。鞶②大帶。⿱般足⿰足般屈足。

瘢瘡痕。⿰石盤、礴，大石。⿱髟盤、龍髻。⿰口盤、問，、查。磻、溪，太公釣處。弁小、。蟛、蠏。胖體、，大身。

蹣跘、跚，跛③行也。繁、纓，髦上飾馬腹帶。蟠、桃，、龍，曲也，伏也。

---

① 「擦」字原落。

② 「鞶」原字下從「車」。

③ 「跚」原作「蹦」。

【四】

萌、芽，生也。 氓民也。 墁牆壁之飾。 甍屋棟也。 謾欺、。 饅糧、頭。 鰻、鰲。

瞞盲目無瞳子，不明。 漫水廣大，又長夜、、。 澷雨露濃貌。 䖟虻蝱潛人飛蟲。 商貝母，藥。又朝名。 鞔、鼓。①

宋霤屋大樑也。大木爲、。

炎、热，、火。 延、請，遲、。 莚蔓、，不斷。 埏墓道。 蜒蛇、龍行。蚰、， 筵、席，經、。 䀽顧視。 綖冠覆。②

鹽塩油鹽。 焉助語。 閻閭、，、王。 簷屋、。 幨帳、。

乾天也，乾坤。 虔恭固也，截殺也。 黔黑也，、首，、地。 揵以肩舉物。 拑、束，脅持。 箝、人之口。 鉗以鐵束物。 鈐鐵、。

行、走。 珩佩首橫玉。 衡、叔，平，、、州。 桁、椸。 蘅杜、，香中。 恆恒常久也。 疼、痛。 莖枝校。

痕、傷，、跡，瘡、。 珢玉之瑕玷。 滕國名。 謄抄、。 螣蛇。 騰飛、。 縢繩也，約也。

藤藟也，在草曰兔絲，在木曰松羅。 籐蔓生似竹。

---

① 釋文缺，據江西圖書館藏兩宜堂梓本補。

② 原文落。

＊　＊　＊

弘宏大也。泓水深。閎蓬門。鋐鐘聲。竤竑量度也。綋維也，又冠。紘冠冕之、。①萑葦中。

横、強，、直。完、備，、固，、畢，盡也。桓盤、，威武。浤水波。瓛桓圭，公侯所執者。芄、蘭，、中。

連、接。蓮、花，、子。漣水微波，又泣也。鰱、魚。褳、衫，衣也。縺、衣。⿰女連姻、。簾門、，、幙。

廉、恥，清、。⿰巾廉、帷，施于户外。濂、溪。鐮、刀。⿸疒廉、瘡。臁、骨。奩粧、，嫁、。帘酒家之幟。

憐俗怜、憫。聯聮對、，綿、，、絡，蟬、。搛打鼓也，又音兼。

田田土。畋、猎，耕、。鈿花、。恬、静。甜甛古餂甘美。闐、、，盛貌。填窴、塞，又鼓聲。

嗔盛氣貌。

岑山小而高。曾嘗也，不料也。層、曡，重屋。嶒峻、，山貌。橙、子，果名。棖門兩旁木。

蟬有翼蟲。嬋、娟，美色。禪静也，、師，坐、。澶、淵，地名。蟾、蜍，月中之物。

---

① 釋文原落，今補。

【五】

綿絲、，、軟，纏、。棉、花。眠睡也。緡絲織成綸。蝒馬蜩蟬之最大者。① 芇今人賭物相折曰、，圍棋而無勝敗曰、。

腁、胝。駢聯也，又二馬並駕。便⿰口便、、，辯也。② 緶縫衣也。梗、梓。弁、髦，輕之也，又冠、。

廛市、。纏、繞，、束。③

贒賢聖、。嫌④、忌，、疑。舷船、。絃八音之絲。弦弓、，又琴瑟借用之。

然轉語，又、諸。燃燒。

紉以線穿針爲、，、麻。

稜楞、角，威、。碐、、，石貌。崚嶒、，高貌。蔆菠、菜。能才、，又善也。、勝任也。儜弱也，困也。獰狰、，惡犬。

言、語。年、歲。嚴俗厳、厲，又姓。妍、美，、媸。黏俗粘糊、。鮎黃、，魚名。⿱开手摩也，破也。研、究，、摩。

前、後，又先也。潛、藏。錢俗銭、財，又姓。燖、毛。全完、。牷祭祀之牛，體完曰全。泉、水，洤同。

---

①『蜩』原作『調』。

②『辯』原作『辨』。

③ 釋文原落，據江西省圖書館藏兩宜堂梓本補。

④『嫌』原落，據江西省圖書館藏兩宜堂梓本補。

* * *

次俗 涎口中液也，又音旋，義同。

丸、藥，彈、。 芄、蘭，屮。 紈、素，、結。

旋回、，盤、。 還、轉，同上。 漩水回。 璇璿、玑，美玉。 涎口中液，正音前。 攀摘物也。

[唆]、教。 梭織布之具，又、布。 莎、屮。 桫、木。 娑婆、，舞貌。 䔾婆、，屮木盛。 消偷視，略視也。

傞、、，醉舞也。 蓑、衣。

磋磨治。 蹉、跌，、跎。失時也。 嵯、峨，山高。 瑳玉色，又笑也。 搓、挪。 鹺鹽也。 醝白酒。 矬身短。

柯枝、，又斧柄，又姓。 軻車接軸。 坷坎、，不平貌。 舸大船。 珂石似玉。 哿可也。 苛、刻。

阿大陵也，邱也，又謾應聲。 娿妸、娜，美貌。 痾、病。 猗美盛，柔順也，又長也。

科、條，、目，登①、，等也，次也。 蝌、蚪，蝦蟆子也。 窠鳥巢。 薖寬大，飢意。

---

①「次」原作「坎」。

【六】

窩、藏，、窩，被、。萵①、苣，菜名。②鍋鐵、。倭、奴，國名。⿰火委煖貌。

波、浪。菠、薐，菜。玻、瓈。番、、，老貌。

坡、坂。陂、陀，不平。頗偏、，不正也。

戈干、，兵器，又姓。咼姓。

哥俗哥兄也。歌謌、唱，、謠。

多有也，衆也。

呵、責，又噓氣，又、、，笑貌。訶大言而怒，又責也。

拖、扯。他人也。

[奇]、異。騎、馬。錡三足釜。琦玉名。其助語。淇水名。麒、麟。騏良馬，青驪也。

---

①「萵」原作「萬」。

②「苣」原作「邑」。

＊＊＊

旗、幟。期日、；、頤，百歲。琪玉屬。棋象、，圍、。棊碁同上。綦蒼艾色，履飾也，又極也。

萁豆藁，煮豆燃①、，比兄殘弟。祺吉②也。畿圻邦、。祈、求。蘄、艾，、地，山竹簞。頎長貌。芪黄、。

旂懸旗旂于竿。祇地神，又安③也，大也。祁大也，又盛貌，舒遲貌。岐分、；西④、，山名。跂足多指。軝車長轂名。

愭敬畏也。耆、老，六十曰、。鬐马鬣。俟万、，複姓。

夷平也，伤也，又、狄。荑無、，藥名。又刈也。姨母之姐妹。、夫。胰、油。痍瘡、。咦呼笑聲。跠蹲踞也。

洟鼻、。栘唐棣。移遷、。扅扊、，門關。迻古拸迁徙也，同移。訑自足之貌。迤、邐，行狀。

彝、倫，、常。懿、德，、美。遺、落，、失。又饋送也。怡、悦。台我也。貤封爵。珆石似玉。飴餳粭⑤糖也。

詒欺也，贈言也。、厥孫謀。貽遺也，貺也。頤、养，、頜。圯楚謂橋曰、，漢張良受書於、上。匜卮、。

葵、菜。揆、度。睽、違。騤、、，馬行威，又強貌。逵通、，大路。夔、、，悚懼貌。馗鍾、。

---

①「兄」原作「足」。

②釋文落，據江西省兩宜堂梓本補。

③「又安」兩字落。

④「西」原作「雨」。

⑤「粭」原作「粘」。

【七】

黎黑也，、民。犁、牛，雜文。又耕田器。梨、树。蔾蒺、。瓈玻、，寶玉。藜、杖。鑗金屬。黧黑色。

鯬鰻、，魚。閭、里，、閻。蔞、蒿，屮。蘆漏、。廬、舍。驢、馬。梩土轝。釐厘毫、。

氂牛尾。嫠女無夫也。犛①微盡也，又、牛，鄉名。䚏里也。貍狸狐、。離、去，、別。璃琉、，似玉。

漓秋雨淋、。篱笊、，竹杓。籬、竹。褵婦人之幃，娶親曰結，又衣帶也。鸝黃鳥。罹遭也。蜊蛤、。

驪起程車馬，又送行曰歌、。尒參差也。藘菇、，藥名。蘺江、，菜名。

雷、電。擂研物。纍、縈，又聯絡也。欙以鐵爲之，禹山行所乘者。縲、紲，黑索。嫘、祖，黃帝之妃。櫑酒樽。

蘲蔂藟盛土器。罍酒器。瓃玉器。蕤草木花垂，又、賓。羸、弱，瘦也，病也，困也。⿰豸生屮木實。靁⿱畾畾同雷。

緌冠纓之重者。

持執、。跱踟、蹰，行不進也。池、塘。馳、驅，走也。墀丹、，廊下。遲、緩，棲、。⿰屖刂、魚；淩、，罪名。

---

①『犛』原作『⿸𠩺力』。

* * *

蚔蟻子，又姓。① 彽、徊，猶徘徊也。 篪壎、，樂器。 治、國，、事，又攻理也。 趍奔、。

槌椎鐵、，、、魯，擂、。② 搥擊也。 鎚錘秤、。 箠擊馬策，又杖也。 陲邊、。 棰、楚，用刑也。

爲作、。 唯惟、獨，語詞。 帷、幭。 維、繫，時、，又四維也。 幃、幄。 闈闈、。 韋韋熟皮，又姓。

圍攻、，、棋。 褘婦人之、，即今之香囊也。 蚘腹中長蟲。 微細、，衰、，隱、，、賤，又無也。 薇薔、。③ 違、背。

提、掇，拘、。 隄堤、壋。 禔福也。 褆衣厚貌。 緹帛丹黃色。 踶踢也。 鶗、鴂，即子規鳥。

題品、，、目。 醍、醐，酥之精液。 綈厚繒。 銻鎕、。 啼、哭。 蹄兽、。 荑、稗，中名。 鵜水鳥，俗呼陶河。

眉眥、毛，、目。 湄水中相交之際。 嵋峨、山。 瑂石似玉。 郿地名。 縻羈、。 醾酴、，花名。

蘼④、蕪，根曰川芎。 糜粥也，、爛。 麋、鹿，大也。 麛鹿子。 彌甚也，益也。 瀰渺、，大水。 迷昏、，、惑。

㥂心惑。 罙深也，周行也。

---

① 『蟻』原作『轙』。

② 『魯，擂』，原文落，據富華本補。

③ 『薔』原作『盖』。

④ 『蘼』字原下從『木』。

【八】

梅、花。 鋂子母環也。 脢、肉。 楣門上、枋。 枚物數，几、。 玫、瑰，石珠。 祺先、之神。 媒説合婚姻之人。

煤烟墨，、炭。 黴物上黑白之點。 霉、爛，物成敗也。 苺、苔，中名。

回 冋 迴、轉，、繞。 洄溹、，水轉逆流。 徊徘、。 茴、香。

宧 宜令、、，適、。 倪端、，頭緒，又小弱也。 霓虹、。 麑鹿子。 猊狻、，獅子之子。 輗轅端横木，縛軛以篤牛者。

鯢鯨、，魚名。 嶷九、，山名。 疑、惑，嫌、。 沂水名。 儀威、、、容，、礼，、法。

兮助語。 奚何也。 媄女奴。 傒男奴。 徯待也。 蹊路狹小者。 鼷小鼠。 嵇山名，又姓。

鑴鼎屬，又①大鐘。 攜 擕提、。 畦田五十亩曰、。 觿角鋭如錐，用以解結童子所佩者。

皮、膚，又姓。 疲、倦，勞力。 羆獸名。 脾、胃。 裨、冕。 鼙騎上鼓。 琵、琶，樂名。 枇、杷，木名。

毗厚也，輔也。 貔、貅，獸名。 麰麥、。 陪、伴，、貳。 培擁、，又增益也。 賠 贁、補。 毰、毸，鳳舞貌。

---

①『鐘』原作『鐘』。

* * *

徘、徊。 裴衣長貌，又姓。 郫、地，在蜀。

尼、姑。 呢、喃，燕聲。 妮小女。 怩忸、，慚色。 秜自生之稻。 坭、地名。 泥、土。 旎旖、，旌旂從風。

齊整、。 臍肚、。 蠐、螬，蟲。① 懠怒也。 艩艫、。 薺葶、。

時古 峕、刻。 塒雞棲處。 ⿰魚寺、魚。 蒔種植。 匙茶、。② 鍉銷、。

肥、壯。 淝水名，地名。 痱風病。 腓足肚也，倚也，病也，庇也。

頹、敗。 隤下墜也，又虺、，病也。③ 魋獸名。

摧、挫。 崔、巍，高峻。 漼霜雪積聚。

垂、落。 陲邊、，又危也。 ⿱垂吅小口嚚也。 誰孰也，何也。

隨俗 随、從，順、，詭、。 隋國名。④ 徐緩也，又姓。

---

①「蟲」原作「由」。
②「茶」原作「恭」。
③「下」原作「不」。
④「國」原作「固」。

【九】

危、險，、殆。　桅舡上、竿。　巍崔、，高大貌。　嵬仝上，、石，山戴土。

陶正也，化也，喜也。　啕往來之言。　匋取魚之器。　醄酒醉，酕、。　綯、綾，繩索。　萄葡、，果名。　淘、洗。　鋾、鎔。

鼗小鼓有耳有柄。　鞀夏禹用以聽箴規之鼓、。

濤波、。　飀大風。　檮、杌，惡獸，又凶人名。　咷叫、。　逃迯、走。　桃、李。

毫、毛，、厘。　豪、傑，、強。　豪、猪。　濠壕、溝。　譹、哭。　號、泣。　呺叫呼怒聲。

嘷獸叫。　殽肴、菜。　餚、饌。　淆混、。　崤、函，山名。　爻卦、，交也。

毛、髮，又姓。　髦俊、，美士也，弁、，輕之也。　酕、醄。　旄旌上以牛尾爲飾曰、。　芼、羹，以菜雜肉爲羹。

茅白、，、草。

曹輩也，局也，又姓。　漕、河。　艚小船。　螬蠐、，蟲。　槽牛馬宿食之所，又酒、。　嘈、、，繁雜。　䎮、、，耳鳴。　鏪鐵、。

＊＊＊

巢鳥窠。漅水名。尠麨、，物不精清。䃀碾、。⿰石巢壘石而居曰、。

勞俗劳、苦。牢、固，獄、，圈、，繫牲。哰多言。醪濁酒。鐃、鈸。譊争也，恚呼也。撓、痒。

⿰風堯以手、物。呶、、，衆聲。怓惛、，心亂。碯①、砂。峱山名。猱猴屬。巎山、。澇水名，淫雨。

麨、尠，物末精清。磱石器。

袍長衣，、襖。庖、廚。匏、瓜，瓠也。炮炰肉置火中。爮、刮。鉋鐵、，用以平木者。咆、哮，虎聲。

敖、遊，又姓。鼇、魚。廒倉、。熬煎、。嗷群聲、、。螯蟹大足，螯同。璈樂器。獒智犬而大。驁駑、，駿馬。摮擊也。

聱語不入也，又、逆，言辭不平易。謷不肖人言，又悲泣不止。翱、翔。遨、游四方。

[黃]、白，又姓。簧笙、。癀、疾，痘病。鷬、鸝。璜渭玉。潢天河積水。惶、恐。鰉、魚。煌熿輝、。皇大也，君也。

遑暇也。蝗食苗蟲。喤小兒泣聲。隍城、。凰鳳、。鍠鐘聲。艎舟名。瑝玉聲。篁竹名。徨徬、。堭堂、，屋無壁殿。

①『碯』原作『硇』。

【十】

羊牛、。 洋汪、，盛大。 痒、病。 佯詐也。 徉徜、。 烊銷、。 陽陰、，日爲太、，昜仝。 暘日氣。

煬爍金也。 楊、木，又姓。 揚顯、，飛、，又兵器。 颺賡、，大言而疾曰、。 瘍瘡痍。 瑒玉名。

忙慌、。 茫渺、，又、、，廣大貌。 邙北山。 硭、碭山。 硭、硝，藥。 鋩刃之鋒、。 恾、然，失據。 秜禾、。

芒罷倦，又、刺。 麰麥、。 尨狵濃毛犬。 厖大也，厚也。 哤四方之民雜處，其聲、然。

唐國名，荒、。 塘池、。 糖餹、食。 傏、偯，不遜。 搪抵、，、挨，觸也。 堂明、；、、，盛貌。① 螳、螂，蟲。

棠、棣，花名；甘、，木名。 膛胸、。 鏜、、，鼓聲。

郎男子之稱，又、官。 廊、廡。 瑯、琊，郡名。 榔棋、，藥名。 螂螳、，蟲。 浪滄、水。 稂害苗中。 琅、玕。

狼獸名，糞做烽煙。其煙直上而聚，雖風不斜。 鋃、鐺，鎖也。又鐘聲。 囊、袋，有底曰、。 瓤瓜中、。

---

①『明』原作『所』。

＊＊＊

良忠、、善、。蜋蜣、、蟲。糧粮米、。梁棟、、橋、。踉跳、、走也。凉寒、。量權、、度也。涼、薄。粱粟類。

常尋、、經、。嫦、娥。嘗試、、又秋祭曰、。嘗探味。鱨、魚。裳、衣。瑺玉名。徜、徉，猶徘徊。

旁、午，、邊，又叢集也。傍邊、、側。徬、徨。螃、蟹。膀、胱。彷、徉，猶徘徊也。又、徨，猶經營也。

龐高屋。

杭、州。航舡也。頏頡、。衏俗呼妓。行、伍，牙、。桁、械，夾足頸刑具。

詳精、、，、細。祥禎、、，、瑞，妖孽不、。庠、序，斈名。翔回、、，翱、。

薔、薇，花。墻牆垣、。檣船帆之柱。嬙嬪、，女官。戕、害。

攘、竊。瀼、、，露多貌。禳祈、，除厲殃也。穰浩、，繁多，又姓。蘘荷中名。

長、大，、遠，多也。萇、楚，木名。腸肝、。场科、。場地、、壇、。

【十一】

王、侯，君也，又姓。亡亾、失，死、。忘忈、記，遺、。①

狂志願太高曰、，又、躁，又心病。

昂高舉也，目昇也。卬我也，顒、，又同上。

强彊強壯盛，横、。

藏潛、，收、，匿。牀床卧、。

娘爺、。

房、屋。防、守，、備。魴魚名，俗呼爲鯿魚。

凡每、，皆也。又②、夫，庸常。帆風、，用以行舟。煩、勞，、悶，、熱，相、。番獸足。蕃、衍，中茂。燔以火燒肉。③

膰祭肉。璠、璵，魯之寶玉。藩、屏，、籬。④籓、蔽。礬明、。繁、多，、雜。蠜、蟲。樊、籠，又⑤姓也。

---

① 「遺」原作「遣」。

② 「夫」原作「天」。

③ 原落「肉」。

④ 「籬」原作「離」。

⑤ 原落「籠」。

＊＊＊

蘩白蒿菜。播①墓、。

談、論。譚仝上，又姓。痰、涎，、疾。郯、國，又姓。惔憂也。檀、香。澹、臺，複姓。驔青黑色馬也。

彈、琴，、擊。壇祭場曰、。

蘭、花。闌門、，闗、，盡也，殘也。瀾波、。欄、杆，牛、。②襴衣裳相連。斕斑、，色不純。攔遮、。

儖伽、。藍顏色。籃竹器。嵐山之惡氣。婪貪、。難、易。

⿰睘飛繞飛，䴉同。④湲潺、，水流之聲。鍰金六兩爲、。

還回、。環、圍。鐶釵、。寰、宇，四方也。闤市上之垣。鬟丫、，女婢。⿰土睘、堵。③儇、利。

⿰歹又⑤俗殘、害，、傷，又餘剩。毚狡兔。巉、巖，山高。讒、佞。饞貪食。攙、扶。慚、愧。嶄、巖，尖山。

閑防、。閒不、，、暇，習也。嫻、習，嫺同。鷴白鳥。⿰馬閒馬一目白。咸皆也。諴和也。

①『播』原作『璠』。
②『牛』原作『午』。
③『堵』原作『者』。
④『䴉』原作『鷶』。
⑤『⿰歹又』原作『列』。

【十二】

鹹醎鹽味。 銜俗啣官、，又馬口中勒也。

蠻俗蛮、夷，又綿、，鳥聲。

顏容、，又姓。 頑愚。 嵒巖山、。 嵒巉、。

章 文、，、程。 樟樹、。 麞獐獸名。 璋圭、，又生男曰弄、。 漳水名，州名。 嫜姑、。 彰、著，、昭。 粻粮也。

憧、惶，驚恐。 張主、，開、，又姓。 誸譸、，狂也。 漲大水泛溢。

相、見，共也。 箱、篋，竹器。 緗淡黄色。 葙青、子。 廂坊、，廡也。 湘瀟、，水名，又烹也。 勷匡、，平也，除也，襄仝。

鑲、邊。 瓖馬帶瑛。 纕佩之帶。 驤馬后右足白曰、，馳駕也，舉也。

倉藏谷之物。 蒼深青色。又穹、，天也。、生，百姓。 滄、海，、州。 瘡、毒，、傷。 瑲玉聲。 牕窗、牖。 鶬、鶊。 愴悽、。

綱、紀，、維，、繩。 剛堅、，、強。 岡崗山、，山脊。 鋼、鐵。 犅獸名。 扛、擡，、移。 杠徒、，橋。

* * *

缸瓦器。 釭銀、、燈也。 茳、蘺，香中。 肛大腸門。 江、湖。 罡天、、訣。 豇、豆。

薑辛辣而不葷，禦濕之菜，能通神明，去穢惡。 畺、界，五百里之地。 疆、界。 韁繮鞭、。 彊辟、，君也。 𦡯牙、。

僵、卧，、仆。① 蝹、蟲。 姜姓。

莊端、、，敬。 庄屋。 装束。 粧俗 妝粉飾，、扮。 牂母羊，又、盛貌。 臧善也，、獲，奴婢。 賍受賄，事發曰追、。

贓賊、，仝上。 樁以竹木釘地曰、，又事一件曰、。

當抵、，承、。 襠袴、。 簹筼、，竹名。 璫銀、，充耳之珠。玎、，玉聲。 鐺銀、，鎖也，又金聲。 𤔡耳、，耳下垂也。

艡𦨣、，戰船。

央中、，、求。 泱、、，水盛貌，又宏大之聲。 秧禾、。 殃禍、。 柍屋中。 鴦鴛、，好鳥。 怏心中不快。

𩛰腹中食飽。 鞅馬頭革，、扛，又仝怏。

①「仆」原作「什」。

【十三】

匡、正。筐①、篋。眶眼、。恇怯、。劻②、勷。框門、。羌、胡，強也。蜣、螂，蟲。

腔俗控骨體曰、，又、調。誆、騙。萿草名。

霜、雪。孀寡婦。驦騻驦、，良馬。鷫鷞鷫、，西方神鳥。雙成對。喪死、。桑、木，扶、、日出之所。

商、量，、酌，國名。謪同。蔏、陸，根曰常山。螪、羊。傷損、。殤殀死曰、。③觴酒杯。

鏘鏗、，玉聲，又鐘鼓聲。蹡踉、，行不正也。蹌趨、。鎗槍、刀。謒、罵，語輕。斨方銎斧也。

邦、國，、家。梆敲、。榜兩舡同行曰挨、，盜曳舡行曰抽、。鞤、鞋。幫、襯。挷捍衛。⿰邦皮皮治鞋履。

昌、大。菖、蒲。倡女樂，、優。娼、妓。猖、狂。閶、闔，門也。倀無見貌，、、乎何之。

光、明。桄、榔，木名。洸水涌貌，又武貌。胱膀、，水臟。珖玉名。僙武貌。

方、圓，、法，比、。坊、廂，作、。④枋、梁，又木名。芳芬、，香也。妨無、，、礙。祊祭四方也。昉日初明也，又始也。⑤

---

①『筐』原字左從『亻』。

②『劻』原字上從『竹』。

③『殀』原作『妖』。

④『作』字原落。

⑤『日』原作『且』。

* * *

湯、水，又商王名。

汪、洋也，浩瀚貌。尪、羸，弱也，又病也。

薌①馨、。鄉、里。麘麝、。

荒、蕪，、廢，又大也。慌、忙。肓膏、，心上膈下。

將欲然之詞，又送也。漿米汁。

滂大雨、沱。磅砰、，石隕聲。⿸疒夆腹脹病。⿱鼓夆鼓聲。

康安、。糠穅米之皮。

俄、傾，、刻。娥美女。峨嵯、，山高；、嵋山。莪菜類。哦吟、。蛾蠶蟲。鵝、鴨。

訛吪傳謬。

① 「薌」原作「響」。

【十四】

囮譯也，傳四夷及鳥獸之語，又鳥媒誘鳥曰、。

駝駱、。佗人也，委、、、，雍容自得之貌。沱滂沱，大雨。跎蹉跎，不遂意。酡酒醉。⿰身它、背。紽縫也。

陀陂、，不平。沙、，①夷姓，阿彌、佛。鮀祝、，魚名。砣碾輪石也。鼉鼉、，海蟲。馱以馬載物。⿰韋大韋、，神名。迤逶、，行貌。

羅綾、、、列，網、、、漢。蘿藤、、女、，薜、、、蔔。籮竹器，米、。鑼銅、。囉、嗹。⿰氵羅汨、，屈原沉水處。

騾、馬。螺田、，螄、。腡手指②文。氌氆、，西番絨毛織者。儺、戲，驅疫。挪、移，搓、。那大也，何也，多也。

捼俗挼、莎，一曰兩手相切摩。

婆老母，又、娑，舞貌。蔢、⿱艹娑，屮③木盛貌。皤老人白髮。鄱、陽縣名，又、陽湖。

摩撫、，揩、，、④滅，又餤、天。磨琢、，石礪物也。麽么、，細小。魔、王，狂鬼。⿰金麽、、，米粿。

禾、苗。

---

①『平』原作『干』，『姓』原作『娃』。

②『文』原作『又』。

③『⿱艹娑』原作『蔢』。

④『餤』原左從『音』。

* * *

河、海。何、如，又姓。荷、葉。柯、樹。

和古龢、順，温、。

靈神、，精、，通、。醽、酴，酒名。櫺窓子孔眼。酃衡州縣名。灵小熱貌。霝畸、，田也。林樹、。琳、琅，美玉。

霖甘、，時雨。淋大雨，、漓。痳小便艱難。伶、俐，樂工。羚、羊角，可爲藥。鈴響、。鴒鶺、，鳥。

翎、毛。瓴、甕，似瓶有耳。、甂，甓也。齡遐、，年也。聆聞也。蛉螟、，蟲名。朎、朧，月色。囹、圄，獄名。苓茯、。

零、碎，、落，又餘也。蘦、落，中曰、，木曰落。舲船也。泠水聲。軨車輪横木。笭小籠。隣鄉、，、舍。

鱗魚、。麟麒、。轔、、，衆車聲。嶙山峻。粼水清石見之貌。璘玉文。磷薄石。遴、選。

潾水聲。㔂封也。疄畸、。驎馬色、驪。燐鬼火。淩欺、，又姓。綾、羅。陵邱、。

鯪穴居食蟻，即穿山甲。菱、角。輘、轢，車聲。寧康、，安、。嚀叮①、。獰猙、，凶狀，又瘦弱也。臨降、，監、。

---

①「叮」原作「可」。

【十五】

平、正，公、，和、。評、論，批、。枰棋局。坪、地。苹、屮。萍水上浮、。青、，劍名。瓶壺、。

甁瓦、。洴洗也。屏、風，圍、。軿載婦人輕車。蘋、蘩，屮名。櫇、婆，果名。頻、數，常也。瀕水逆屮也。

顰、蹙，愁眉也。又勉強學人曰效、。嚬、笑，又、嘁，憂也。貧、窮。娉、婷，美也。凭凴倚也。馮徒涉水。

憑、據，、證，依也，託也。呼、嘭，聲也。

辰星、，時、。晨早、。宸紫、，楓、，天子所居。成、就，又平也。誠、實，、信。諶仝上，又信。晟日出之初曰、。

珹玉名。郕邑名。盛粟稷在器。神精、，、靈，、聖，鬼、。乘、載，、禦。繩俗绳、索，又、、，衆多。

澠淄、，水名。忱、悃，情也。塍田、，畔也，畦仝。⿸疒冘、痼，疾深。城、郭，、池。

名、聲，、姓。銘箴、，刻碑也。民人、。瑉美玉。岷山、。緡絲緒，錢貫。明視也。明光、，聰、。

盟、誓，、証。旻秋天曰、天。瞑閉目。螟、蛉，桑蟲，又食苗心蟲。①冥幽、，暗也。蓂、莢，堯時瑞中。

---

①『食苗心蟲』中『蟲』字原落。

* * *

瞑夕也。溟海、，又南、，海岸。鄍地名，邑名。鳴鳥、叫也。閩地名，福建省。、魚。

琴樂器，又姓。芹、菜，獻、，采、。芩黄、藥。⿸疒今寒也。勤、苦，、勞。懃殷、。禽、獸。檎林、，果名。

擒、捉。噙口含物也。擎以手舉物。檠弓、，灼、。鯨海中大魚。黥刺罪人面。勍敵也，有勇之人。

丞、相。承奉、，、蒙，、愛，、繼。呈、露，、奉，陳仝。程路、，行、，功、，又姓。裎裸、，露身。酲、醉。臣君、。

沈沉、潛，浮没。陳、布，、獻，舊也，又姓。澄、清。懲、戒，、創。塵灰、，、世。

盈、滿。楹、柱。寅同、，、時。夤、緣。贏輸、，又姓。瀛、州。籯箱籮之屬。媱奸、，、亂。

滛、欲，邪、，、溢，淫同。⿱雨䍃久雨。蠅俗蝇青、，蒼、。

廷朝、。庭家、，天、，頭頂也。霆雷、。蜓青、。亭、閣，、止。停諪調、，又止也。婷娉、，嬌態。

葶、藶，藥。渟水止。也

【十六】

吟古唫、叨。迎逢、，、接。垠地界。闇和悦而静。狺大争貌。鄞邑名。嚚頑、，口不道忠信之言曰、。

凝、結。銀白、，金、。芩古蘵似蒜，生水中。

形、容，、影。刑、罰。邢、地。刲、範，同型。鉶禮器。硎砥石。行、走。陘連山中絶。

情性、，、理，、實。晴天、。秦國名。蓁、芃，藥名。螓、首蛾眉。䈜樂器。

人、物。仁、智，、愛。壬干名。任負也，國名，又姓。紝織、。絍机之縷也。妊婦人有孕曰懷、。

衽袵衣衿也，臥席也。紉、蘭爲佩。仍依也，再也。

旬十日爲、，均也，徧也。荀姓。郇地名。洵信也。恂信也，樂也，謹言温恭。詢、問。揗拊、，手慰之也。

徇循俗狥循、，次序貌，又、環，持、，依、，、順，行也，遍也，巡也。巡、行，又逡、，却步。尋、覓，尺、。潯水涯。①

燖以火熱物。鱏俗鱘魚無鱗，口在腹下。馴、擾，、从，又、至。鬵甑也。紃絛、，組、，紡纑。

① 「涯」原作「沍」。

* * *

周、密，、全，又姓。 週、遍，、廻。 賙、濟。 輖重也。 州、縣。 洲沙、。 ⿰土州、地。 舟船。 侜、張，廱蔽也。①

秋春、。 鞦、韆。 偢、倸。 楸梓屬。 鶖木鳥。 緧牛馬後、。 鰌鰍泥、，、魚。

憂、愁。 優、劣，、遊，、媚，、餘。 櫌覆種。 幽、暗，深杳。 麀牝鹿。 呦鹿鳴。

休、息，美也，和也。 庥仝上，又庇蔭也。 咻喧嘩聲，又噢、，痛念聲。 貅貔、，猛獸。 鵂、鶹，怪鳥。

脩脯也，束、，小脡脯，又長也。 修飭也，飾也，理也，葺也。 滫、瀡。 羞、愧，又進也。② 饈珍、，薦也。

鳩斑、，、聚。 樛木枝曲垂。 鬮俗䦰拈、，取也。

丟一去不還。

丘夫子名。 邱高也。 蚯、蚓。 ⿰扌丘聚也，空也。 坵田也，一、。

收、斂，、藏。

① 『蔽也』二字原落。

② 『又』原作『文』。

【十七】

抽取也，援也。瘳病瘉。犨姓。

啾、唧。揪手、。湫水名。

消、息，、滅。逍、遣，、遥。宵、夜。霄雲、。銷、鎔。綃生絲。硝硭、。蛸桑螵、，海螵、。

魈山鬼。颵風聲。鮹鮫、，魚名。蕭、條，、索，、牆，又姓。簫樂器，又舞者所持之物。飍涼風。蠨、蛸，小蜘蛛。①

瀟、、，風雨，、湘，水名。②翛飛聲，又、、，羽敝也。捎除也。

標木杪也，舉也，表也，繫綵爲、記。摽、梅，、落，、比，、麾。幖幟也。鑣馬銜外鐵，又盛貌。麃、、，舞貌。臕肥壯。

儦行貌，衆貌。穮芸去禾中艸。瀌、、，雨雪盛貌。彪虎文，小虎。猋俗飆飈暴風從下而上扶搖。滮水流貌。

搜、尋。鎪雕刻。溲便溺。廋、匿，安同。醙白酒。颼、、，風聲。艘船總名。蒐茅、，艸名，春獵曰、。

摗摟、。餿、飯。鬉髦、。

① 「小蜘蛛」原作「小蜘蟏」。

② 「、、」原作「、西」。

＊＊＊

焦燋、小，傷火。噍急促鳥聲。鷦、鷯，小鳥。蕉芭、。醮面容、枯。樵生麻未漚。膲人身有三、。

嶕、嶢，山高。椒椈、。

囂喧也，、、，自得無欲之貌。枵、腹，虛也。驍、勇。鴞鵰、，惡鳥。梟惡鳥，殺人曰、首。嘵、懼。獢犬短喙曰猲、。

鄒俗邹國名，又姓。騶、虞，仁獸。鄹郰邑名，夫子之鄉，阪隅也，又聚居。諏咨問。緅赤青色。鯫、生，猶小人。

刁、抗。凋、落。雕彫琱刻、。弴、弓。鵰鷲、。貂、裘。⿰衤隹短衣。鳭食母鳥。船舠吴船。鯛、⿰魚貞，魚。

夭少好貌。妖、媚，、怪。幺小也。要、求，、劫。葽中名。喓蟲聲。腰、肢，、子。邀、請。

挑、撥，、踢。祧宗、。恌偷，薄。銚田器。㓢、剔。佻輕、。

嬌、美。驕、傲。鷮雉名。僥、倖。澆、沃，又薄也。徼、求，又伺察。

飄、颻，吹也。漂、流，、蕩。僄輕、。縹輕舉貌，又、緲。熛火飛。

【十八】

蹺蹊、。 蹻揭足高行。 橇禹泥行所乘者。 撬舉也，起也。

謳、歌。 鷗水鳥。 歐、陽，複姓。 甌小盃。 漚浮、。 區豆、，四豆爲、，又匿也。

勾、引。 鉤鈎曲也，掛、。 溝、圳。 篝熏衣籠。

招、引，、呼。 昭、著，、明。 釗弩牙，周康王名。 朝早也，又、鮮，國名。

兜、鍪，又、詛，不静。 蔸獸食之器。 ⿱髟兜、⿱髟欠，白頭。

摳以手、物。 彄弓、。

搊手、，扶也。 篘⿱竹酋酒、。

超、拔，、越。 弨弓衣。

鍬田器，鍪同。①

① 『鍪』原作『签』。

* * *

偷、盜，、薄。① ⿰鼻句、⿰鼻台，、氣。

燒焚、，、火。

[高]、低，又姓。 膏、脂。 篙撐船、子。 羔、羊。 糕餻、餅。 皋進也。 皐、陶，浲也，岸也。 槔桔、，水車。

交、接。 茭乾芻。 郊、野，祀天曰、。 蛟、龍。 咬、、，鳥聲。 鼛設事之鼓。 櫜弓衣。 膠、漆，又姓。

嘐雞聲，志大，言大。 鮫、鮹，海中魚。 艽秦、，藥名。 教使之爲也。 滜澤也。

叨、蒙。 ⿰舟舀舟名。 縚絲、。 幍巾帽，士服。 慆慢也，久也。 滔水流、、。 韜、晦，、畧。 饕貪財不厭。 絛編絲爲帶曰、。

搔騷以手、癢，、扒。② 慅動也，憂也，勞、。③ 颾風聲。 騷、慢，、淫，詩人曰、客。④ 溞、、，淅米聲。 鰠魚名。

臊腥、，、臭。 ⿰羊喿羊、。 颵、瓜。 繅繹蠶繭爲、。 梢、竿，船、。 筲、箕。 捎取也，交也。 鞘鞭、。

弰弓末。 蛸蠨、。 颵風聲。 艄船尾曰、。 ⿰米肖飯、。

---

①「薄」原訛「韋言」。

②「扒」原作「朳」。

③「勞」原作「芳」。

④「詩人曰、客」原作「詩大曰、各」。

【十九】

蒿蓬、，青、，菜名。 搞薅拔去田草。 哮咆、，虎怒聲。犬吠曰、、。 虓虎自怒也。 嗃叫呼聲。

遭、逢。 嘲、笑，謿仝。 灱乾、。 糟酒、。 抓亂搔揭也。 樔取魚器。

刀、槍。 忉、、，憂也。

敲擊也。 ⿰足高脛骨邊，近足細處。 墝磽、薄，土瘠，地不平也。 尻脽也，脊樑盡處是也。

凹坳山、。 ⿰凹頁大首深目，頭凹也。① 柪木曲。 鏖、戰。 熝温也，、菜。

包、容，、裹。 苞蒲、。 胞、衣。 褒、貶。

抛、棄。 跑走也。

撓抓也，搔也。 鐃小鉦也。 ⿰犭農獅犬。

操、持。 抄、謄。 耖、耙，農器。 鈔正「抄」。

---

① 『凹』原作『四』。

* * *

猱 猴屬，性善升木也。

基 、址，根、。 朞 、月，周年。 箕 、箒，、宿，播、。 雞鶏 家禽。 笄 婦人之冠。 乩 降、，問、。 稽 、考，、留，止也。

羇 在外曰、旅，俗羇。 羈 檢也，不、之士才識高，俗羈。 幾 、要，又庶、，近也。 機 、括，、樞，、杼，、變，、會，、密。 肌 、膚。

譏 、誚，、誅。 璣 璿、，珠、。 磯 磧也，石激水也。 饑 俗 飢 、餓，又穀不熟曰、。 姬姬 女也，又姓。 奇 、偶，單也。

剞 、劂，曲刀。 畸 、零，殘田。 卟 卜以問疑。

希 、少，、圖，又望也。 稀 、疏。 俙 依、，猶髣髴也。 欷 、歔，悲泣，氣咽也。 晞 乾也。 羲 、皇，伏、，又、和也。

犧 、牲，祭物。 曦爔 日光，火光。 僖 樂也。 嬉 、戲，、遊。 嘻 噫、，欢聲。 禧 吉也，福也。 熹 熾盛也。 郗 人姓。

譆 痛而口笑聲。又呼聲，言呻吟也。 巇 山相對而危險。 醯 醋也，醯也。 熙 、和，又光明也。 娭 與嬉同，又婦人賤稱。①

笞 、責，棰擊也。 癡 、癖，不達貌。 癡 、蠢。狂、。② 絺 、綌，葛精曰、。 摛 以手伸物也。 螭 似龍無角。 嗤 笑也。

---

①「婦」字原落。

②「狂」字原落。

【廿】

魑、魅，鬼。瞝、看，歷視。褫、革，、奪。①齝牛食久而復出嚼之。鴟、鴞，惡鳥名。又蹲、，似羊。蚩、尤，、愚也。

媸醜也。眵目汁凝也。

知、覺，、曉，、府，、縣。蜘、蛛。䓡、母，藥。之助語，往也。芝、蘭，靈、。枝、葉，又荔、，果名。支、持，、派。

肢四、，、體。伎、倆，能也。卮酒器，盃也。梔、子，黃色。脂膏、，胭、。搘、捂，勉強任事。衹亦、，以異。

丕大也。伾有力。呸爭聲。邳、下，地名。秠黑粟，一稃二米。芣屮木花盛。②坯未燒陶瓦。披開也，散也，又亂軍曰、靡。

㓟⿰卑刂刀削也。⿰毘刂薄切。③批、點，又手擊也。⿰比攵器破未離。⿰扌毘反手擊之。砒、霜，磇仝。箄竹、。髬、髵，多鬚。

衣、服。依、從，、附。醫治病者。繄青黑色絲，發語辭，又助語詞，是也，惟也。瑿黑玉。噫、嘻。洢水名。

伊彼也，又姓。咿、唔，書聲。蛜、蝛，小蟲。猗嘆詞，助語。欹歎美詞。漪瀾、，水波。旖、旎。

溪谿流水曰、。蹊、蹺，、徑。鸂、鶒，水鳥。欺、誑。僛醉後舞狀。攲不正也。崎、嶇，山險。觭牛角一俯一仰。

---

①「奪」原落。
②「屮木花盛」原作「山木衣盛」。
③「切」原作「坊」。

***

西方向。恓、惶。棲、遲，、宿。棲幽、，隱居。犀、牛。澌聲破也。嘶馬叫。撕提、，教、人也。

胥相也，皆也。糈糧食。諝有才智之稱。稰今之晚禾。湑露貌，盛貌，又釃酒也。醑美酒。鍸銷、，鑴仝。

需、索。繻繪綵爲之，關外用以爲信。荽莞、。綏安也，又登車索也。須意所欲也，又、臾。嫛女名，①、、。

鬚髭、，口下曰、。剛傷皮也。

尸身、，陳也，支也。屍、骸。鳲、鳩，即布谷鳥。詩、賦。施設、，、捨。蓍、中，用以筮者。

妻夫、。萋中盛貌。淒、涼。凄雲雨起。悽悲痛也。緀、斐，文章相錯也。蛆蟲在肉中。趨、走。

梯階、。

低高、。氐宿名。羝羊三歲。袛、裯，短衣。礋②黑石，可染繪，出琅琊，又人名。

卑卑、賤。碑、石。椑木名。俾、使。陂、塘。屄女人陰户。螕牛、。悲、哀。杯栝俗盃酒、。

① 「、、」當爲「女、」。
② 「礋」原作「禪」。

【廿一】

疽癰、。 雎、鳩，水鳥。 且《詩經》助語詞。 趄趑、，又行不進貌。 咀、嚼。 沮水名。 砠土山戴石。 ⿰虫虘蟲在肉中。

狙猿屬，又、詐，謂伺人之間隙也。 蛆蝍、，即蜈蚣蟲。 苴麻子，、菜，苞、。 菹淹菜爲、，又澤生中曰、。 胆蠅乳肉中。

齏醯醬所和，細切爲、。 趨俗趋疾行。 齎裝也，送也。

奎宿名。 虧、損，、少。 窺、看。 盔、帽。 恢、大，、擴。 詼、諧，戲謔。 魁、星，、首。 刲、割。

闚傾頭向門外斜視。 悝憂也，大也。

圭、玉，、璧，諸侯命、。 閨、門。 規、矩，、戒，子、鳥。 皈、依。 歸還也。 龜俗亀烏、。 嬀姓。

瑰玫、，大珠，又瓊、，石似玉。

威、儀，、嚴，、力。 蝛咿、。 葳、蕤，中木盛貌。 隈水曲處，又、衰。 煨以火、物。 偎愛也，倚也。 逶、迤，斜行。

倭、遲。 ⿰言有呼人聲。

* * *

非不是也，又責也。 誹、謗。 緋絳色。 扉户、。 霏雨雪紛飛。 騑馬行不止。 蜚飛揚。 妃后、，、嬪。

雖設若之詞。 衰、微。

追、趕，又治玉音堆。、究，、隨，、念。 隹鳥之短尾總名。 鵻鵓鳩。 騅馬名。 錐鐵騎，似鑽。

崔姓、。 催促、。 衰父服斬、，母服齊、，本朝故改定父母具服斬、。 榱、桷，椽也。 縗喪服。

吹、嘘，、物。 炊、煮。 推、獎，、原，、遷。

灰、土。 暉日光。 煇輝光、。 揮、使，以手指物。 撝、謙，又仝上。 麾仝揮，又稱武官曰、下。 翬雉名。

徽、美。 虺病也。 隳毀也。 褘蔽膝，又后、夫人祭服。

堆嵟古𠂤聚土曰、。 追治玉。

推、車，、托。

[因]、仍，、由，托也。 慇、勤。 殷盛也，大也。 嬰孾、孩。 隂、陽，暗也。 婣姻婚、，、緣。 櫻、桃，果名。 茵、蓆，、陳。

【廿二】

纓絨、，、帶。 婡女人美稱。 瓔石似玉。 罌罃瓶之總名。 闉用以障城門外者。 堙、塞。 湮、没。 鸚、鵡。

禋、祀，精意以事曰、。 鶯黃、。 氤氲、氳，元氣交密之狀。 瘖、啞，不能言。 英、雄，、俊，草木、華。 鷹鷙鳥。

瑛玉光。 鍈鈴也。 攖觸也，迫也。 音聲、。 應、當。 喑、啼。 膺胸也，當也，擊也。 磤砏、，大雷聲。 駰馬名。

珍俗珎、寶。 眞今真、實，、精，、正。 烝、盛，、衆，又進也，君也，又下淫上曰、。 砧擣繒石也。

蒸、煮，又冬祭曰、。 針鍼用以縫衣。 貞、節，正而固也。 禎、祥。 楨、幹，築牆版。 偵探何人也。

正、月，、鵠。 征、伐，行也，取也。 鉦、鑼。 怔、忡，心動也，驚懼也。 斟、酌。 甄、陶，察也，明也。

箴、銘，、規。 徵、驗，、名。 癥腹內結病。

精、微，、緻，、神。 腈、肉。 睛眼、。 蜻、蛉蟲。 晶水、，寶物。 旌、旂，、賞。 璡石似玉。 珒玉名。

遵、守，、依。 逡、巡，畏縮。 津、液，、渡。

* * *

今古、。衿青、，衣領。矜、憐，、莊，驕、。金、銀，又姓。經、書，、營，、過，、綸，、理，、常，、界，又織也。涇、水，濁。巠水脈也，直波爲、。巾冠也，又手、。京、師，大也。襟衣、，姨夫曰連、。禁當也。荊楚地，、棘。驚、恐，、駭。兢、業，戒懼。筋、骨。觔斤、兩。

辛艱、，、苦，、辣。莘地名，又細、，、藥。騂、牲，赤色。新、舊，鼎、。薪柴、。星、辰。郇地名。腥生肉。鯹魚臭。猩能言之獸。惺、惚。侁行也。詵衆多也，又、、，和集貌。駪馬衆疾行。甡群牲並立。殉、葬，、從。詢咨也，問也。心、志。徇俗狥行示也，順從也。荀姓。洵信也。芯燈、。⿰羊星羶、。

兵軍、，、馬。賔賓、客，、旅。濵水涯。鑌、鐵，極堅。儐、相。檳、榔。繽、紛，雜亂。臏刖刑，去膝盖骨。冰、雪，、淩。豳邠國名，地名。掤箭桶蓋。彬斌份文質匀稱。

青黑色，清白。清、白，、潔。菁盛貌，、華。親、戚。侵、伐，、欺，、害，、剋。駸、、，馬行疾貌。祲氛、，妖氣。

【廿三】

綅線也。鋟刻板。圊溷也，厠也。

申、詳，又辰名，又重也，又容舒也。伸古信、屈。呻、吟。紳縉、，大帶。身、體。深、淺，、遠，、邃。

勝任也，堪也。升、斗，、降。陞、遷，登也。昇、平，又日上也。枡、枓。聲殸俗声、音。娠婦懷孕也。

稱穪、許，、揚。爯併舉也。嗔、怪。瞋怒目。檉河柳。蟶、虸。赬赤色，赬仝。

偵、人，、問，邏候也。

欣忻訢、喜。歆、饗，、羨。昕旦明，日將出之時。興俗㒷起盛。馨、香。

卿公、。輕俗軽、重。衾大被。欽、敬。嶔山險。

聽聆也。廳、堂。桯床前几。汀水際平地，又、川府。

丁當也，人、，又姓。叮、囑，、噹。仃伶、。疔、瘡。飣置食也。釘鉄、。

* * *

砯、磅，水擊石聲。 砏、磤，大雷聲。 娉、婷，美貌。

[山]、土。 刪、除，、定。 跚蹣、，跛行。 姍好也。 笧竹器。 珊、瑚，寶樹；闌、，凋散貌。 三叄數目。

縿旌旗正幅。 衫衣、。 芟除中。 潸涕流貌。

番次也，重也，更也。 翻轉也，飛也。 旛花、。 繙繽、，風吹旗，又尋繹。 播斷獄平、，開活罪人，又、竿。 拚戒貌。

間中、。 蔄蘭也。 艱、難。 姦俗奸、詐，、邪，、淫，、宄。 菅中名。 監、禁。又察也。 檻籠也。

尷、尬，事不正也。 擥緊也。 緘束篋縢索也，封也。

丹赤色，又、砂。 硏白石。 聃老子名、。 單今单孤、。 簞飯器，以竹爲之。 鄲邯、，邑名。 殫盡也，竭也。

襌、衣。 眈視近忘遠，虎視、、。 耽俗躭耳大面垂，又過樂曰、，又、延。 酖好酒。 擔負荷。

灘淺水、上。 攤、曬，、開。 嘽、、，衆盛貌。 幝車蔽貌。 癱風、，病、。

【廿四】

餐食也，飡也。 孱、弱。 潺、魚，又水聲、、。 僝、僽，惡言罵也。 參、差不齊。 鰺、魚，鯵、。 嵾、嵯，山不齊貌。

扳、援。 攀、扯，自下援上。

班、列，、輩，、次。 斑、斕，雜色。 頒攽布也，賜也，又髮半白。

彎俗弯、弓，、曲。 灣水回也。

關俗関閉也，合也，又姓。 瘝病也。 鰥俗鰀老而無妻曰、。

餀鳥、食，斬平聲。

喒我也，咎平聲。

[加]、添。 跏、趺，屈足而坐。 珈婦人以玉爲飾。 枷刑具。 袈、裟，僧衣。 迦釋、，佛。 痂瘡、，乾瘍。 笳胡、。

嘉稱美。 家、室。 佳、美。 葭蒹、。 豭公豬，豭仐。

* * *

蛙蝦蟇，黿同。　哇、吐，小兒啼聲、、。　娃美女。　窪深也。　漥牛脚跡水溝也，深也。　汙卑下之地。

窊洿同上。　穵、穴，、耳。

巴州名。　疤瘡、。　笆籬、。　羓臘屬。　芭、蕉。　豝母豬。　蝁水上蟲。

沙、泥。　砂硃、，仝上。　紗絹屬，、羅。　裟袈、。　鯊、魚。　粆、糖。　杉、樹。

丫木開枝也，又婢女曰、頭。　椏樹、。　啞小兒學語。　鴉鵶烏、。

叉兩手相錯。　杈歧枝木。　差、錯。　槎桴也。　摣取也。

咱我也。　查山、藥。　渣水名。　喳、、，鵲聲。　楂果屬。　撾擊也。　髽、髻，婦人喪冠，又、子，冠名。

瓜蔓生中。　媧女、，古之聖人。　蝸、牛，如田螺有角。　騧白馬黑喙。　顝短頭也。

呀張、、，口貌。

【廿五】

嗟咨、。瘥病也。罝兔、。

花、木，華同。

誇大言，、獎。夸奢也。

遮、蔽，、攔。

他、人。

車輿輪總名。葦、葥中。硨、磲，石似玉。

鰕魚、。颬開口哇氣。呀張口貌，又、、。

葩花貌，披巴切，怕平聲。

奢、侈，賒無錢而買，又遠大也。賖、開，不交也。

* * *

髩白駕切，音杷。鬖，髮亂貌。

甘、甜，、言，、心，、中。柑、子。疳小兒、病。泔浸米水。⿰甘干、蔗，味甜，用之造糖。乾、旱，、燥。虷蟶、，蚌屬。

杆欄、，、盾。干、犯，、求，、戈，兵具。玕琅、，石次玉。竿竹、。肝、膽。芊草名。

喧、嚷。暄煊溫和。諠、譁，、忘。萱忘憂中，又宜男中。藼仝上。塤壎、篪，樂器。暅日氣，又仝煊。

烜光明也，又威儀、宣言也。軒、車。掀高舉也。仚輕舉，同上。嗎笑也。祆胡神名。諼忘也。

安、寧，、妥，、樂，向也。庵奄菴中舍，古、。唵佛語。鞍馬、。諳、練，曉也。鵪、鶉，鳥名。揞兩手、物，弇同。

涓潔也，選也。娟嬋、，美貌。睊側目相視。①鵑②杜、鳥。蠲明潔也，又、除，、免。

冤、仇，、家，、屈。③淵深水。鴛、鴦。④鵷⑤、鶵，鳳屬。眢目不明，肝無水。

專一也，擅也。甎俗磚、瓦。顓古專字，、制；、蒙，、頊，皇帝號；、孫，複姓；、臾，國名。⑥

---

①「側目」原作「側見」。

②「鵑」原作「睊目」。

③「屈」原作「屬」。

④「、鴦」原作「鴦、」。

⑤「鵷」原作「鴦」。

⑥「專」原作「文」，「臾」原作「史」。

【廿六】

堪可也，在也。刊、刻。弇漢下耿、。看視也。龕燈、、神、。戡勝也，克也，俗讀爲坎，非。

酸、味，寒、。葰、中。痠身上、痛。狻、猊，獅子。皴、皺。

端、莊，、正，還也，首也，萌也，始也，審也，布帛一、二丈爲一、。

川山川，水也。穿、透，貫也，通也，鑿也。

叅並也。參、度，、謀。驂駕馬、乘。

簪首飾。鑽穿也。

貪、欲，、求。探摸取。

憨①愚蠢。

圈、點。

①「憨」原作「恐」。

***

同 仝等也。銅、錫。峒山穴，又崆、山。筒竹管。桐梧、。衕通街也。童孩、。僮、僕。

瞳目中、子。艟艨、，大船。幢、幡。穜先種後熟。朣、朧，月欲明。潼水名，關名。

犝小牛。⿰羊童小羊。罿捕鳥網，又魚網。佟姓。彤赤也。鼕鼕鼓聲。

容含、，儀、。鎔陶、，、鑄。蓉芙、。瑢瑽、，珮聲。庸用也，常也，附、，小國。鏞大鐘。傭、工。鄘國名。

墉牆、，又城也。慵懶、。鱅、魚。融、和，消、，祝、，神名。瀜沖、，水深廣也。

蒙承、，、蔽。幪帡、，遮庇。朦、朧，不明。濛、、，微雨。⿰口蒙言不明。矇有眸無珠。饛器中盛滿。艨、艟，大船。

瞢目不明。懵、、，無知之貌。⿰糸蒙絲亂。

瓏玲、，又明也，又風、。籠、罩。襱大穀。礱、磨。朧朦、，月不明，事不明。⿰革龍馬、頭。櫳養獸檻。壟①田中高起。

①「壟」原作「龍」。

【廿七】

龍、虎。隆、盛，、大，崇、。竉穹、，大勢。靇豐、，雷師。礲硿、，石隕聲。

朋、友。棚棧也，閣也。鵬大、鳥。芃、、，中盛貌。蓬、蒿，菜。篷風、，雨、。鬔、鬆，髮亂。

鬅、鬙，髮亂。韸、、，鼓聲。彭姓。嘭呼、，聲也。硼、砂，藥也。

窮、困，、究。穹、蒼，天形；、竉，其色蒼匕。穹、竉，天形。邛病也，勞也。笻竹可爲杖。蛩寒蟲。銎斧孔。

紅赤色。仜身肥腹大。虹、霓。訌亂也。谼大壑。澒水沸湧。葒馬蓼草。鴻大雁。

洪大也，又姓。烘火、也。鉷弩牙。黌、官，學宮。硡石隕聲。颹大風。

逢遇也，、迎。縫、衣。馮姓。

農、夫。膿、血。儂俗以我爲、，渠、，彼也。穠花木稠密。醲、酒。濃、厚，又露多貌。噥唧、，多言不中。

顒仰也，又頭大，又、、，君德也。音魚容切。

***

熊獸名，又姓。雄公獸曰、，雌曰母，又、黃。

崇、高。琮崇玉。蘘草、生。叢、聚。

蟲正虫毛羽鱗甲之總名。重、疊，、複。

戎兵、，又汝也，又姓。絨熟絲。駥馬八尺。狨禺屬，毛可爲布。茙、、，厚貌。㭜相助也。茸鹿、，藥。

毦氄、，罽也。穁稄、，矛也。襛厚也。䆬窳、，器病。

從徔古从依、。

遙、遠，又逍、。瑤美玉。搖、擺，招、。徭、役。謠徒歌曰、。飖風雨飄、。窰燒磚瓦之所。蛢、蟲。

猺蠻、。姚嫖、，官名，又姓。珧蜃屬，甲可飾物。陶皐、，人名。嶢嶕、，山高貌。

調、明，、停，、和。蜩蟬也。條枝、。蓧草苗。樤桁、。鰷、魚。笤、箒。岧、嶤。

【廿八】

苕花名，、中。 迢、遞，、遠。 髫、髦，小①兒垂髪。 齠、齝，小兒換齒之時。 跳、走。 艻今人取以爲箒曰、。

寥、落，寂、。 翏古翜高飛貌。 寮僚同官曰同、。 嘹、唳，雁聲。又、嘹，清徹之聲也。 撩挑物也，又籠取物也。

遼、遠，、東。 鐐白金。 鷯鷦、，小鳥。 獠獵也。 膫男人陽物。 聊、且，、賴。 膋腸中之脂。 繚繞也。

謀計、，圖、。 矛戈、，兵具。 蟊食苗根蟲，吏抵②捐取民財則生。 鍪兜、，首盔。 牟侵取也，又釜屬。 侔均也，等也。 麰大麥。

眸目瞳子。 蛑蝤、，蠏屬。

朝、庭，、覲。③ 潮、水。 晁鼂匽、，蟲名。漢有、錯。

婁俗娄宿名，又姓。 樓、臺。 摟牽也。 艛舟名。 縷線也。 貗求子之豕。 僂傴、，身向前也。

螻、蟻，、蟈。 髏髑、，首骨。 蔞瓜、。 耬下種具，狀如三足犁，中置、斗藏種，以牛駕之，一人執、，且行且搖，種乃隨下。

喬高也。 橋、梁，又稱父子曰賢、梓。 蕎、麥，正莜。 嶠山銳而高。 翹、望，舉首而望之。 蘒連、，藥。 ⿺尢喬不順。

---

① 『兒』原作『貌』。

② 『捐』原作『目』。

③ 『覲』原作『謹』。

＊＊＊

僑旅寓也，又姓。　莜荊葵之屬。

苗禾、，又夏獵曰、。　描、畫。　貓猫、兒。　緢旄屬。　錨鐵、，用以鎮船。　䖢蠶初生。

樵柴也，、採。　譙、樓。　顦憔、顇，、悴。　瞧偷視也。

浮輕、，、沉。　蜉蚍、，、蚴，皆蟲名。　苤、苡，車葥中也。　罘兔網。　紑衣鮮潔。

韶舜樂。

侯公、。　猴獸名。　篌箜、。　糇餱、糧，乾糧。　鍭箭、。　喉咽、。

投擲也，又、托，、合。　頭、首。　骰賭器。

愁憂、。

饒、足，又姓。　嬈嬌、。　蕘採薪。　橈、孜，舟中之楫。

【廿九】

堯俗尭陶唐氏號。　嶢嶕、，山高也。

瓢瓠也，去蒂以盛酒。　藨浮萍。　鰾海、蛸。　嫖、賭。

熏以火、物。　燻火氣盛。　勳功、。　薰香中。　曛日入餘光。　纁淺絳色。　獯、鬻，匈奴號。　醺醉也。

矄日暗，頭眼運轉。　焄、蒿，香氣。

分、別，、裂。　芬、芳，花中香氣。　紛、紜，雜亂。　棻香木。　雰、、，雪貌。　氛、祲，妖氣。　棼、亂。　枌、榆，木名。

饙蒸米一次而以水沃之，乃再蒸。

屯卦名，又物始生。　迍、邅。　窀、穸，下棺。　忳誨人不倦。　吨、、，不了也。　訰諄詳語之也。　肫懇摯也。

坤乾、，卦名。　昆、弟，、夷。　崑、崙山。　琨、石，美玉。　錕、鋙，劍名。　鯤大魚。　鵾大雞。　髡秃髮。

昏俗昬、暗，黃、。　閽守門吏。　婚、姻。　惛心不明。　惽亂也，癡也。　葷、腥，油、。　睧目暗。

*　*　*

君人、，主也。　均、平。　鈞三十斤。　囷圓倉。　麕獐類。　軍將、，、兵。　皸凍裂皮。

敦、崇，大也，勉也。　惇、實。　墩平地之堆。　甎器似甌。　鐓、豬，、牛。　撉擊也。　燉火盛。　礅礫、石。

孫子、。　蓀香屮。　猻猢、。　飧夕食，熟食。

奔、走。　錛、斧，平木之物。　賁虎、，孟、，人名。

氳氤、，元氣交密之狀。　熅鬱煙也。

春、秋。　椿、樹。

村鄉、，邨仝。

尊、長，、貴，、敬。　樽鐏墫酒、。

褌幝正裩下衣。

【三十】

温、習，、煖，又和厚也。瘟、疫。

傾、覆，、瀉。頃、刻。

吞褪平聲，咽也，餐也，並也，滅也。

胡何也，又姓。湖江、。瑚、璉，珊、。糊、粘，又模、。餬謙教館曰、口。鶘鵜、，俗曰陶河。猢、猻，獸名。

醐醍、，酥之精液，味美。蝴、蝶。楜、椒。葫、蘆，瓜名。箶、簏，箭屋。鬍、鬚。衚、衕，街名。

弧木弓，男子生日曰懸、令且。狐狐、狸。瓠瓦器。壺酒、。乎疑語，又助語詞。

盧姓。

鑪冶器。罏陶所作。壚土黑而疏，又酒具。嚧、、，呼猪聲。鸕、鷀，取魚鳥。櫨欂、，柱上柎。

臚、列，又鴻、官。鱸、魚。顱頭骨。艫舳、，舡前也。蘆葫、，瓜名。蘆蒼、，藥名。轤轆、。井中挽水者。

獹韓、，獵犬。爐香、，烘、。瀘水名。纑布縷。奴、僕。孥帑子孫也。駑、駘，劣馬。

＊＊＊

扶、持，又、桑，日出處。蚨青、蟲，子母不相離，以子母各塗錢八十一文，置子用母，置母用子，皆自飛還。夫助語。

芙、蓉，又、渠，荷花。枎、蘇，木茂。苻姓。符、節，、篆。酻酒、。鳧水鳥似鴨。

徂往也。殂死也。鉏耘禾器，又姓。耡耕、。鋤、頭，鉄具，起土也。雛鳥子。鶵鵷、，鳥名。

徒門、，、然。途塗路、。塗溝、，路、，又姓。稌稻利下濕者。酴、醾，花名，、酥，酒名。捈、扶。荼苦菜。

菟楚人呼虎曰於、。圖畫、，、謀。啚都、。屠、户。瘏馬病曰、。

吾己也。梧、桐，又魁、，壯大貌。鋙錕、，山名，其山上出金鑄寳劍。珸琨、，石鍊之成鉄。𤥭石次玉，同上。

齬齟、。捂相抵觸也，逆也，忤也。鼯、鼠。鋘同鋙。吳姓。蜈、蚣，蟲。

蒲菖、。匍、匐，手在地行。葡葡萄。脯胸、。酺聚會飲酒做樂。䈬竹、。

蒱摴、，双陸也。膊雞鵏鴨、。苻萑苻之盜。菩、薩。

【三一】

無俗无有、。 蕪荒、。 毋亡禁止辭，又莫也。 巫道士。 誣欺、。

模、樣，規、。 謨謀也，定也。 摹以手捫物，又、寫。 嫫、母，黃帝之妃。

荼、酒。 嗏語詞。 搽、抹。 ⿰木茶、油。 查詳、，、考。 槎斜砍木。

華榮、，又西岳、山。 譁諠、。 驊、騮，良馬。 划、箄，、船。

牙、齒，、人。 芽萌、。 笌竹筍。 犽、子，小人。 衙官府，衙門。

爺父也。 耶助語，疑詞。 邪同上。 鎁鏌、，劍名。 琊瑯、，郡名。 啷嗟、。

杷枇、，木名，又木器。 爬以手、物。 琶琵、，樂器。 筢五齒、，用以取中。

麻苧、。又姓。 痲、瘋，、床。 ⿸麻鳥鳥名。 蟆蝦、。

伽、儖，神名。 茄、子。 跏行路高低。

＊＊＊

遐、遠。瑕、玷，玉病。蝦、蟆。霞雲、。瘕癥、，腹中之病。

拿捉拿，正拏，拏同。

邪好、。斜不正也。衺同上，奇、。

蛇毒蟲。佘姓。闍闉、，城門外蔽。

工、夫，又巧也。功、勞，勳也。攻、擊，、伐，又專治。玒玉名。紅女、，紡績爲女、。㓚刈也，、銍。

公、私，、侯。蚣蜈、蟲。供、奉，、給。恭、敬。弓、箭。龔姓。宮、室。躬身也，親也。

封、贈，、閉，又培也。葑、菲，菜名。風、雨，、俗。楓、木。瘋、疾，、癲。丰、姿。豐、大，、盈，又卦名。

靊、靇，雷師。烽、火。鋒、鏑，刀鎗鋭利。峰山之尖者。蜂蜜、。酆、都，又姓。

中、正，不偏，又半也。忠、良，、誠，、臣。終始、，卒也，盡也。衷、曲，折、，適當也。螽、斯，一生九十九子。

【三二】

鍾當也，聚也，又龍、，老病貌，又釜十爲、，六斛四斗也。　鐘黃、，磬，又與上通。　忪心動也，驚懼也。　鈡①量名，與鍾仝。

克充、滿。　恍心動。　洸水猛破物。　冲、撞，、幼。　忡心憂。　种幼、，又姓。　沖搖動也，上飛也，又和也，深也。

翀直上貌。　衝、激，、突，又通道也。　舂、米。　罿捕鳥網。　轒戰車。　艟艨、，戰船。

雍、和。　壅、塞，、培。　饔熟食，朝食。　雝鳥和鳴。　廱辟、，天子之學。　癰、疽。　灉河水決而復入河者。

噰、、，鳥聲。

怱、忙。　葱菜名。　驄青馬。　璁石似玉。　聦聰、慧，、察。　緫帛青白色。　從、容。　蓯、蓉，藥。

瑽、瑢，佩玉行聲。

宗、祖，、主。　琮瑞玉。　悰情、，又樂也，慮也。　鬃豬、。　棕木名，皮可做簑衣。　豵一歲豕。　騣馬鬣也。

松木名。　崧大山而高。　淞江名。　菘、菜。　鬆鬔、，髮亂。　娀有、氏，契母家。　嵩中嶽山名。　憽惺、。

---

①『鈡』原作『鍾』。

* * *

兄同胞先生曰、、弟。　凶不吉也。　胸心、。　洶、湧。水勢。　兇兗、暴。　恟懼也。　芎川、。

空、虛，司①、，官名。　箜、篌，樂器。　崆、峒，山名。　悾無知貌。　倥、侗，無知貌。　椌器物朴也。　空、心中。　𢃇②衣袂。

通、達。　蓪、花，木、。　樋木名。　痌痛也。　侗無知也。

翁長老之稱。　螉蠮、，細腰蜂。　蓊、鬱，中木盛。　䐥、臭。

烘以火乾物。　叿、、，市人聲，哄同。　𦕼耳有、。

聾耳、。

蹤、跡。　縱放、。

冬秋、。　鼕鼓聲、、。　東、方，、主。

[慈]、善，、愛。　磁、石，可吸鐵。　鶿鸕、，取魚之鳥。　餈米杞，、食。　瓷、器。　玼玉病。　疵病也。　眥睚、。

---

①『司』原作『可』。

②『𢃇』原作『悾』。

【三三】

祠、堂。 嗣子、。 詞語、，言、。 辭俗辞、訟，不受禮曰、。

台 三、星。 胎胞、，有子未生。 苔、蘚。 部國名。 駘駑、，劣馬。 鮐、魚，又、背，老人瘦削皆若、魚。

鰓魚、。 顋俗腮口、，頷下。 毸毰、，鳳舞。 䰄䰂、，多鬚。 揌振也，擇也。

開解也，、張。

栽、插。 哉煞語辭。 災、害。

哀悲、，、憐。 欸歎聲，今人乍見事不然必曰、。

該兼、，、當。 垓地名。 剴切近也。

余 予我也，又姓。 餘、剩。 畬田兩歲曰、。 妤婕、，女官。 于助語。 竽笙、。 盂缽、。 圩、岸。

玗玉屬。 雩舞、，祭天禱雨之處。 俞、允，答也，又姓。 瑜美玉。 榆、樹。 踰、越。 逾仝上。

＊＊＊

瘉病也。 渝變也。 揄、揚，譽言。 窬穿、，賊也。 歈①巴、，②歌也。 覦覬、，私心欲得之意。 愉和樂也。

崳山名。 堬塚也。 歈巴、，歌也。 輿車、。 旟旗類。 與助語，又、、，威儀中適之貌。 璵璠、。

歟疑辭。 嶼水中山。 鱮魚名。 諛諂、。 臾須、，頃刻也。 玦美石似玉。 楰梓、。 萸茱、。

腴豐、，身肥。 舁對舉也。 炊、、，呼犬聲。

渠溝、，又呼彼之聲。 蕖芙、，荷花已發。 磲硨、似玉。 籧、篨，粗竹席，又疾。 醵合錢飲酒。 璩環屬。 劬、勞。 瞿長慮卻顧。

鸜鵒、鴝。 臞臒、瘦。 衢街、，大路。 氍、毹，毛席。 蘧、麥。

如像也，若也。 洳沮、，下濕之地。 茹茅根。 而轉語。 儒、士。 孺七品官婦。 嚅囁、，多言。 襦短衣。

鴯鷾、，燕子。 薷香、，藥名。 輀喪車。 兒俗児孩、。

除、去，又拜③官曰、授。 篨籧、。 蜍月中蟾、。 儲、貳，、藏，副也。 躇躊、，猶豫。 躕踟、，行不進也。 廚庖、。

---

①「歈」原作「飲」。

②「巴」原作「具」。

③原作「又拜官、除授」。

【三四】

魚臭、肉。 漁、夫，又侵取曰、。 娛歡、。 虞望也，慮也，防備也，又國名，又掌山澤之官。 隅方、，棱角。

嵎山凹。 愚癡、。

殊異、。 茱、萸。 殳古杸兵具，攢竹爲之，長丈二尺。 藷、蕷。

[由] 從也，經也，行也，因也。 油、鹽。、然，雲盛貌，又、、，和也。 蚰、蜒，蟲。 鮋、魚。 猶似也，尚也，又遲疑曰、預。

蕕臭中，薰、。 猷謀、。 輶輕也。 楢柔木。 蝤、蛑，似蟹。、蠐，水蟲。 斿旌旗末垂者。 颵、颼，風聲。

遊俗遊遨、，、行。 游俗游優、，又浮行也。 蝣蜉、。 䒱、草。 郵今之館驛。 尤盛也，過也，又學醜曰效、。

枕木名。 蚘蚩、，叛臣。 悠、久，又、、，行貌。 攸所也。 槱積柴燎以祭天。 繇茂也，過也，於也，喜也，又與由同。

求日、，覓、。 逑匹也，聚也。 毬踢、。 球美玉。 絿緩也。 觩角上曲貌，又弓健也。 俅冠飾，又恭順貌。

捄長也。 裘皮服，又箕、。 銶①鑿屬。 賕以財枉法相謝也。 璆、然，玉聲，同球。 虬龍子。 艽遠荒之地。

---

①「銶」原作「鉞」。

* * *

仇偶也，又讎也，又姓。 厹軍器，三隅矛。 鼽寒氣窒於鼻也，季秋行夏令則民多、嚏。

流、傳，、通，又輩也。 旒冕、。 硫、黃。 榴石、。 畱俗留住也，久也。 騮驊、。 瑠琉、璃，石之有光者。

瘤瘻、、惡瘡。 遛遲、、不進。 鶹鵂、、惡鳥。 騮赤馬，黑鬣。 劉斧屬，又殺也，又姓。 瀏水清，水聲。 鏐黃金之美者。

囚拘、罪人。 酋、長，蠻夷之主，又終也。 遒聚也，固也。

柔、弱，、順，又安之也。 蹂往來之踐。①

紬絲。 儔類。 躊、躇。 讎讐、怨。 疇田、、、昔，又類也，誰也，衆也。 檮堅木。 裯單被。 籌、筭，酒店記數用、。

酧酬醻、謝，、答，又厚也。 譸訓也，張誑也。 鵃雉也。 稠、密。 綢、繆。 售、賣物。 惆、悵，不如意。

繆綢、、纏綿也。

牛耕、。 ⿱艹牛、膝，藥名。

---

①「踐」原作「賤」。

【三五】

崖山、。涯水、。捱、延。睚、眥，忤目相視。挨推、。埃塵、。

柴、薪。祡燒、燎以祭天神。茈、葫，藥名。儕、類，同輩。豺、狼。才方、，、是。

排、列，、斥。俳、優，雜戲。牌帋、、，骨、，、扁。

懷懷、思，、抱，、藏。①淮水名。槐、樹，其花黃色。

埋葬、。霾風雨蒙露。

鞋、襪。諧詼、，戲言。又、和。骸、骨。

爹父也。

些少也。

靴皮、。

①「藏」字原落。

＊＊＊

【夫】工夫。砆碔、，石似玉，玞同。鈇、鉞，莝斫刀。趺跏、，盤膝而坐。麩麥、，酒麯。妋翁也。孚、信。

郛、郭。莩葭中白皮，麻有子者。俘、囚，軍中虜獲之人。桴、筏，編竹爲之。稃谷皮。罦捕鳥之網。

敷、布，散也，施也。痡疲不能行之病。膚肌、，皮、，淺也，大也。尃花之總名。

姑止也，、息，、娘。沽買也。辜罪也。蛄螻、。酤買酒賣酒造酒俱曰、。鴣鷓、。孤、單，、獨。

罛魚網。菰苽彫、。觚酒具，方也，棱也。呱小兒啼聲。箍以篾束物曰打、。

踈疏不親，又通也，分也。蔬菜、。梳掠髮之器，篦、。蘇紫、，、木，又姓，仝下。穌甦息也，死更生也。

綀絡屬。酥、餅，又酴、，酒。厤中庵。

烏黑也，何也，日曰陽烏。嗚歎辭，於同。惡何也。杇圬塗也。汙污、壞，、穢。瘀婦人惡血。

初始、。粗俗麤、俗，、大，、略。芻俗蒭、屮，又刈屮。閦佛名。

【三六】

租①、賃，、谷。

呼嘑、換，稱、，又咄啐之貌。 滹、沱，水名。

鋪、張，、設。 餔食也。 逋逃也。 哺周公一飯三吐、，待賢之慇也。 晡日至②申時。 痡病也。

都、邑，、啚，又大、，猶大略也。 闍闉、，城門外蔽。

枯、稿。 刳剖也。 髑髏、髏，死人頭骨。 姑殆棉、。

姿、色，、態，婁仝。 咨諮、嗟，、謀。 資、質，、籍，、助，、財。 粢六穀曰、。 趦、趄，行不進也。 髭、鬚，口上曰、。

貲、財。 穧積禾。 孜、汲，勤也。 菑、畬，田也。 淄、澠，水名。 緇黑色。 輜、車。 椔枯木。

錙、銖。 齊、衰，喪服。 齌裳下，緶也。 ⿰衤齊裳下緝也，又疾也，緶也。 耔耘、，壅禾。 孖合也，雙生之子。 ⿰牛茲、牲。

孳生息也。 茲此也，又屮也，又木多。 滋、潤，、味，多也，益也。 鎡、基，田器。 鼒鼎掩上小口。 鄑邑名。

---

①『租』原作『和』。

②『申』原作『中』。

***

司、守，管也。 筍竹箱，音事。 思、想。 緦、麻，孝服。 罳罘、、屏也。 颸衆風、、。 私不公也。 絲、毫，、綿。

鷥鷺、、。 蕬莬、、。 斯此也。 廝小、，奴也。 澌水流貌。 鶀鷥、，鴉鳥。 師、傅，、法，、衆，先、。

釃榨油器。 獅、子。 禠破衣。 螄螺、。 偲切切、、，相責也。 篩正音簁、名，俗作米、，誤。

雌、雄，母曰、。 差參、，不齊。 嵯參、，山不齊貌。 麁、硬。

[朱]赤色，又姓。 珠珍、。 硃銀、。 誅、斬，、責。 株木根在土上曰、。 侏、儒，矮人。 咮多言。 邾國名。

蛛蜘、。 洙、泗，水名。 銖錙、，、兩。 瀦水所停曰、。 豬猪、羊。 諸、衆，語詞，疑詞。 櫧苦、，木。

虛空、，、僞，又宿名。 嘘吹、。 墟、市，邱、，荒也。 歔唏、，悲泣，氣咽而抽氣也。 吁、嗟。 旴日初出。

盱張目望。 芋大也。 訏誇也。 冔商時冠名。

居、住。 琚佩玉名。 据拮、，勞作之狀，又音句。 裾後衣也。 ⿱宀居、儲，①貯也。 拘、束，、執。 俱皆也。

---

①『儲』原作『諸』。

【三七】

駒小馬。車、載，、馬。斢酌也。

書、箱，、寫。輸、納，、敗。毹氍、，毹屬。舒紓、除，、展。荼神、，啖鬼之神。

區、處，、別，又我也。軀身、。驅、逐，又馳、，歐敺並同。嶇崎、，路不平也。袪、逐。陆①依山谷爲牛馬圈。

於俗扵于語詞。淤、泥。迂、闊，、遠。紆曲也，縮也。

姝美也，好也。樞户、。摴、蒲之戲，双陸也。攄舒也。樗木名。

[云]言也。芸、香，草名。耘耕、，、中。②雲、雨。紜紛、，物雜。沄、洄。熒燈燭之光。縈、絆也。

瑩石似玉。瀯瀠水洄貌。螢、火蟲。塋墳、。榮俗荣、華，茂盛。營經、，、寨。、、，往來貌，惶恐貌。

匀均匀。畇墾田。筠竹外青皮。郇、陽府，又國名。篔、簹，竹號。

倫人、。淪、落，、没。輪車、，、流。綸絲，經、。掄、選。侖思也，又昆、，天形。崙崑、山。

---

①『陆』原作『佉』。

②『、中』原作『云中』。

* * *

論、語。圇囫、。

焚燒也。汾水名。坟墳、墓。羵土中怪羊，又大首羊。濆汝、，水名。蕡雜香草，又中木多實。豶犗也。

獖偾豕，又猪牯。

純、粹，、篤，又絲也。忳玉、，人名。蒓①水中葵菜。蓴同上。淳和厚。醇酒濃，又仝上。焞明也。鶉鵪鶉，鳥。

犉黃牛黑唇。脣唇口。

文、章，、采。紋織、，錦綺。雯雲成章。蚊、蟲。忟溫也。玟玉、。炆熅也，、煮。聞耳所、也。

門、户。們你、。捫手摸也。菛、冬。穈赤粱，粟也。亹兩山峙立如、，又水流峽中，兩岸如門。

璊玉赤色。𥼶粥凝也。

群古羣、衆。裙袴帬女子圍、。瓊、似下玉。惸煢、獨，憂也。睘目驚貌，又無所依貌。

①「蒓」原作「菋」。

【三八】

魂、魄，䰟同。 餛、飩，米食。 渾、如，儸然。 琿玉名。

存、留，、恤。 蹲脚屈也。

盆、甑。 葐覆、子，藥名。 湓水名。

豚猪也。 屯、聚，、留。 飩餛、，米團之類。 魨河、，魚名。 臀腿底。

才、力，、能，、、質。 材、木。 財、貨。 裁剪、，、度。 纔俗纔方才，初也。

來俗来耒至也，、往。 萊中、，東、，人名。 騋馬七尺以上爲、。 郲地名。 睞盼、。 徠往、。 埊玉名。

臺臺、棹。 檯木名。 擡、舉，扛、。 駘蹋也，脱也。

孩、童。

呆癡、。 皚雪霜白也，又音哀。 獃癡、。

* * *

員 官、，方、。 捐、棄。 篔、簹，竹名。 圓團、。 園薗①、囿。 圜從諫若轉、，天下、視而起，又正視，驚視。

爰於也。 援攀、，、救。 媛美女。 瑗大孔璧。 湲、潺，水聲。 袁長衣，又姓。 猿禺屬，似猴。

轅、車，、門。 橼木名。 蝝一曰蟻子。 緣、分，因也，循也，又貪、，連絡也。 垣、牆。 丸、藥。 鳶鳥名。

沿、習，又從流而下。 鉛銅。

拳手屈收也。 卷、曲。 踡、跼，足不伸也。 瘄手屈病。 鬈鬈髮好貌，又髮曲也。 惓、、，有情意。 顴面上、骨。

棬杯、，屈木所爲。 權俗権权、柄，、變，、，即稱錘。②

元狀、，大也，首也。 芫、荽，、花。 黿、鼉。 原本、，推、，高平曰、。 源水之本也。 騵騮馬白腹。 羱野羊。

蝯蝗子。 嫄姜、，后稷之母。

寒寒、冷。 韓國名，又姓。 邯、鄲，地名。 含含、容。 函師席曰、丈，又與上下字同義。 鋡鎧甲。 顄頤也。

---

①「薗」原作「菌」。

②「錘」原作「鍾」。

【三九】

㼨磲溝。 酣半醉也。 涵水映物，又、泳。

團、圓。 糰米、。 糐粉餌。 摶以手圓之也，又希夷先生名。 漙、、，露多也。 剸斷也，絕也，裁也。

曇雲布也。 墰甋罎瓶類。 覃深廣也，長也，又尺也，布也。 潭水深處。 譚姓。 蟫土中白蟲。

酣酒樂也，湛嗜也，又不醒不醉曰、。 驔馬毫骭白。

鸞俗鸾、鳳。 鑾鈴也，又金、殿。 巒、林，又山小而尖。 欒木似蘭。 攣聚也，擇也。 男、女。 楠楩、，、木。①

南東、。 喃諵呢、，言不了也，又燕子聲。 圞團、、，圓也。

玄青赤色，又幽遠也。 泫淵、，水深也。 玹玉名。 懸、掛，、望。

傳流、，、遞。 椽、桁。 舡船舟也。

蠶俗蚕吐絲蟲。 攢、聚。

---

① 『楩』原作『梗』。

【四十】

《辨字摘要》上聲類

子、嗣。 仔、肩，任也，克也。 耔耘、，壅禾根也。 呰毀言。 紫赤黑色，又姓。 訾訿、詆，又姓。
茈、屮，可以染物。 梓桑、，木名，又刻書曰繡、。 滓渣、。 秭數名，什①億曰、。 姊妹、。 胏乾肉，腊有骨者。
第床、。

史書、，又姓。 使役、，、用。 死死、亡。 駛馬少也。 兕野牛，一角，青色，重千斤，皮堅厚。
此彼、。 佌、、少也。 玼玉色鮮明。

宇寓屋、，、宙。 禹夏、，又姓。 霱雨貌。 瑀石似玉。 偊曲躬也，又行貌。 萬屮也。 羽、毛。 雨風、。
與黨、，施、，又許也。 嶼海中山。 庾量名，十六斗也。 [忄庾]懼也。 瘐飢寒疾病。 噢、咻，痛念聲。
予嘉、，賜、。 愈勝也，安也。 瘉病安也。 窳器中空也，邪也，又仝下。 寙、惰。 傴同下。 [疒區]、僂，不伸。

① 「什」原作「仕」。

＊＊＊

主君、、賓、。麈大鹿尾，可作拂。渚小沼。煮煑烹、。楮紙也。褚姓。

女男、。禦止也，拒也。籞篽禁苑，又池中編竹籬以養魚。語言、。齬齟、，齒不相值。敔柷、，樂器。

圄囹、，周獄。圉邊、。麌、、，相聚也。俁、、，大也。

許與也，容也，又姓。詡大言也，又和也，普也，敏而有勇也。栩飛貌。冔殷冠名。煦和、，溫也，又烝也。

舉稱揚，、動，、皆，扛、。莒艸名，、國。筥籚、，盛物之器。柜、柳，木名。矩規、，所以爲方之器，又儀也，當也，廉隅也。

晷日影。弆藏也。簋宗廟盛粟稷之器。軌、則，又車軌。宄奸、。匭匣也，音葵。鄅國名，又姓。

踽、、，無所親厚貌。

耳、目，又助語。珥①瑱也，②耳璫。駬騄、，駿馬。餌粉餅，米食。䋙組也。汝爾尔他人曰、，又語助。邇近也。

茹、納，啜也。乳人、。

---

①『珥』原作『⿰土耳』。

②『瑱』原作『塡』。

【四一】

暑、熱，寒、。 鼠俗鼠老、。 黍、稷，又乃、，俗云粽子。 抒除也。

處俗處居、。 杵砧、，臼、。① 杼機、，梭也。 佇久立也。 竚企也，又仝上。 貯、積，盛、。 宁辨積物也。 羜小羊。

苧屮也，可爲繩。 楮帋也。 褚棉絮裝衣曰、，又覆棺之物。

去除、。

李桃、，又姓。 里隣、，路程。 理道、，文、，義、，料、，腠、，正也。 鯉、魚。 俚鄙、。 娌妯、，兄弟之妻。

裏裡內也，表、。 簍扁、，取魚之器。 禮古礼、樂。 醴甘也，、泉，、酒。 履鞋也，又踐、。 澧水名。 侶伴、。

邐迤、，遠行貌，接連貌。 旅行、，、衆。 膂脊骨，、力方剛。 蠡齧木蟲，又彭、。 縷絲、。 褸襤、，舊敝之衣。

僂傴、，尪也，俯也，身向前也，亦音樓。 呂律、，又姓。 瘰、癧，瘡也。

諉推、，、謝。 委、落，、曲。② 萎、病，身黃瘦也。 偉大也。 瑋瑰、，美玉。 韙是也。 葦崔、，蘆、，皆屮名。

---

① 『臼』原作『日』。

② 『曲』原作『�』。

* * *

煒光明。暐光盛。韡草木盛貌。尾終也。亹俗亹、、，勉強貌。娓、、，言不休也。洧溱、。

唯、諾，應之速也。頠靜也，正容也。鮪魚名。蔿中名。闖門也。隗崔、，高也。猥鄙也。

蟻古蟻、子，蟲也，又浮、，酒也。艤艤拍船上岸。擬、議，揣度。薿茂密貌。錡三足釜，鼎屬。顗周、，人名。

止住、。芷白、，藥名。沚沼、。趾足、。址基、。阯交、，國名。祉福、。咫咫、尺，近也。

只語詞。枳、殼。帋紙書、，、筆。徵五音之一。耆致也。旨旨甘、，聖、。指手、，、點，、示。

黹釘、。抵、掌而談。

起興、，、止。杞、柳，枸、。屺山有中木。芑白粱粟，又苦蕒，又中名。豈助語，又非然之詞。稽拜首至地也。

啟啓開也，教也。綮信也。棨、戟。啓宋帝名。

以、用也，又助語，㕥同。苡薏、仁，藥名。已止也，太也。矣語詞。倚、靠。椅、橰。掎、角，偏也。

【四二】

綺繒也。旖旌旗之屬。猗、頓，、相，人名。扆斧、，屏也。兕野牛。

斐文貌。匪非也。篚筐、。榧樹名。棐篤、。菲、薄。悱口欲言而不能之貌。

誹、謗，又腹、，口不敢言而心怨。悱疑辨也，心欲也。翡、翠，又音廢。

矢箭、，又陳也，誓也，直也。始、初。弛廢、。豕豬也。屎、尿。舐以舌取物。

比、較。秕禾、。彼、此。妣母死稱曰先、。俾使也，從也，職也，益也。鄙、陋，、俗，、吝，、薄。匕起也，又、首，短劍名。

屢頻數也，又疾也。纍、次，重疊也。瘰、癧，瘡。虆土籠。磥多石。蔂蔓也。儡傀、，木偶戲。壘軍、，又鬱、神。

藟葛類。櫐藤也。櫑食盆。誄讄哀死而述其行也。磊衆石狀，又、落。蕾蓓、，花多。蜼猴屬。

米谷、。靡無也，、麗，華、，又披、，敗也。浼污也，又、、，水流平貌。弭止也，滅也，又弓以象骨爲之。渳水貌。

瀰水流貌。芈羊鳴，又楚姓。美嘉美，又佳也，甘也，、味。每、次，常也。浼、辱，又托也。莓馬、草。

* * *

洒、滌，俗洗。 璽天子之印。 蓰物數五倍。 屣蹤中履。 徙遷、。 葸畏首畏尾。 枲麻有子者。

泚汗出貌。 髓骨、。 瀡滫、。 齰齩、，齒傷醋也。

嘴口、。 躋升也。 沮止也。 濟、、，盛也。又多威儀，又水名。 擠推、，排、。 觜頭上角。 齟、齬。 柴鳥喙也，又藏也。

揣、度，、摩。 灌水深。 璀、璨，玉光。

痞、疾，腹結痛。 否、塞，又卦名，又不善也。 嚭大也，又、、，人名。 衃凝血也。 庀治也，且也。 仳離別也。

秕粃糠、、，不成粟。 圮覆也，毀也。

己自、。 几、席。 玘玉名。 紀、載，記也，綱、，年、。 虮①蟣虱、。 麂獸名。 幾、何，猶云多少。

侈奢、。 恥俗耻羞、。 齒俗𠚕牙、、，年、。 ⿱艹齒馬、莧。 褫奪也，革也，解也。

毀、謗。 燬焚、。 譭、罵。 虺、蛇。 賄財、。

---

① 「虮」原右作「己」。

【四三】

乳、汁，又育也。 蘂俗蕋花、。 蕤甤屮木花垂，木實、、。 緌冠之纓結於頷下，其餘下垂謂之、。

餧餒饑、，又魚爛曰、。 鯘魚敗、。

鬼、神。 詭、詐。 宄姦、。

水、火，五行之一。

跪、拜。 傀、儡，木偶人戲。

取、討。

腿脚、。

你汝也。 禰父廟曰、。 薾屮盛也。

體軆俗骵体、貼，身、。

* * *

喜古憘、悅。

泚妻上聲，水清也，又汗出貌，《孟子》：其顙有、。 沸流也，水名，又茜、，釃酒也。

氐至也。 抵、觸，、當；大、，猶大凡；又到也。 邸舍也。 底伊于胡、，止也。有、，無、，、下。 柢木之根曰、。

弤彫弓。 詆、毀。 ⿰舟氐、艡，戰船。 軝大車後也。 胝皮厚，胼、。 砥、礪，又平也，均也。 祇適也，但也。

免蠲、。 勉、勵。 冕冠、。 俛俯首。 娩生產曰分、。 勔強也。 愐思也。 湎沉溺於酒也。

緬、懷，又綢繆意，又遠也。 丏避箭短牆。 眄目徧合也，又邪視也。 沔水流貌。 乜姓。

遣驅、。 繾、綣，留戀。 歉荒、。 慊恨也，厭也。 譴、責，、問，又怒也。

衍遊、、，藩、，、習。 演、戲，、武，廣也，延也。 縯平也。 戭銀鎗。 兗、州。 偃、息，、臥。 蝘、蜓，蟲。

鰋即黃鮎。 鶠雌鳳雄、。 鼴鼠名，好偃河而飲水。 堰、壋，又音宴。 掩揜遮、，、藏。 弇、蓋。 渰雲興貌。

【四四】

扊、扅，門限。剡鋭利也，又削也。琰璧上起美色，又圭之鋭上者。閹閉藏也。罨網也。黶面有黑子。

檿山桑。[illegible]瘡癧。魘睡魔。峴葬羊枯，山名。广因巖爲屋。躽身向前也。

莞小笑，又蒲薦也。笎鐘鼓、弦。捖擊也。浣澣洗衣垢也。睆星明貌，又窮視貌。晛、。盥以盆水洗手曰、。

逭事寬曰可、。睅又目也。

肯骨間肉也，又可也。墾開、。懇、切，、求。[illegible][illegible]也。

宛、然，又姓。腕手、。[illegible]膝、。惋驚歎。婉委、，、轉。碗、盞。蜿、蟮，蚯蚓。、、，龍升貌。

琬、琰，玉名。畹田三十畝爲一、。

鮮少也。選、擇。癬瘡、。蘚苔、。筅、箒，又筤、，軍器。跣徒足履地。銑金之滑澤。[illegible]瘡、。

毨毛落又生。洗滌也，律名姑、。燹野火。獮秋獵曰、。

* * *

冉弱也，、、，行貌，老、、其將至。　苒荏、，柔弱也，又中盛，又侵尋也。　玥玉也。　髯髭、。　染、布。

冷寒、。

撿搜、，、束，、舉，檢同。　梘竹木、，通水之物，筧仝。　挸拭面也。　秆棄①禾、，小束。　蹇、修，媒人號、帶，又跛也，屯難也。

驝、驢。　繭絸蠶、。　囝、子。

耿、介，又小明也，憂也，不安也。　綆汲水索。　哽、咽，悲也，食塞喉也。　梗花中之藤，又桔、，藥。　鯁骾骨、，、直。

寧儜、，癡也。　詪難語也。

忝、辱。　餂以舌取物。　腆倎厚也，善也。　淟淚也。　靦面慚也。　蜓蝘、，蟲。　沴陰陽氣亂。　餮饕、，貪食。

殄、滅，、絕。　吮以口吸也。　颭②風搖動貌。

輦車、。　璉瑚、。　摙負擔也，又搬運也。　臉面也。　臠肉塊。　孌婉、，美好貌。

---

①「棄」原作「莱」。

②「颭」原作「颻」。

【四五】

管樂具，又竹、，又姓。菅收、，掌、。琯玉名。舘書、，、舍。館店肆，客、。輨車軸。䏘脘①胃、。

顯俗顕、明。險、阻，危、。獫犬長喙。玁、狁，北②狄也。晛、睆。蜆、肉，黑蟲，海味。

狠很行上聲，忿戾也，不聽從也。

滿盈、。猛勇也，威也，暴也。艋舴、，小舡。蜢蚱、，蟲。懣憤、不平。

匾圓、。扁、豆。褊、小，、急。砭以石針刺病。貶、謫，又滅損也，抑也。

儼、然，威嚴。碾輾、槽，輪轉治谷。撚以手③、物。蹨足踐也。涊、然，汗出。

典、籍，當、，簚同。賟、當。點俗点更、、、滴，、畫。

省禁署，又簡、。瘖病也。眚目病，又赦也，過也，又妖病曰、。

淺俗浅深、。鰔、生，猶小人也，乃自謙之語，又音鄰，小魚。

---

①「脘」原作「腕」。

②「北」原作「比」。

③「手」原作「子」。

＊＊＊

閃躲、。、電。熌燈火、爍。陜、西，地名。睒矆、，電也。

諂、諛，事君遠而諫則、也。闡開也，顯也，大也，明也。

剪裁、、翦同。戩福也，祥也，盡也。譾、劣，淺也。

展、轉，、開。輾、轉。皽皮肉之膜。

款欵衷曲也，誠也，敬也，叩也，至也，親也，愛也，待也，又時、。𦹉、冬，花，藥名。

等、類，、級，、待。戥、孜，用以稱銀之輕重。

怎、麼，津上聲。

㢟盡也。

友朋、、。有、無。誘引、。酉支名。槱薪、，積柴燎以祭天。莠似禾之中。黝人名。卣酒樽。

【四六】

牖俗牗窗、。 懮、愛，憂思也。

紐結也。 忸慣習，狎也。又 狃犬性驕、，又仝上。 扭手縛。 杻木名。① 鈕鐘鏡之鼻皆曰、。

九數目。 久長、。 玖瓊、，黑石似玉。② 糾、合，、急，、察。 赳、、，武勇有力。 韮、菜。 韭仝上。

糺督也，恭也，隱也，戾也。

帚俗箒掃、。 肘、腋。 杻手械，拘罪人物。 㧓執持，俗云、銀幾多。

柳楊、，木名。 綹緯十縷爲、。又剪、，賊名。 罶以曲簿爲笱而承梁之空者。

手、足。 守執、。 首頭也，先也，始也。

丑支名。 醜陋惡也，又類也。 蘸瑞草。

朽木之腐者。

---

① 『木』原作『本』。
② 『瓊』原作『瓊』。

*　*　*

酒茶、。　捂以手、人。　緗以物、繩。

煣揉以火屈伸竹木。

[往]、來，、昔。　枉冤、，、費。　徃急行貌。　罔無也，又欺、，又、、，無知貌。　網掩取禽魚者。　魍、魎，山鬼。　輞車、。

惘失志貌。

養、育。　癢痛、，痒同。　懩技、，心所欲也。

爽清、，、快，又差忒也。　塽乾、。　鼕椺鼓、。　顙額也。　磉柱、，地、。　嗓喉、，、快。

恍、惚，不分明也。　晃光明。　愰心不定也。　幌帷幔。　皝氣容貌。　觥①酒器大也，又音宮。　謊說、，虛言。

訪、問，又謁見也。　紡、績。　彷、彿，若有若無之間。　髣、髴，猶彷彿也。　仿、效。　昉、昲，見似不諦。　舫舡也。

昉日初明也，又始也。

①「觵」原作「觥」。

【四七】

掌手、，、主。 長生、，尊、。 鞝皮、。 仉孟母之姓。

榜標、，、樣。 髈肩、。 牓版、。 蒡牛、子，藥名。 綁捆、。

嗛咳聲。 慷、慨，感傷也，竭誠也。

莽中、，又鹵、，苟且貌。 蟒大蛇。 ⿰忄莽惱、，心惑也。 蜢蚱、，蟲，又音滿。

黨俗党鄉、，偏、，朋、，、與。 攩搥打。 讜善言，直言。 譡忠直之言。

敞高曠也，明也。 僘寬、。 廠屋無壁。 氅鷩羽。 袒建也，日長也。 鋹利也。

倘、若，假設之辭。 惝、怳。 儻倜儻，卓異。 爣寬明也。 帑金帛之藏。

享饗獻也。 響影、，應聲。

強勉、。 襁、褓，負小兒之衣。

＊＊＊

獎、譽，、勸。 蔣姓。 槳、櫓，縱曰櫓，橫曰、，行舡之器。①

曩俗曩、昔。 朗明、。 烺爣、，火貌。 榔、梅。

搶、奪。

賞旌、，玩、。 償、還。② 晌、午。 上升也，借用。 扄門耳。

講、解，、論。 港行舟之道。

廣、多，、闊。

仰俯、，、望。

剏創、造，懲、。 愴悽、，憂也，又音鎗。

想思、。 鯗、魚。

---

①「縱曰櫓」原作「縱曰、」。

②「還」原作「遠」。

【四八】

两兩両 二也，斤、。 **俩** 伎、，巧也。① **魎** 魍魎，鬼名。

壤 土、，天、。

沆 漭、，大水貌，又、瀣，北方夜半之氣。

[斗] 升、，星、。 **抖** 、擻，起物，舉也。 **料** 柱頭，、棋。 **蚪** 蝌、，蝦蟇之子。 **㞳** 、峭，山谷寒威盛也。 **陡** 、然，、山。

鈄 田和簒齊，遷康公於海上。穴居野處，以、爲釜，因姓、。

渺淼 大水、茫。 **眇** 一目小也，微也，盡也。 **緲** 縹、。 **杪** 樹木之末。 **藐** 忽略也，遠也，小也。 **邈** 廣遠。

杳 、冥，、然，無形跡。 **殀** 命短。 **楆** 屮木小長。 **穾** 室之隱闇處，深幽也。 **窈** 、窕，幽閒也，深遠也，美好也。 **苭** 屮長。

皛 明也。 **㵿** 渺、，水遠也。 **鷕** 雌雉聲。 **舀** 以手、水。 **藠** 葉似蔥，中空，莖有稜，可食。 **窔窅** 深、，同突。

鳥 飛禽總名，又蕘上聲，貂上聲。 **蔦** 寄生屮。 **嬝嫋** 、、，長弱貌。 **裊** 柔貌。 **嬈** 戲弄也。

---

① 「巧」原作「乃」。

* * *

皎、明。　餃、餌，麵食。　皦玉石之白，同皎。　繳消、，、還。　撽揩也，持也。　矯、飾，不自然，、健，強也。　蹻強直貌，又武貌。

苟、且，中率也，又誠也。　狗犬也。　耇黃、，老人髮白後黃。　笱取魚之具。①　枸、杞。　垢坸、汙，塵、。

剖分、。　蔀障蔽也。　培、塿，小阜。　瓿、甑，瓶屬。　掊擊也，、克。　裒聚也，、多益寡。　捊掬也。

抔引取也，汙尊、飲，謂以手掬而飲也。

偶對、，又適然曰、然。　藕蓮、。　耦並耕。　嘔、吐。　毆擊也，又鬬、。

某呼人不指名曰、人。　牡、丹，又公獸。②　畝畒田六尺爲步，百步爲、，又畮、。③　丘孔聖之名，不敢丘呼，故諱曰、。

叟長老之稱。　瞍目無瞳子。　藪大澤。　籔漉水具。　擻抖、，起物，舉也，又、物。

漂、布。　摽、落，又拊心貌。　勡、劫，強取。　瞟一目之人。　殍莩餓死人也。　縹、緲，不斷之意。

吼獅子叫聲。　犼獸似犬，食人。　㝅乳子也。

① 「具」原作「且」。
② 「丹」原作「舟」。
③ 「畮」原作「畝」。

【四九】

否不然也。

沼池、。

表、明，、裏，儀、，旌、。褾、褙。①婊妓女。俵、散。

走奔、。

擾、亂，煩、。繞俗遶纏、，圍、。

簍篾、。塿②培、。甊瓿、，瓶屬。

悄、靜，又、、，憂貌。愀、然作色，色變也。

小細微。⿱艹小、中，遠志也，藥名。

少不多也。

① 「褙」原作「褚」。

② 「塿」原作「摟」。

＊＊＊

曉、諭，又光也，明也。

窕窈、，幽深閒靜意。　挆、換物件。

口心口。

剿征、，、襲，勦仝。　摷拘擊也。

了慧悟也，又完也。　暸明也。　瞭目睛明也。　蓼、屮。　繚纏也。

撆以手開物。

屌男人陰名。　杓禾垂穗也。

丙光明也。　昞炳、朗，光也。　眪目明視也。　秉、持，又量名，六斛又二石爲、。　棅禾、。　鞞佩刀之鞘。

稟告、。　餅粭糕、。　鉼金釵銀、。　屏、藩，、牆，、隔外內。　偋、除，、斥。　迸、逐。　併相竝也。

【五十】

整、齊，、飭。 枕、頭。 魷魚、。 拯、救。 賑、濟。 軫車後横木，又宿名，又動也，又姓。① 診視也，、脈。 畛田間道也。

紾以手捩捉。 袗單也，畫衣。② 眕目有所限而止，又安重也。 疹痘、，皮外小瘡。 鬒髮密而黑。 縝密緻也。

閔憫憂也，恤也，又姓。 皿器、，盤盂總名。 桖⿰木民、頭，、子。 抿撩、。 敃、然，未醒。 愍憐、。 泯、沒。

刡、子，掠髮之具。 湣齊王名。 敏聰、，、速。 茗茶也。 酩酒醉，、酊。 黽、勉。 澠、池，縣名，又責免。

景光、，、致，又仰慕也。 憬、覺，悟也。 璟玉光。 熲光也。 謹、慎，又專也。 槿木、花。 卺、卮，婚禮用之。

緊、急。 警、戒，、悟，巡、，儆同。 錦、繡。 頸、項。 剄割也。 ⿱日艮火也，一曰日光。

熲火光，又人心有憂則拘迫，而明無所出。

引、誘。 靷駕牛馬物。 蚓蚯、，即土鱔。 紖牛繩。 隱幽、，、藏，、瞞。 檃探曲。 ⿰氵侌濦水名。

頴、悟，、州。 ⿰氵侌煮飯之汁。 影形、，人物所映。 飲、食，歡也。 穎禾末也，又脱、而出。 郢地名。 廴長行貌。

---

①「車」原作「重」。

②「單也，畫衣」原作「軍也，畫衣」。

* * *

忍、耐，安、，、讓。　涊水名。　稔穀熟曰、。　荏荏染，柔弱貌，又、苒，侵尋也。　袵衽衣襟，臥席。　飪熟、，烹、。

恁思念也。　絍繒帛之屬。　妊、娠，女人有孕。　腍大熟也，又肉汁。

頂頭、。　酊酩、，醉也。　鼎鼑香爐，又革故、新，又年高曰春秋、盛。

領頸、，、受。　嶺山、。　笭糞箕、、。　衿①袖、。　廩廪倉、，、餼，以倉、供人。　凜謹、，恐懼意，又、烈，寒也。

懍危懼。　濘泥淖也，又清也。

審、問，又詳、。　嬸叔妻曰、。　諗謀也，告也。　沈姓。　矧況也。　哂小笑。　訵微笑。　蜃大蚌。

町田限。

挺直也，持也。　梃杖也。　珽玉名。　侹徑、，直也。　艇舡小而長。　綎、帶。　脡脯肉。　頲蘇、，人名。

請、謁，、問。　寢臥也。　寑貌醜。　綅罾、，用以取魚。

①『衿』原右從『領』。

【五一】

品、級，、格。 牝母獸。

悻怒意。

醒醉、。 省、察，視。 笋筍乾、，閩、，竹芽曰、。 楔枋、，門、。 蕈香、。 隼鴆屬，急疾之貌。

井市、。 儘俗侭、多，、少，、好，、有。

逞矜誇，又不檢謂之、。 騁驅、。 踸、踔，行不常貌。

古上、，、今。 罟網、。 牯公牛。 估論價。 詁通古今之言，而明其故，曰訓、。 嘏福也。 盬器也。

鹽鹽也，不堅固也，煮池爲、，又嗹也。 羖殺①公羊。 賈商、。 鹽亦器，又鹽也，師也。 瀘水、，蟲病。 股髀幹。

蠱、惑，、毒。 鞁鼓皷鐘、，又擊也，動盪之也。 瞽無目之人。 瞽兩手曲處。 藝出釋經。 鼟登聲。 鼗鐘聲。

府、縣，、庫。 腑臟、。 拊、循，又擊也，拍也。 撫、恤，彈也，擊也。 掯、摩，、按，安存也，又同上。 腐、爛，、朽。

① 『羖』原作『羧』。

* * *

俯、仰，首垂下也。 廡、上，、庭。 甫始也，初也，大也，尊稱之辭。 黼、黻。 斧刀、。 簠、簋，祭器，亶仝。

脯乾肉。 釜鍑屬，無足。量，六斗四升。 輔車、，兩旁夾車木，又扶也，弼也，助也。 呋、咀。 俛俯仝。

母父、，公、。 拇手足指、。 姆伯之妻，又女師。 砪雲、，藥。 姥老女。 畆田、。

武威、，又足跡也。 鵡鸚、，能言之鳥。 碔、砆，石似玉。 舞歌、。 侮欺、，戲弄也。 鄔地名。 嫵、媚。

膴原、，又肥美也。 憮失意也。 儛胡、，地名。 塢山阿，隖仝。

魯愚、，又姓。 櫓進舡器。 鹵、莽。 ⿰忄鹵憡、，心或。 滷魚、，鹽、。 努用力。 弩弓也。 ⿱奴目目起肉。

氌氆、，毛氈。 ⿰酉魯、⿰酉且，薄酒。 擄夷、，、掠，劫取也。 虜同上。

祖、宗。 阻險、，、遏，、隔，沮同。 組、綬，印紱，又織也。 咀呪、，罵人，詛仝。 俎、豆，祭器。 齟、齬，又音疽。

砠原、，惟鹽。

【五二】

普共也。譜族、。氌、氌，毛氈，又音羅。圃園、。溥大也，廣也。浦水濱。補、具缺略。哺吐、。①

覩見也，睹仝。堵牆也。賭、博。睹天欲明。琽玉名。肚腸、，䐗同。

五數目。伍行、。午時刻。忤、逆，迕仝。仵、作子。

苦甜、。勞、。楛木名，又惡者曰、。

所、在，又攸也，所仝。數数點、物件。

楚苦、，又國名，又鮮整貌。⿱艹楚萇、，木名。礎石磉。蔖即藘也。

虎、豹。琥、珀，松脂入地而成。滸水涯。

土地、。吐嘔、。

補裡也，填也，又數也，又姓。

① 「吐」原作「可」。

* * *

馬牛、，又姓。 碼、磁，瑪仝。 鰢魚名。 媽老母。 螞、蝗，蟲。 榪木、。 ⿰扌馬以手、物。

寡、少，獨也。 剮冎剐剔肉而置其骨。

假真、，、借，又大也。 賈姓。 檟梧、，木名。 斝杯也。 瘕病也。

把、持，、勢。 把胡人稱田曰、。

雅、俗，清、。 啞瘖、，口不能言。 瓦磚、。

打擊也，又打聽，打扮。

厦大屋。 夏中國曰諸、，又國名。 下上、。

要戲、。 廈側屋。 㢈屋傍曰、。

槎桴也，又仙、，乍字上聲。 奼姹美、，又河上、女，水銀也。

【五三】

搲 手把物也，、揉，抓、掗並同。蛙上聲。

鮓 、魚。

野 曠、。也 助語。冶 陶、，灩、。⿰氵埜 泥淖也。

且 助語，借白之辭。

扯 拖、。哆 張口。撦 以手、開。

惹 招、，引、。喏 揖也，俗云唱、。

捨 棄、。舍 、置，仝上。

寫 、字，書、。瀉 以壺、水。⿰火寫 傾、金銀。

者 助語。赭 赤色。這 這箇。

* * *

姐女在長曰、、。

果、必，又仝下。菓、子，、木。裹、脚，包、。綶纏、。粿米、。蜾、蠃，細腰蜂。

裸赤體也。蠃蜾、。蓏果、，植生在木曰果，蔓生在地曰、。砢磊、，衆石也。

挫摧、。脞小也，細碎也。瑳玉色鮮白，又笑貌。怍愧、。①酢酬、。

瑣玉聲，小也，、、，煩細貌。鎖、鑰。嗩、吶，樂具。

朵花、，耳、。垜②射之的。躲、藏，、避。𦕈耳、。埵堅土。嚲廣也，厚也，又垂下貌。

跛、足。

頗多曰、多，少曰、少。叵不可、測。③尀、耐。

荷負、，、蒙。

---

① 『愧』原作『槐』。

② 『垜』原作『保』。

③ 『測』原作『則』。

【五四】

娜婀、，美也。那何也，俗云、事。

妥安、，、帖。嶞山狹而長。

顆、粒，科上聲。

火水、。伙家、，中、。夥合、，、計。

我己也。

左、右。

可、否。

保安、，、養。褓襁、。堡、障。賲有也。葆中盛。寶、貝，、愛。飽、足。鴇、兒，鳥名，其鳥至淫，妓家無恥，故名、兒。

好美、，相好。昊春天曰、天。鎬、洛，周京。顥白也，大也。皞白貌，又姓。灝曠邈也，又水勢遠也。

＊＊＊

稿枯、，稿仝。暠暠白也。縞白色，又、素，又繒之精曰、。稾文字中、，禾稈曰、。杲日出，又明白也。

筊竹索。絞纏、，絆也，又、罪。姣好也，美也。狡、猾，狂也，疾也。攪、亂，、擾。疞腹中、痛。

早、晨。澡洗、。藻水中。找、清，、足。棗果名，、子。爪覂手取物曰、，又手足甲也。蚤狗、，嚙人蟲名，又與早同。

倒傾、，潦、。島海中之山。搗擣擊也，築也。禱求、，、告。

老年高也。潦行、，道上流水。撓、屈。腦頭、。惱煩、，、恨。瑙碯碼、。

巧機、，、滑。攷、查。考壽、，、察，、拔，又父死曰先、。拷、打。燺燥也，大乾也。丂氣欲舒出貌。仝巧。

襖夾衣，布、。懊、惱。拗摘、。咬嚙齩、齧。

嫂兄之妻。掃、除。稍漸也，、若。捎、動，除也，①又音筲。

草艸屮、木，屮槁，又苟簡曰、、。炒煎、。謅拜言也，又、擾。

---

①「動」原作「看」。

【五五】

討收、，、取，誅、，、究。

卯辰支名。昴宿名。①茆鳧葵也。

覽視也。攬手取。欖橄、。爦火乾也。爁火、。懶、惰，嬾仝。灠、柹，鹽水浸之。

亶信也，大也，厚也。膻袒也，又肉也。②疸黃、病。殫竭也，盡也。癉病也，又彰、，惡。膽肝、，膽仝。礑石、，藥。

紞絲繩。

簡柬、帖，、略，、選，、慢。揀、擇。減添、，、損。

喊大聲叫、。噉虎大聲。僩威嚴貌。闞怒聲，又奮怒貌。艦戰船。

反、覆。返還也。阪澤障也，又山脅也。飯食也。

斬、絕，、斷。盞盃、，碗、。寁速也。趲催、，、行。儹仝上。昝姓。咱喒我也，又音查。

---

①「宿」原作「窗」。

②「袒」原作「路」。

* * *

剗、削。棧閣也，又閣木爲、。鏟平木之器。滻水名。慘悽、。

板木、。版民籍也，又仝上。阪田、。鈑、金。⿰月反脚、。

産生、，、業。傘雨、。散、碎。繖凉、。糤、子，麵食。槮①、子，刑具。

赧戁面慚而赤。

眼、目。闇晦也。黯深慘也，又傷別貌。黤黶果物壞爛曰、。

橄、欖，果名。闞門、。匳婦人、粧。

晚夜、。挽牽、，、回，引車也，輓仝。娩媚也，遲緩也。綰結、。綄繩、。

綰、合，繫也，貫也，患上聲。擐⿰扌⿸厂睘門、。

坦平、。袒、裼，露。菼屮名。毯毡、。啖啗口食物也。誕生子。忐忘心，虛怯也，懼也。

---

①『槮』原作『摻』。

【五六】

〔采〕、色，五、。 採摘也，取也。 彩文、，色也，又精光也。 綵繒、，、畫。 寀寮、，同寅之官。 啋語詞，俗也。 悇姦也。

愷、悌。 凱南風曰、風。 鎧甲也。 塏水高也，塽、。 闓開也。 剴切近也。 顗、思，人名。

藹和、，又中木叢雜貌。 僾、然。 靄雲集、、。 靉、、，雲暗。 欸相應聲。 𠮩欸、，漁歌。 毐嫪、，士無行者曰嫪、。

改變、，更、。

宰、相，、殺，主①、。 載年也。 崽、者，子也。

海河、。 盎以器盛酒。 醢肉醬。

薹零、。

〔遠〕遥、，、近。 苑、囿，又文貌，又閬、，神仙所居。 菀花中盛貌。 宛、然，猶依然也。 琬玉名。 畹田三十畝爲、。

敢勇、，不、。 𥳑甑、。 匳器蓋。 感、戴，、格，、觸。 鱤、魚。 趕追、。 稈禾、。 鰔魚名。

① 「主」原作「土」。

＊＊＊

坎坑、，卦名。砍斫、。欿、然不足。悁私心、、。侃剛直也。衎信也，又利樂也。

暖溫和。煖大日之氣。煗仝上。餪、房，女嫁三①日送食曰、女。卵蛋也，雞鳥所生。

鉉鼎耳。泫、然，流涕貌。炫火光。霻②露貌。琄佩玉貌。煊光明也，又容儀宣若。[illegible]虎食物。

犬狗有懸蹄。畎、畝，田中之溝。綣繾、，綢繆也，又音劝。

罕少也。熯火乾也，焊仝。撼搖動。[illegible]口下曰、。頜低頭也，點頭以應也，頷同。悍性勇急也。

阮姓。軟柔、，輭同。

嗿探上聲，衆飲食之聲。禫除服祭名。萏菡、，芙蓉未發。

舛、錯，差謬。遄往也，速也。喘、息。湍水急。

轉、移，婉、。囀鳥聲長也。

①「嫁」原作「稼」。
②「霻」原作「䨏」。

【五七】

纂似組而赤黑色，又仝下。纘、繼，又綜集也。

短不長。斷、截。

卷收、，捲同。菤、耳，屮名。

愴悽、。慘、痛，酷毒。

撰具也。篅軟、。糝米粉、肉。僎人名，又同撰①。

揞暗之上聲。藏也，手覆也。

勇、決，、猛。湧水、。甬、道，官街之中路，衕同。俑殉葬土偶人。踴、躍，又辟、，哀盛也，踊同。蛹老蠶。

恿慫、，勸也。筩箭袋。擁、護。壅、塞。塎土、。

拱端、，向也。珙、璧。栱料、，欂也。鞏、固。鑛銀錫、也。

---

①「撰」原作「[illegible]」。

* * *

塚、宰。塚、墓。種物、。腫瘇、脹。燑火乾物。踵、廡，足跟，又繼也，躡也。

總総揔捴聚也，統也，包括也，又束髮曰、，以布爲之。①傯倥、，困窮。憁、恫，不得意貌。鬆婦人、子。

懵、懂，心亂。[illegible]病人行也。瞢雲、，澤名，又音夢。蠓蠛、，水中飛蟲。

懂懵、，心亂。董、率，又姓。濛物落水聲。曈町、，舍傍隙地。

竦、動，、敬。悚、懼。攏以手、人。搓推、。聳高、，、動。慫、慂，勸也。

寵、愛。

捧、持，兩手拱承也。唪大笑。琫刀上盛飾。菶屮盛貌。

桶、斛。鞔靴、。捅前進也。統俗綂、緒，、率。

冗、滯，事多煩、，、忙。茸屮亂也，屮毛厚也。

---

① 『布』原作『在』。

【五八】

滃甕上聲，煙氣火。 滃雲氣盛，又川谷吐氣貌。 塕灰塵起貌。 蓊、鬱，中木盛貌。

哄、騙，叿同。① 汞水銀渣也。 澒水湧。

孔、竅，又甚也，又姓。 倥、傯，事多也，又困貌。 竇、穴也。

恐、懼。

龍、斷。 隴大阪也。 籠竹、。 壟坵、，塚也，又田中高處。 攏手、頭。 窿窟、。 篢箱、。

酗恃酒行兇。本音虛去聲。 洶水、湧也。

永長、，、久。 允、諾，信也。 狁玁、，匈奴別號。 惲謀也，議也，厚重也。又姓。 熒听、，惑也。 隕、墜。 殞、歿。

尹府、，縣、，治也，正也。

袞繡龍之衣。 滾大水流貌。 掍以手、物，又、布。 輥車輪轉也。 蓘壅苗田、。 輥以木動物。 緄繩也。 鯀魚名，又禹父名。

① 「叿」原作「工」。

＊＊＊

窘、迫。炯炎蒸。坰野外。駉馬肥貌。泂遠也。絅襌衣也。烱光明也。扃外門之門。褧單衣也。

捆以繩、物。悃、愊，實情。閫閫、，宮中之道，壼同。稛爲商得利歸家，謂之、載而回。綑織成章也。又繩，緄同。梱門橛。

本根、，、利，又張、。笨竹具。畚盛土器。畚蒲器，所以盛種。軬車、。

盾干、，兵具，楯仝。揗摩、。蜃獸名，其氣象樓臺。瞬、息。

頃俄、，又田百畝爲、。檾枲屬，葉似苧，可績布。褧單衣，用檾麻爲之。

忖、度，思、。刌截也。樽、節。噂聚語。

刎割也。穩安、。抆揩拭，、淚。脗、合，事相合。㛔嬑、婆。㖧口吻，肳同。𧊅螭、屋背上之龍無角。

粉米、，水、，、爵。

準平、，、則。准信也，又、究。

【五九】

渾天器名，又、然，無圭角也。　滾、泉。

蠢呆、。

損、傷，又減貶，、失也。　榫剡木入竅。

不①水、，木、。　鈲鉄、。

乃　迺助語。　艿芋、。　肕、膀。　嬭奶乳母。

駭驚、。　蟹螃、。　嶰山谷。　澥勃、，海别枝。　獬、豸，獸名，能别曲直。　解姓。　㚋躲、孜，奋同。

夬卦名。　拐、騙，、串。　枴、杖。　㑲人醜陋曰、。　蒯姓。

派支、。　湃滂、，水聲。

解講、，、釋，、散，解仝。　瀣北方夜半之氣。

①「不」原作「木」。

* * *

買、賣。　蕒苦菜。

洒、落，汛水也。　灑、掃，又仝上。

楷式也，法也，又木名，生孔子塚上。

矮、短，不長。

歹好、。

擺、開，撥也，兩手擊也，持而振之也。、闔。　襬衣、。

跐叙上聲，、踏，行貌。

【六十】

《辨字摘要》去聲類

聖、賢。盛、衰，茂、、、大，多也，又姓。勝、負，又過也。剩餘、。腎腰、、水。慎謹、、審、。賍財富。

甚大過。葚桑實，椹仝。晟明熾之器。㾏蔭、，大屋。乘車、。

任負、，又姓。紝紡織。妊懷孕。雋戴勝鳥。賃租也，借也。恁如此也。刃鋒、，兵具。仞八尺曰、。

認識、，体、。訒忍言。牣充滿。軔礙車之木，去則車行，故凡初爲事曰發軔。靭堅硬也。

敬恭、，又謹也。競争、，、逐。竟窮也，已也，終也，、無。獍惡獸，食父。鏡照、。境、界。勁剛、。𠰺猿聲。

徑小路，、直。桱似杉而硬。逕、庭，、過。禁、戒，、止。噤閉口。襟、寒。①詰争言也。

正端、。政、令，以法正人曰、。証、據。證同上。症病、。侲童子也。震、動，卦名。振、起。

娠婦人懷孕。賑、濟，又音整。鎮市、，、壓。枕以物、首。

①「寒」原作「塞」。

＊＊＊

印、信，官、。映、射，明相照也。暎同上。應、答，感、。胤子孫相承續也。飲以食、之。孕懷胎。媵從嫁之女。

賸①以物相贈。應口、人也。廕②屋宇之庇陰影曰、。癊心病。窨地、，又藏酒爲、酒。

近遠、，親、，又將、一載。靳、惜，吝也。僅止也，略也。瑾美玉。覲朝、。墐、塗，塞也。[illegible]鳥獸腹中之、。

廑小屋。饉菜不熟也。[illegible]人腹中之、。慶喜、，、賀。罄空也。磬樂具。謦、欬聲，輕曰、，重曰欬。

聘訪也，問也，朝、。

秤稱物而知輕重。稱相並也，又度量也。朕天子自稱。趂趕也，逐也，踐也，從也。疢、疾。鄭國名，又姓。陣行列。

鴆毒鳥，以其毛瀝酒，食之則傷人。酖酒有、毒。沉投物水中。陣軍兵之、。闖、合文卷。

信忠、，、實。訊問也，告也。汛灑也。迅、速。[illegible]、石。[illegible]藥中，蒿類。姓、氏。性、命，、情。燼灰、。殉、葬。

囟腦蓋骨也，又曰頂門。隼鷂屬，鷙鳥。③穽陷、，坎地。濬深也，、哲，文明。瑩、白，又祖、，人名。浚淘井。

---

①「賸」原作「贘」。
②「廕」原作「癊」。
③「鳥」原作「飛」。

【六一】

争無餘也，又終也。 贐以物送行曰、儀。 藎忠、，進也。 静寂、。 靖寧、。 清温、，寒也。 靚塗、，又莊飾也。

凈潔、。 圊厠溷之處。 沁以物探水曰、。 倩、人幹事。 盡尽同盡，俗字。

晉俗晋進也。 縉、紳，官宦之家。 搢插也。 瑨美石。 進登也，薦也。 浸、潤，又沉也，漸也。 峻高、。

祲陰陽氣相浸漸成災祥也。 晙視也。 駿大也，又良馬曰、馬。 畯田、，勸農之官。 餕食之餘。 狻狡兔。

俊英、，智過千人萬人之秀；衛也，絶異也，又勝也。 雋儁仝上。 浚深、。 悛止也，改也。 逡、巡。

命性、，、令。

倂并並兼、。 迸、逐。 柄權、，斧、。 殯斂喪曰、。 鬢髩、髮。 擯、棄。 嬪妃、。

儐、相，待賓以替禮者。 臏割股之刑。 病疾甚也。

吝鄙、，慳、，、惜，同悋。 佞諂、。 甯所願也，又姓。 藺姓。 濘泥、，滑也。 令號、，善也。 另、外。 躪蹂、。

* * *

迎人未來而往迓之。 肕堅柔之物。 憖恭謹也，又強也，不、遺一老。

訂定議也。 釘以釘、物。 飣置食，貯食。

定安、，、斷。 錠銀、。 聽聴視、。

釁禍端。 興、趣，比、。 臖肉腫起核。 脛脚、骨。 調中、。① 衅殺牲取血以塗器。

[代]世、，、替。 岱泰山。 貸借、。 黛畫眉墨也。 袋囊、。 玳、瑁。 待等、，俟也。 怠懈、，、慢。

迨及也，追也，逮也。 靆靉、，雲盛貌。 殆危也。

害傷、。 亥支名。

咳欬、嗽，無痰有聲曰、，無聲有痰曰嗽。 嘅歎聲。 慨慷、，憤激，愾同。 概大、，大率也，又同上。

愛忠、，、惜。 靉、靆。 噯、氣。 曖、昧，隱也。 薆香氣、人。 嬡稱人女曰令、。 僾仿佛貌。 礙碍妨、，干、。

---

①『中』原作『申』。

【六二】

賚賜也，予也。 勑來勞、。 徠招、，又同上。 睞盼、，旁視也，目瞳不正也。 [illegible]人勞力也。 萊屮也。

葢蓋盖覆、，掩、，發語之詞。 丐乞、。 漑滌具。

帥將、。 賽報、，禱、。 塞邊、。

在所、，又存也。 菜蔬菜。 采、地，官所食邑。

再仍也，第二次也。 載裝、，乘、，又始也。

戴荷、，帶也，又姓。 襶褦、，凉笠。

艾屮也。 哎、約，歎聲。

[咏]

詠吟、。 泳游、。 韵韻音、。 運命、，搬、，、用。 暈日月傍氣，又眼、，、跡。 鄆地名。

愠蘊積而怒。 醞造酒也，又、藉，含蓄。 煴大伸物也。 韞包藏。 藴、蓄，有懷抱也。 緼、袍，枲著，衣之賤者。 瑩、色，潔也。

* * *

忿、怒。分名、。蚡田、，人名。憤發、，用力也。奮、揚，又仝上。噴吐也，鼓鼻也，嚏也，噀也。僨敗也。

糞壅田物，又壅培也。瀵水源自底下沸湧而出者。

鈍滯、，頑、，又刀不利。坉水不可別流。沌渾、，不開通之貌。笹囤用以、穀。遯遁隱、，逃、。腯肥、。

褪脱衣，又花謝也。

問審、。聞聲譽。痌膿血不出曰、。文、飾。汶水名。紊、亂。冇谷實曰、。絻祖、。

混、沌，、濁。溷、乱，、厠，、濁。悃、懮，又悶亂也，慁仝。梱猪牛欄也。諢戲言又、話。倱、伅，不開通貌。

巽、順，卦名。潠唅水噴也。遜、讓。

舜仁聖盛明虞帝號。蕣木槿別名。順和、，、從。

頓叩也，貯也，食一次也，又、然，猶陡然也。

【六三】

訓、誨。　迵、絶，過乎人也。　馴易坤初象，、致其道。正音旬。

閏重也，、日。　潤浸、，、濕。　鐗鉛、。

郡府曰、。　菌、菰。　夐遠也。

困、苦，、屈，又病也。

論議、。　嫩細、。

逩奔去聲，用力走也。

寸尺、。

悶煩、，懣仝。　㷄燜以火熟物，煨、。　椚①、棍，所以②劫人財物。

棍光、，木、。

---

①『椚』原右從『悶』。

②『財』原作『不』。

＊ ＊ ＊

圳 水、。

𣡕 深林垂下曰、，又陰應反。

地 天、。 弟 兄、，、子。 苐 但也，轉語。 第 科、，次、，宅、。 涕 淚也。 剃 、刀，、頭。 睇 小視也。 娣 女、。

悌 愷、。 稊 ①穢中。 遞遰 傳、，更、，迢、，遠也。 棣 棠、，花名。 隸 皂、，僕、，篆、。 替 代、，衰、。

𧝐 補也。 褅 即繈褓也。 諦 審、，許也。 啻 但也。 禘 王者大祭。 揥 摘髮之具。 締 結也。 嚏 鼻塞，噴、。

杕 木獨生，又茂盛也。 洟 鼻液。 褆 衣厚曰、。 逮 《大學》：『菑必、乎身。』

志 、氣，心、。 痣 肉上黑子。 𦭩 遠、，藥名。 誌 記也。 識 默、，仝上。 至 、極，、到。 致 、令，使之至也。 緻 精、，密也。

輊 車、。 製 、造，炮、。 制 、度，、節，檢、，天子之言曰、。 鷙 猛鳥，鷹屬。 摯 堅、，持也。 贄 相見之礼曰、儀。

躓 跌也。 懥 忿、，怒也，又恨也。 懫 仝上。 疐 頓也，止也，②又跲也。 智 、慧。 晣 明也，庭燎、、。

---

① 『稊』原作『梯』。

② 『跲』原作『聆』。

【六四】

置措、，創、，安、，棄、，又驛傳。 觶酒具。 幟旂、。 寘捨、，廢也。

利便、，財、，、害。 箣竹、。 蜊蛉、。 浰清、。 俐伶、。 痢、疾。 莉茉、。 唎言順。

例規、，比、。 儷伉、。 麗美、。 厲嚴、。 癘不和之疾。 礪砥、，磨、。 濿衣涉水也，又病也。

禲禍鬼。 勵勉、。 糲粗、。 吏官、。 莅臨、。 詈罵、。 荔、枝，果名。 戾亢、，乖、。

離去遠也，又遭也。 唳鶴鳴，嘹、，雁聲。 慮思、，憂、，疑、，罣、。 濾去其渣滓。 鑢摩、。 屢頻數也，又疾也。

意心所向也，又、外。 薏、苡仁。 鷾、鴯，燕子。 臆胸、。 憶思念。 億、度，十萬曰、，大也，安也。 傷慢、。

易不難也，平、，輕、，治，芟除也。 異怪、，不同。 异舉也，又仝上。 施延、。 饐飯傷熱湯。 曀陰氣。

殪死也，殺也。 肄、業，習也。 勩勞、。 枻楫也。 泄怠緩，悅從之意，又緩飛也。 曳拖、。 洩、、，舒散貌。

衪長衣。 瞖目疾。 翳障蔽，又華蓋。 堅塵也。 蠮、螉，細腰蜂也。 衣服之也。 裔苗、，後嗣，又衣裾也。

* * *

瘞埋也，藏也。 劓鼻刑。 扆畫斧屏風，天子立於其中。

被、及，、寓，蒙、。 比、密，、合，、及，、年，猶頻年也。 屁屎氣下洩。 狴、犴，獄也。 紕織組也。 邶、鄘，國名。

篦、梳。 背違、，、棄，反面也。 畀與也。 淠舟行貌，又、、，衆也，又動貌。 睥、睨，旁視。 俾、倪，斜視。

婢女奴。 裨補也，益也。 庳國名，下也。 幣、帛。 弊、病，又敗也，用也。 敝敗衣也。 譬、喻，辟仝。 斃死也。

避逃、，躲、。 嬖、愛，、倖。 薜、荔，香屮。 柹削木片也。 備備防、，具也，足也，成也，副也，預辦也。

糒糗粮，乾飯。 奰壯大也，又不醉而怒。 贔、屭，作力貌。 佩、帶，、服。 珮環、，上朝用。 霈霶、，雨貌，又水流貌。 沛顛、，又仝上。

旆旗，又飛揚貌。 配、合，、對，剌、，流刑。 倍加、。 焙火烘。 蓓棓五、子。

悖誖、逆。 柭木生柯葉貌。 筏、、，飛揚貌。 俾、倪，不正視之貌。

世、間，、上。 貰代也，賒也，又恕也。 侍、從，在旁。 恃倚、。 是非、，正也，宜也，此也。 諟猶此也。 市街、。

【六五】

氏姓、。 示告、，曉諭也，又教也。 勢、力，威、，形、。 視目、，瞻、。 式、樣，格、。 蛓蟗食果菜之蟲。

弑下殺上也。 試考、，、用。 筮卜、。 噬吞、。 逝往也，亡也。 誓盟、。 嗜、好。 豉豆、。

施布、，散也。 謚死後之號。

氣志、，雲、，元、，炁仝。 器噐才、，、皿。 技、藝，巧也。 忮妬、。 跂、望。 妓娼、。 屐木、，又音極。

伎、倆，能也。 芰兩角爲菱，四角爲、，總曰水栗。 企、及，、望。 偈、語，釋氏詩詞也。 愒貪羡也，息也。 曁及也。

忌嫌、，、諱，、憚。 跽長跪也。 誋告也，信也。 亟急也，促迫也。《孟子》、問。 棄廢、，厭、。 悸驚、。

痵病中恐也。 契文、，、合。 鍥刻也，絶也。 挈左提右、。 禊襦也，又音雪。 惎教也，又毒也。 塈泥飾屋也，又取也，息也。

義仁、。 議、論，商、。 誼詣造、，、至。 乂俊、，又治也。 艾治也。 刈芟中，又割也。 羿后、，篡臣名。

俔俾、，不正視也。 睨斜視。 秇文字曰、。 蓺技、。 藝種也。 囈夢中亂語。 毅剛、，果決。

* * *

計、謀，夥、。記、念。既已也，盡也。漑灌、。曁諸、，邑名。罽織毛爲之。旡飲食氣逆。冀、望。驥良馬。

髻綰髮也。寄、托。薊地名，又姓。繼、續。季四、，叔、，幼也，少也。悸驚、。覬、覦，希望也。

係關、。繫縛、，、戀，又仝上。系世、。餼、廩，米也。愾大息也。戲嬉、，謔。愍息也。塈取也，息也。

盻恨也，又勤苦不休息貌。洎及也，潤也。咥笑聲。贔贔、，金石碑上龍也。

治修、，、亂。峙高出也。畤土基也。痔、瘡。滯遲、，積、。殢困極也。饎酒食也。翅翼也。豷豬、。

稚、子，小貌，又後種曰、。雉野雞。⿱⺮雉幼竹。稺幼禾。薙芟中也。

閉、塞，掩、。閟幽深，又閉也，慎也。毖慎密也。祕、密，隱、。秘、傳，又同上。泌、水。賕代人、債。

帔霞、，命婦之服。詖陰險不平之言。庇、佑，、廕。疪脚冷濕病。背肩、。褙、心，褡、。蔽遮、，隱、。

輩班、。箄甑、，用以蔽甑底。轡馬之韁、。貝寶、。費邑名。萯、母。狽狼、。䫲、風。

【六六】

鵙鳥名。 臂肱也，自肘至腕。 瀠、渣。 媲配也，耦也。 陂傾邪也。 賁飾也。

寐寤、，睡也。 沬水名，又微晦也。 佅東夷之樂，與侏同。音賣，音妹，茅鬼所染之葦，其色一人曰、。 妹女弟。 昧昏也。

魅魑、，山中精怪。 昧闇、，又、爽，日微明也。 媚嬌、，諂、。 瑁玳、。 娼夫妬婦曰、。 痗病也。

袂袖也。 謎啞、，隱語。 洣水、。

祭、祀。 際當也，、會，又交也，又邊畔也。 擦塗、文字。 濟教、，、度，又事遂也。 霽天晴也，又止也，又息怒曰、威。

癠病也。 劑齊也，和也，又藥、。 足過于恭也。

費、用，盤、。 肺心、。 芾蔽、，木盛也。 沸水滾。 廢、弛，、壞。 吠犬叫。 [足非]刖足之刑。①

帝皇、。 蒂根、。 螮寒蟬也。 諦審也。 締結也。 蔕止也。 螮、蝀，虹名。 的、確，怎、。

細、密，、微。 [艹細]、忠，藥名。 絮綿、。 壻婿女之夫。 醑旨酒。 祟鬼爲禍、。 緒頭、。 序商斈名。 敍述次。

---

①「刑」原作「別」。

＊＊＊

娶、婦，、親。 趣情、。 聚、會，、斂。 妻以女嫁人。 砌階、，、牆。 覻向視也。 嚌嘗也。 脆嫩、，爛、。

翠翡、。 萃聚也。 悴顇憔、。 瘁枯死，勞、。

位坐、。 未支名，又不曾也。 味氣、。 菋五、子，藥名。 胃脾、。 謂論其事。 緭絲也。 蝟事多日積、。

蕒中名。 渭、水，太公釣處。 恚、怒。 畏、懼，敬、，、忌。 餵、馬。 喟歎聲。 穢臭、，污、。

爲因、，又助也，與也，被也。 衛捍、，防、。 尉太、，廷、，皆官名，、斗，安也。 慰安、。 蔚文深密貌，又茂也。

蜹飛蚊。 蟪、蛄。 鏸鋭也。 緯縱曰經，橫曰、。 薈中多。 摠①磨也，積也。 飫飽足也。 睿深助，通達。

惠恩、。 穗禾、。 嚖聲小。 蕙似蘭而香。 嘒微貌，明貌，又和也，管聲，鳴聲。 慧聰、，通、。 會、取。

彗竹掃帚，權、，掃門②迎客之敬，又妖星。 喙獸口曰、，又鳥、，又忌也。 澮溝、，田③間水道。 禬祭名。 諱隱、。

讉覺悟也。 誨教、。 悔心悟從前之失。 晦、暗，又月盡也。 卉花之總名。 匯水四面合。 潰逃散，又亂。

①『摠』原作『禣』。
②『星』原作『是』。
③『間』原作『開』。

【六七】

翽鳥飛。 噦車聲有節，又鳥鳴、、。 譢亦鷩聲。 頮洗面也。 𣁁外對曰、。 檜、楫，松舟。

歲歲年、。 碎破、，細、。 晬生子一歲。 睟清和潤澤。 誶誚也，垢也，又多言也。 遂如意也，又助語詞。 穟禾秀。

邃深遠也。 璲瑞玉。 鐩陽、取火，向于日中。 隧墓中之道。 澻田間溝。 襚贈終之衣。 旞羽繫旌、。

燧烽火。 檖楊木。 穗禾穎。 祟神禍也，又鬼、。

罪、過。 翠翡、，珠、。 萃聚也。 悴憂也。 瘁勞、。 顇顦、，憂也，瘠也，別作瘁，通俗用憔悴，並非。

脺顏色潤澤，又同下。 脆食物易斷絕也。 焠燒鐵而納水中以銳其鋒也。 粹純、。 蕞、爾，小貌。

內、外。 汭地名。 諉、錘，以言相屬，煩重。 類同、，種、。 纇瑕、，絲飾也。 累罣、，營也，玷也，事相緣坐也。

攂、鼓，俗用擂。 泪淚目液也。 耒、耜。 耒阝、陽，縣名。 彙類也。 酹以酒沃地。 戾乖、。 誄哀死而述其行。

貴、賤。 桂、花，又姓。 潍水名。 鱖、魚。 蹶顛覆之意。 癸干名。 會筭計曰、計。 繪、畫。 儈牙、。

* * *

膾、炙，羊牛魚之腥聚而切之爲、。檜木名。澮溝、。鱠、魚。劊斷也。劌傷也，割也。筀竹名。

愧慚、，媿仝。餽、送餉也，饋也，又貽也，、讓，饋同仝。匱匣也，又空乏也。櫃、櫝，、臺。蕢中器。聵①耳聾、。憒心亂。

闠市外門也。喟歎聲。簣土籠也。

瑞祥、，又以玉爲信曰、。睡眠、。稅賦、，、斂，、駕，舍車。②說以言動人，又舍止也。帨用以拭手，又女子生曰設、。

退進、，、遜。兑、換。蛻蟬、，蜕同。駾突也。隊群也。譈憝對怨恨。

隊行伍之列。墜垂落也。贅附也，入、。囋人齹又多言曰、，仝上。惴、、，恐懼也。綴聯也，又點、。諈多言，諉、。

毳獸毛縟細。

銳精、。睿明、。叡深明通達。芮國名，又中生。蚋蚊屬。

最極也。蕞束茅表位。醉酒、。足、恭，過也。

---

①『聵』原作『瞶』。

②『舍』原作『丘』。

【六八】

對成雙，又、答。　碓舂米之具。　戴姓也，又頂也。

僞詐、，真、，、妄。　魏國名，又姓。

泥止也，不通也。　旎旖、，美好也，旌旗從風貌。

丈十尺曰、，又長老之稱。　杖柺、，又打也。　仗全、，倚、。　唱歌、。　倡、和。　昶日長明也，舒也，通也。

韔弓囊。　暢、達。　鬯造酒屮。

蕩廣遠也，又大也，放、。　盪滌器也，又推、，陸地行舟曰、舟。　踼跌、，行失正也。　碭石之有文者，又山石。　璗黃金曰、。

宕放、。　攩⿰扌宕以手、物。

帳、幕。　賬、目。　脹飽、。　漲大水氾濫。　悵惆、，失志望恨意。　障保、，、隔。　瞕目生翳、。　嶂險山。

瘴、癘，病也。　鄣城之險也。　墇地之險也。

* * *

狀形丶丶，又類也，牒①也，比也，陳也。 藏府丶丶，貯物之器。 臟五丶六腑。 鑶盛酒之器。 撞擣也，丶遇。 ⿰車童衝城車。

幢丶幡。 奘大也，盛也。 鬞鬤丶。 ⿰愚頁糊塗，愚也。

亢高丶丶，丶陽。 抗丶違，扞也，蔽也。 伉丶儷，耦也。 炕以火炙也，又丶陽。 骯丶髒，悻直。 沆水流聲。 ⿰愚頁愚也。

巷街丶丶，丶路。 行丶丶丶，剛強貌，又排丶。 筕曬衣竿。 項頸丶丶，又姓，又俗語一件爲一丶。

旺興丶。 王興也，盛也，有天下曰丶。 望瞻丶丶，怨丶丶，責丶丶，聞丶丶，仰丶丶，翹丶。 朢朔丶。 妄虛丶丶，誕丶。 譕誑丶。

熿炫丶。 忘②不記事也，又丶失。

當晪丶丶，抵也，膸同。③ 檔橫木，框丶。 擋抵丶。 隚隄丶。 壋上丶丶，田丶。 儅伴丶丶，正也。 譡言中理也。

向嚮對丶丶，丶往，又西階曰丶。④ 曏鄉往時也，不久也，明也，若言適來也。 餉饋丶丶，饁丶。 貺賜也。

降丶臨，貶也。 洚水不遵正道也。 絳赤也。 桻木丶，杠仐。 焵丶刀。 閂門丶，俗字。

---

①『比』原作『北』。

②『忘』原作『盲』。

③『膸』當從『貝』。

④『西』原作『兩』。

【六九】

誑姜去聲。、妄。

糨匡字去聲，糊、。甥人不善也。強硬、。謽詞不屈曰、語。摾弶設罟於道以掩鳥獸也。

亮明、。諒信也，又同上。喨響、。炕正音亢，燈、，火、。輛一車兩輪。量忖、，、度。緉履兩枚也。兩車、，同輛。

況將語。曠、遠，、空。纊綿、。壙墓穴，、野。礦、石。獷①楚、，獸名。

釀造酒。饟以食灌人腸內曰、。

樣法也，式、。漾水蕩也。恙病、，又憂也。養供也，奉、。傡立動貌。

讓遜、，謙、。

象獸名，又仝下。像形、，肖似也。摹倣也。相宰、，助也，儐也，扶也，亦視也。

謗毀、，訕、。

---

①「獷」原作「穬」。

＊＊＊

壯強、。葬埋、。髒骯、。

放、肆，、置。

匠木、。⿱不直船走不直曰、，物不直亦曰、。籓籮上箧、。

浪波、，孟、。誏諸、。閬、苑，仙宮。

上高、，又登也，、下。尚崇、，和、，又猶也，加也，庶幾也。鞝、鞋。

喪、失，死也。

傍倚、。磅、襖。磅響聲。胖、孜，肥壯。蚌、蛤。棒杖也，打也。

醬、醋，豆、。將、帥。

盎洋溢也。

【七十】

善、惡。 鐥廩、。 膳供。 繕補也，編也，緝也，又編録文籍曰、寫。 鄯西域國名。 鱔鱣黄、，、魚。

墠壇之平處。 禪封、，、位。 單、于，匈奴號，、父，縣名，、羊，廣大貌。 扇引風取涼。 煽、惑，又火熾也。 ⿰木扇門、。

謆以言惑人。 搧、惑，又音羶。 擅自專也。 贍足也，賙也，給也，、會。

練煮漚熟絲。 鍊鍛、。 煉鑠冶金也。 戀眷、。 孌婉、，美好也。 攣手足曲也。 瀲、灩，水滿也，又水也。

殮收、，喪也。 斂歛收、，、賦。 蘞白、，藥名。 獫、狁，又音險。 湅湔也，熟絲也。

薦舉、，藁、，、祭。 薦席也，中也，再也，屢也。 洊水仍至也。 ⿰歹存重也，至也，再也。 箭弓、。 餞、行，又蜜、。

濺水激洒也。 僭、亂。 伞、屋。

殿、宇。 電閃、。 畋、獵。 靛藍、，染物之物。 佃耕田人也。 甸千里之内曰、服，、之爲言治也，、徒，治田之衆也。

奠祭、，、定，送喪之禮曰、儀。 簟竹席。 瑱以玉繫撚紞而充耳者。 墊、狀。 鈿婦人之花，又音田。

*　*　*

片拆開木也，又瓣也。　弁冠也，皮、，朝服。　辨、別。　辯、論。　騙誆、，論仝。　鶣躍上馬也。　窆下棺也。

便、易，、利。小、，尿也。　卞法也，又姓。　汴水名，州名。　忭喜樂也。　抃手拍也。　辮頭上、髮。

奐大也，伴、，輪、。　瑍玉有文彩。　喚呼、。　換更、。　渙、散。　煥光也，明也。　瘓癱、，病也。　橫、逆，不順理。　緩遲、。

貫、通，又穿也，又籍、。　灌、溉，祭用酒、地降神。　鑵礶瓦器。　瓘玉名。　鸛鳥名。　鑵鐵、。　觀寺、。

冠加冠於首曰、。

念思、。　彥俊、，士之美貌。　諺俗語。　喭粗語。　唁弔生曰、。　硯墨、。　掾官屬。　釅酒濃曰、。

犴逐獸之犬。　廿二十日爲、日。　唸、呪，、書。　艌整、，、船。　驗應、，效、。　恁恴同上，巧寫。①

賤貪、，貴、。　踐、踏，、履。　諓善言，又巧讒也。　漸、次。　塹籬、。　倩美笑也，請代也。　蒨中盛貌。　灊水至也。②

茜染絳之中，又、中，藥。　鏇錫、。　颴風轉也。　搲長引也，又轉也，又長繩系牛馬放。

---

①『同』原作『石』。

②『至』原作『正』。

【七一】

恨怨、。行德、。荇、菜，根生水底，葉浮水上。幸欣、，又愛也。倖僥、。杏、花。鄧姓。

欠少也，不伸也。芡、實，藥名。件條、。儉勤、，、約。健俗徤強、有力。鍵関、。縴扯、。箠籠也。楗梁、。

店、房，、肆。坫邦君飲酒，反爵其上。玷、缺，、辱，瑕、。墊下也，溺也。殿軍後曰、，又鎮也。阽①或、于死亡。

現當前也，又顯也。莧、菜，又音陷。限限也。見下見上也。憲法也。幰幔。晛目光。献獻進、，呈，又賢也。

泮、宮，水、。伴、侶，陪、。叛、逆，反、。畔田、。判、斷，剖、。胖、壯。牉夫妻、合。拌、命，拚仝。

羡歆、，貪慕也。線絲、，綫仝。軐轉、，車跡也。選、官。先先之也。制割也，、雞。遷進也，升也。旋、時。

漩淀②水之、渦。

厭、足，、棄。灩瀲、。餤焰火氣。⿺鬼奄污濁也。⿱竹奄燒、，又死人、孜。宴飲、，、安。堰壅水爲、土，又、塯。

饜飽足也。燕喜也，安也，又、予。嚥咽口吞物也。讌醼酒、，樂也。艷、色，光彩，華、。⿰扌艷手、灰也。

---

① 『阽』原作『呫』。

② 『淀』原作『⿰氵走』。

* * *

縺纏去聲，、繞，絆、。 鞊鞍、，馬鞍飾也，正音帖。

凳櫈棹、。 揯扯、。 蹭蹬、，困屈也。 鐙馬鞍踏、。 磴、阪，又登陟之道。 䭢祭食。 鄧姓。隥階也，梯也。 驓行欲倒也。

戰、鬪，又恐懼貌。 顫頭搖動不止。 驏馬臥土中。 占、魁，、先。 佔霸、。 [illegible]謀人財物。

甑盆、。 譖讒謗毀也。 諍諫、。 [illegible]、開。 掙力、，硬、。

贈送也，增益也。 蹭、蹬。 襯近身之衣。 䞋、錢，賠、。 櫬棺中有屍曰、。① 齔小兒換齒，又音引。 鋥磨出刀光。

硬堅也，強也。

滲、滿，參字去聲。 讖驗也，凡、緯皆言將來之驗也。

面頭、。 麵油、。 瞑、眩，潰亂也。《商書》：若藥不、眩，厥疾不瘳。

半中分也。

---

①「曰」原作「有」。

【七二】

孟如也，長也。 漫彌、，渺茫也，徧也，污也。

淩米、。 堎山、。 棱、木。

徧遍周、。 變变、易，、化。 窆下棺。

埂土、。 更又也。 亘通也，徧也。 艮止也，浪也，又、卦。

見看、。 建、立。 劍劒、刀。

[豆]菽也，又盛物之具。 荳、蔻，、藥。 逗、留，止也。 痘、疹。 餖、飣。 透通、，、徹。 竇穴也，又姓。 讀句、。

後先、。 后皇、，君、，又同上。 逅不期而遇曰邂、。 郈魯邑名。 厚垕、薄，、重。 候伺、，問、。

堠堡、，以望烽火者。 睺半盲爲、。 訽以言掇誘。

冓中、，宮中深密之處。 遘遇也。 構蓋也，架也，合也，成也，結也，造也，集也。 搆牽也。 覯見也。 煹以火炤物。

＊＊＊

䁓視也。 購以財求物。 媾結婚。 勾、當，猶言形狀也。 雊雄雉鳴也。 夠多曰、，少曰不、。 姤遇也。

彀扯弓滿也。 詬、詈，罵也。 穀乳子也，楚人以乳爲、。 鷇鳥卵。

料、度，、理，又物、。 廖姓。 燎庭、，火燭光也，又焰也，縱火也。 𥜌禉、，燔柴祭天。 墩四圍之牆。 繚、繞。 膫炙也。

獠夜獵曰、。 鐐白金。 療治病。 轑、轢，又音了。 䍡魚網。

跳躍、，越也。 眺、望，視也。 銚煮物之具。 覜俯首而聽曰、，大夫衆來曰、。 糶、糴，賣穀米曰、。 蓧去中之具。

調控、，、轉。 掉搖動也。 佻、達。

茂、盛。 楙①木盛也，又木瓜。 懋美也，又、勉。 貿、易。 姆女師。 瞀目不明，鄙吝也。 莓、子，即覆盆子。

戊干名。 袤廣也。

湊添益也。 輳輻、，聚集。 腠膚理。 䑹舡、。 簇大、。 漯水急流也。 驟奔馳也，又、然，速也。 僽僝、，罵也。 甃、街。

---

①『楙』原作『楙』。

【七三】

叩問也，發也，、頭，與扣同，微擊也。 敂、関，仝上，又仝下。 扣擊也。 釦組、。 訌亦問也。 紅絲、。 蔲豆、。①

寇、盜，又姓。 簆織布之具。

俏俊、。 誚譏、。 峭峻、，山高也。 嚼口、物也。 噍齧也，、食。 萩秋、。

要緊、，、約，又欲也。 耀燿光、，炫、，熠明不定。 曜炤、，又二、，日月也。 鷂鷲、。 靿②靴、，又子鞋。

陋卑、，狹、，又鄙惡也。 漏添、，、夜，、更。 瘺瘡、。 ⿱艹屚、蘆，藥名。 鏤雕刻也。 耨農器。

召請、。 兆、頭，事之端也。 旐旗、。 肇開也，如也。 趙國名，又姓。 劭勉勸也。

瘦不肥也。 鏉箭簇。 漱蕩口也，又滌也。 嗽咳、。 瘷欬、。

奏進上也，又節、。 縐、紗，不伸也。 皺、皮，、眉。 甃井磚，又結聚也。

漚嘔去聲，久浸也，、麻，、氣，、糞。

---

① 『豆』原作『音』。

② 『靿』原字右从『勿』。

* * *

紹繼續也。邵勉也。少老、，幼也。召、公奭。

尿小便。

照炤、臨，執、，燈燭之光。詔告也，教導之也，又上命也。

弔吊問也，傷也，、喪，、死。釣、魚。窵、遠。⿰衤鳥短衣。

俵⿰扌表、散，分、。

醮、祭，又婦重婚曰再、。爝燋一、火光。釂飲酒盡曰、，又音爵。

阜豐、，山、。覆、蓋，又伏兵也。缶瓦器。

笑喜、。嘯蹙口出聲，虎、風生。肖像也，好子曰、子。鞘刀、。

叫、呼，俗作呌，非。訆人呼也。

【七四】

票搖動也，輕舉也。嫖、姚，官名。驃勁疾貌。瞟目際目病。漂、洗，又音莩。

廟庙神、。玅妙精、。

竅孔、，空也。轎肩輿以抬人也。簥竹、。嶠山小而高。葍、頭，菜名。覤不平直貌。覤、覤，不安妥也。

閙鬪、合，争、，又姓。

坐①座、席，位也。剉銼斷木之具。莝斬屮。挫辱也。錯差、，、箄，又音昨。

惰怠、，、慢。墮、落。隳壞棄。唾、涎，口液。舵船、。柂舵柂俱仝上。太、上觀音，②又、粟。

剁斫、，朵去聲。

貨財、。禍災、，、殃。和倡、，調、。

破剖也，裂也。

① 『坐』原作『生』。

② 『音』原作『者』，『粟』原作『票』。

* * *

播、種，、揚，、遷。簸、箕。

過、大，、越。

臥寢也，偃也，休也。餓饑、。握持也。

磨碓、。

箇个個物一枚爲一、。

賀慶、。

佐輔、，、助。做爲事也。左相助也。

課稅貌，訓、，、程。騍、馬。錁銀錠曰、。堁塵、，地名。

懦、弱，柔也。稬穤糯、米，可作酒。㖠喇、，語助詞。

【七五】

父、母。傅師、、又姓。賻以財務助喪家曰、。輔、佐。富、貴，豐、。副佐也，又相稱也。負辜、、、荷，又恃也。

付、托，交、。附依、，寄、，益也，近也。駙、馬，公主之夫。鮒小魚，鯽魚。祔合食于先祖，又合葬。跗足背。

莆、子，藥名。腐豆、。咐囑、。訃報孝書曰、。賦詩、，、稅，秉、，又給予也。婦媍夫、。

户門、。戽、斗，舟中①出水之具。扈衛士在后曰擁、，又桑、鳥。護衛、，、救，、封。濩布、散也。

祜福也。岵山無中木。怙恃、，依也，父死曰失、。互交、。沍寒風閉塞。絙、車，用以收絲。瓠匏、。

䙆衿、②。

故緣、，又轉語。固堅、，、陋，又已然之詞。涸寒凝閉也。錮鑄銅鉄以塞隙，又禁、，重繫也。痼久病。詁訓、。

顧俗頋回視也，思念也，又眷也，反也，又發語詞。雇傭賃也，、募工人。

務事、。霧、露。誣謗、。婺、星，盧兆寡婦。鶩野鴨。惡憎、。騖驅、，不求實也。污、穢不潔。絙笪、車。

---

①『舟』原作『丹』。

②『衿』原右從『領』。

＊　＊　＊

素、净，情、，又空也。愫真情也，又與上通也。訴愬告、。溯遡、洄，逆流而上，又向也。塑捏土爲像。數、目。

数同上，俗字。疏文、，又條陳也。

步脚、，又依人行事曰、。埠官牙、岸，又、頭，主舡客商買之買賣也。捕、捉。鋪、店。哺含食在口也，、啜。

部分也，、署，、屬。① 簿、書，、眼。

杜、絶，又姓。肚、腹。度則也，法也，又過也。渡濟、，接、。鍍、金，以金飾物。兔獸名。菟、絲子，藥名。

助扶、。醋酸、。措、置，錯同。厝棺柩落土曰下、。腊乾肉也。祚福也。胙祭肉。

阼、階，東階。

路道、。露霧、。潞州名。璐美玉。鷺、鷥。簬美竹可作箭。簵仝上。輅大車。賂賄、。

怒忿、。

①「署」原作「者」。

【七六】

悟心中了徹。晤相會曰、對。寤覺、，、寐。誤悞作事列錯，又欺也。

慕思、。暮、夜。墓墳、。募、化，招、。莫、春，與暮同，借用。

布、帛，用以爲衣。佈擺、，又徧也。怖驚、，畏懼。⿰土布地名。

庫貯物府藏大屋曰土、。褲裙、，小衣。袴絝俱仝上。銙鍬鏟之、。胯、子肉。

妬、忌。蠹蛀蟲名，又白魚。斁妒厭也，惡也。

介大也，助也。芥、菜，中、，纖、，細微，、蒂。界境、，、限。炌火明。玠大圭。价、使，又差也。疥、瘡。

尬尷、，行不正也。屆至也，極也，當也。戒、慎，謹、。誡儆、，又告也，命也。解、送，、元。廨官名。

⿰金解、鋸，以鉄爲之，用以開木。鎅同上。忦憒、。

蔡大龜，又姓。瘵癆、，病也。豸獬、，蟲無足曰、，又解也，池上聲。又音稚。嘬齧也。蠆毒蜂。瘥病痢。

* * *

眥睚、，舉目相忤也。 砦營、，木柵也，又壘也。 寨同上。

械杻、，器、。 邂、逅，不期而遇。 解、得，醒悟也。 懈怠、。 獬、豸。 薤蔥、，葷菜。 瀣沆、，夜間寒氣。

泰否、，安、，清、，侈、。 汰沙、。 態情、，、度。 罳、思。 薢草、，藥名。 太、極。

賴、藉，又姓。 癩瘡、，惡疾。 藾、蕭，藾也，蒿也。 籟樂器。 鱱魚名。 瀨灘、。 奈、何。 㮈果名。

耐忍、，又輕刑之名。 耏耐同，①又忍、。 鼐大鼎。 蠆、蟲。 褦、襶，不曉事、。

敗損、，又輸也。 唄梵音。 退壞也，散也。 稗中似稻，而實細。 派分、。 憊疲極。 湃滂、，水聲。

帶衣、。 㿃赤白、，婦人下部病。

曬晒日乾物。 鎩、羽。 殺降也，減也。

艾屮名，又少、，美好也。 哎、約，嘆聲。 隘狹、，險、。 餲食敗也。

①『耐同』原作『耐、』。

【七七】

外內、，表也，又疏之也。

怪異、，悝仝。硂、石，似玉。

賣買、。邁老、，過也。

壞破、。

債負財也。瘵勞、。

拜跪、。湃澎、，大水。

快爽、，喜、。筷、箸。駃善行之馬。塊土、。蒯屮名，又姓。噲咽也。儈牙、，會合市人者。

駕天子行曰、，又、馭，撑舡之人曰、長。架、攔，衣、。舸、船。稼禾、。嫁女適人曰、。價物之值、。

假借事寬限曰告、。鳴鵞聲、、。斚鬱鬯之尊。

＊＊＊

乍初也，忽也，暫也。 笮竹、。 汊水歧，宛也，又地名。 吒叱、，怒也，又噴也。 詫誇也，諷也。 蜡蟲名，又、祭。

禡祭名。

亞次也。 婭姻、。 掗強與人物。 稏耙、，稻名。 迓迎、。 砑碾也。 訝嗟、，疑怪。 犽、灰，、鬢。

⿰口窊小兒啼。

霸強、。 壩水名，灞仝。 壩、墻，障水。 欛刀、。 ⿰扌霸、柄。 靶馬轡上物。 坝陂也。 弝弓、，靶同。① ⿰骨巴刀、。

鬖挐去聲，⿱髟巴、，髮亂也。

卦、爻。 詿、誤。 罣、礙，、念。 挂懸、。 掛正音置而不用，拐又懸、。 絓絲結也。

化教、，變、，造、。 話、語。 畫画繪、，字、。 檴捕獸機欄。 華姓也。 鱯魚名，似鮎口大。 吴魚之大口者，仝上。

樺木名。

---

①『靶』原作『靼』。

【七八】

罵惡言以詈人。⿰言馬多言也。禡至所征之地而祭始造軍法者。鎷鉄、孜。榪木、。

柘樜桑、木。炙膾、，、肉。蔗⿸虍庶甘、。鷓、鴣鳥。

謝感、，、落，、絕。榭臺、。卸脱、，交、。瀉泄、。

跨、越，騎、。胯兩腋之間。

借、貸。

下低、，又降也。夏春、。暇閒、。罅、隙，孔也。嚇笑聲。⿰言虎誑也。

怕畏、。帕絹幅，手、。罷、休，已也，廢也，黜也。耙犁、。⿰禾巴、稏，禾名。

詐、僞。笮醡、酒之器。榨打油之具。

藉借也，醞、，有含蓄意。⿺走廾物不正也。⿺走耑走也。

* * *

夜亱早、。

社、壇，土神。舍寒、，屋、，又三十五家爲一、，、下。射、箭。麝獸臍有香即曰、香。赦、宥，、罪。

廈側屋。庈傍屋。嗄銅器破聲。曬日乾物也。

伹轉語詞。淡薄味。𪉸無味。澹、泊，恬静無爲之貌。憺亦恬静也。憚忌、，畏、。彈、弓。炭木、。

歎嘆、惜，讚、。誕、妄，又生育也。餡餅中肉、。蛋禽所生之卵。

暫不久，、時。鏨鉄、。蹔①轎一足，不能久。粲飯也，米曰白、，女三爲、。璨璀、，玉光。燦明也。湛露盛，又姓。

懺自陳悔也。綻裂開，破、。棧羊、，、房。賺重賣也，、錢。

犯觸、，侵、。範模、，防、。范姓。氾、濫，浮、。汎浮也，廣也。泛浮也。梵西域浮圖種號，、唄，羌吟聲。

販、賣。飯粥、。嬔匹耦也。

① 『蹔』原作『[illegible]』。

【七九】

諫、諍。 監、臨，、視，明、，、別，、獄。① 鑑仝上。 間、隔，、隙，離、人曰反、。 澗山夾水曰、。 覸成、。

贊賛、頌，、助，參、。 讚稱、。 瓚玉、，祭器。 禶祀神也。 鄼地名。 站、立。 蘸以物淬水。又、筆。

散消、，分、。 霰雨雜雪。 三、思。 訕、謗。 汕魚浮水上曰、，以簿取魚曰、。 秈禾、。 疝、氣，陰病。

宦仕、，、官。 患憂、，禍、。 槵木名，其子可爲念珠。② 豢養豕也。 幻虛、，、惑。

慢謾惰、，、忽。 幔帳、。 嫚媟、，侮易也。 曼、衍。 縵琴瑟之弦。 蔓葛屬，又、延。 䐽身上汗、。

僈舒遲也。

慣、習。 貫同上。 丱、角，童子束髮也。

濫汎、。 爁以火、物。 檻軒窗下以版曰、，朱雲折、。 艦舟名。 爛爍、，光也，又熟也。 瓓玉采也。

纜繫舟之索。 難患、，問、。 灠淹也。 婪貪、。

---

①「獄」原作「誠」。

②「念」原作「忿」。

＊＊＊

辦俗办俗、。 瓣花、。 盼、望，又眸子黑白分明之貌。 鞴駕牛馬之具。 襻扣、。

闞闞、，、望。 矙視也。 覵仝上。 瞰俯視也。 矙仝上。 嵌、寶石也。 奓脚、，一、。

雁鴈鳥名。 贗僞物。 宴、安，又遲也，又姓。 鷃鳥名。

限閾也，又度也，齊也，界也，阻也，檢也。 閬門閾。 陷坑、，、没。 莧、菜。 骭足背骨。

旦早也。 組聯、。 擔挑物，担仝。 碩石、斗。 丼投物井中聲。

萬俗万數目。

扮粧扮。 絆羈、。

髦缸、。

動行、，起、。 慟傷、，切也。 痛疼、，、楚，、傷。 侗無知。 洞、徹，又空也，幽也，壑也，疾流也，、、，恭貌。

【八十】

䆚地、。恫怨也，憁、，不得志也，又痛也。硐石、。迵過也，徹也。、風，言風疾，、徹五臟也。

凍冰、。①棟樑、。蝀螮、，虹也。

汞水銀。銾鐘聲。聁、、，耳中鳴也。哄樂聲，又市人聲。鬨鬪聲。叿、、，市人聲。

奉、承，、獻。俸、祿，先生、金。鳳、凰。風因、感物。諷諫、，譏、，又、誦。賵贈死人之物。吉壁、，牆、。

控告也，又提、，更也。又、制。空困窮，、乏。鞚勒馬曰、。

訟争、。誦、讀。頌稱、，歌、。傱聚也。

仲伯、，中也。銃、炮，軍器。重輕、，厚、，慎、。

衆多也。中當也，、舉。種布、，、植。

甕汲水缾，罋仝。瓮⿰缶瓦也。齆、鼻。⿰火翁、火，翁上聲。蓊、花，草之莖。硔石橋拱、。⿰木翁水車、頭。蕻、菜也，又音風。

①『冰』原作『水』。

* * *

宋國名，又姓。送餽、。鬉鬃①毛鬞、，散亂也。

粽糉角黍、孜。綜、線。

𩡧朋字去聲，、香，香氣盛也。摓、撞。

弄戲、，搬、。哢鳥吟聲。梇木、，礱仝。鬞、鬆，髮亂貌。挵玩戲也。

嗅鼻聞氣。

貢、稅，、獻，、士。蕫屮木子叢生。供、養。𦐇飛至也。

夢𡖋俗梦神交爲、。孟始也，又、子。

縱放、，肆、，、然，又緩也，舍也。從跟、，隨行也，又放、。

用器、，使、，又貨也，以也，庸也。

① 「鬉鬃」原作「髪鬃」。

【八一】

共同也。

汗人液，熱則有。　扞、捍，仝下。　捍、衛，、禦。　垾小堤。　悍妬、，又強狠也。　旱乾、。　鼾、睡，臥息之聲。　旰①日曉。

閈②閭、。③　銲銅、，錫、。　豻狴、，犴仝。　暵燥也。　漢河、，男子、，羅、。　翰文、，又鳥羽，又高飛。　憾恨也。

瀚北海名，又浩、，廣大貌。　熯熬、。　琀死者口中玉。

眷親、，、念。　卷書、。　桊牛、，棬仝。　睠反顧也。　絹紬、。　狷褊急也，又才不足而守有餘。獧仝。　罥網也。

悁躁急也。

篡、奪，臣取君位。　爨進火也，居分曰各、。　竄逃、，逐、。　攛以手擲物。　縓染紅黃色。　饌殽、。　撰譔著述。

縣府、。　炫、耀，火光。　眩、惑，潰亂。　玹玉名。　袨盛服。　衒自矜。　眩目光。　絢文采。

岸崖、。　按、察，又抑也，據也。　案几、。　玩、好，、弄，戲、。　翫、賞。　忨、愒。　暗闇昏、。

① 『旰』原作『汗』。
② 『閈』原作『門』。
③ 『閭』原作『間』。

* * *

幹能事也，又枝條也。　榦楨、、，築牆之版。　灨水名，俗贛。　贑、州，府名，又仝上。　紺深素，陽赤色。

倦疲、、，、怠。　券文契。　綣繾、、，惓仝。　棬欄、。　棬栝、。　鞺靴縫也。　勸、化，俗勧。　楥鞋、。

看視也。　勘、問。　磡岩崖之下，又山岩。　墈險岸。　淦縣名。

串、通，貫、。　釧釵、。　傳經、。　篆、字。　彖易、，、者，斷也，統論一卦之體也。①

斷俗断截、、，決、。　煆、煉。　鍛搥鍊。　碫礪石。　緞紬、。　剸斷也。

願、欲，、望。　願謹、、，愨。　硯墨、、，文房之具。

鑽錐、、，用以穿物者。

怨、恨。　衙衙、、，妓女。　院宮、、，學、。　遠去而遠也。　緣、領。

蒜葱、、，薑、。　算筭、計。

---

①『統論』原作『絃論』。

【八二】

亂俗乱紊、、不治。𤔔治也，理也。

段俗叚休、、片、，又姓。緞紬、。探、聽。彖、者，斷也。

⿰風專風轉也。磚石、、。①

士儒、。仕、宦。四數目。泗淮、，水名，涕、，目淚。駟一乘四馬。肆店、。寺、觀，又宦官曰、人。

事、業。俟、俟。似像也。姒婦人名。涘水涯。汜水決復入。祀祭、。賜賞、、予。

使役、。思意、。伺、察。食食之也。耜耒、，犁尖。飼以食食人。嗣、續，子、。兕野牛。⿱凹灬似野牛而色青。

字書、，又撫愛也。⿰羊字母羊。牸母牛。巳辰名。誎數諫也。朿木芒。刺譏、，、殺。莿山木莿針。

次亞也，、第，又至也。茨蒺藜，又茅、。佽便利也，又、助。廁茅、，又次也。玼瑕、，玉病。蛓、毛，蟲、。

柹果名。自由也，又、己，、然。疵瘕、，病也。

---

① 「石」原作「活」，「石磚」指人名。

＊＊＊

恣肆也。慫、慂。積儲蓄。漬漚也，浸也。眥眦睚、，目相忤。胔骼、，骨枯曰、，肉腐曰、。胾切肉曰、。

裕寬、，豐、。與干、。譽名、。鸒、斯，鳥。舉兩手敬舉之也。礜藥名，蠶食之肥，鼠食之死。飫厭也，飽也。

預、先，悅、，逸、，干、。豫猶、，又仝上。蕷薯、，山藥。澦灩、，水名。芋、頭。嫗老婦人。諭曉、。

喻譬、，又仝上，又姓。尉校、。雨自上而下曰、。蔚文、，又姓。

去往也。㰦、倦，俗云呵欠。巨大也。鉅仝上，又、公，天子也。秬黑黍。詎豈也。拒、絕，却、。

距雞脚，又仝上。苣菜名。炬燭光。虡鐘、。簴鐘鼓之架，橫曰、。窶貧、。懼畏、。愳仝。

惧同上，俗字。具、備，器、。颶海中大風。

二數目。貳副也，重也，佐、，疑、。弍仝上，俗字。⿰亻貳、副，益也。樲、棘，酸棗，賤木。膩垢、，肥、。⿰扌貳拭、，擦粉。

餌釣魚食。咡口傍也。珥玉名，簪、。濡沾、，、滯。孺、子，小兒。薷香、。茹受也，度也，又飲也。

【八三】

袽衣、，絮類。 裋童豎所著褐毛布衣，、褐不完。 誀誘也。

句字、。 絇絲紐也。 據憑、，又持守也。 遽急、。 勮勤也，勤也，惧也。 醵合錢飲酒。 踞占、，蹲、，、坐。

鋸刀、。 據手足勤勞曰拮、。 䱟、魚。 倨、傲不遜。 屨中履。

著明、，又、述。 註、釋。 注灌、，、意。 蛀蟲、物。 炷香爐一爲一、。 軴車止也。 駐馬立也。 紸、絲，紬緞。

馵馬後足白，又馬懸足。 鋳、鐘。 疰人面上肉生、。

恕平、，忠、。 庶衆也，又嫡、，又、幾，近詞。 澍時雨。 樹、木，又植木也。 豎、立，童子未冠之稱。 曙早也，曉也。

署官、。 戍守邊之兵。 豎小、子，輕人之詞。

住止也。 柱棟、。 跓停足也。 宁門屏之間。 苧紵、麻，、絲。 竚久立也。 箸匙、，筯仝。 處所在也。

禦臨、，統、。 馭駕、，使、。 遇、合，際、。 寓、止，寄居。 女以女嫁人。 玉、帝。

＊＊＊

⿰酉凶⿰酉句 酒醉行兇，虛字去聲。

道 、理，、德，、路，、治。 導 引、，導仝。 蹈 履、。 稻 禾、。 套 圈、，虛、。 悼 傷、。 纛 軍中大旗。 盜 賊、。

幬 覆、。 翿 舞者所持羽旄之屬。 ⿰者又 七十曰、。 燾 溥覆照也。

造 建、，、詣，、化，、次，又到也。 糙 米粗、。 慥 篤實貌。 噪 鳥群鳴。 操 節、。 ⿰言曹 諠、。 漕 以水通輸。

皂 、隸。 唣 囉、。 鈔 、錢。 皁 馬閑。 ⿰牛卓 以角挑物。 櫂 進舡器。 ⿰扌曹 手攬也。 耖 重耕田也。

冒 覆、，、犯。 帽 、孜。 瑁 天子所持。 媢 、嫉。 ⿰忄冒 貪、。 ⿰目冒 低目細視。 眊 目不明。 耄 九十曰、，旄同。

芼 熟而薦也。 貌 容、。 覒 邪視。

號 俗号 名、，、令。 耗 虛、。 託 信也。 浩 、蕩，廣大。 皓 光也，白也。 好 喜好。 孝 、弟。 效 、驗，、法。

傚 、法。 校 學、。 恔 快也。 斅 教也，又效法也。 効 功、。

【八四】

傲、慢。奡仝上，又寒浞子名、。敖怠、。奧深、，又室西南隅爲、。燠熱在中也。拗執、。砌石不平。

岰山曲。樂喜好也。媼老女之稱。鼿①鼿、，不安。

躁、急。懆慍也，愁不伸也。燥乾、。瘙皮上、痒。竈俗灶锅、。罩覆也，鱼、。箪笊、篓。蹖跳、。

抱懷、。毷鳥伏卵也。泡水、。皰腫病。砲硫、。鮑以鹽漬魚，又姓。炮水滚也。

皰面上、氣。雹雨、、霰。暴猛也，驟也，横也，侵也。

到至也。

告、訴，、示。誥詔、，告也。郜國名。窖地、。教、訓。酵酒、。校考、，又角也，報也。較、量，比、。

笅神、，卜吉凶者。覺睡醒也。

撈水中取物。勞慰、，安也。邏巡、。鬧吵、，②、熱。淖泥也，不和也，又始。澇淹也。嫪吝物也，婟、，恋惜也，又士無行者曰毐、。③

---

① 『鼿』原作『鼿』。

② 『吵』原作『炒』。

③ 『吝物』原作『文物』。

* * *

靠①倚、。　犒、賞。　搞打、。

報、答，告、。　豹虎、。　爆火裂也。

哨巡、稍洗米之水。　掃、地。

右左、，又助也。　佑保、，福、。　又再也。　幼小也，長、。　柚果似橙。　宥赦、，寬、。　侑勸酒。　囿園、。

銷燒、。　褎袖也，又多笑貌。實、，漸長也，又服飾盛貌。　釉物有光也。

受承、，領、。　授付也，予也。　綬印、。　獸禽、。　狩冬獵曰、，又②天子出行巡、。　首有罪自陳曰出、。　售賣也。

壽寿、年，福、。

秀俊、，、才，榮也，茂也。　琇玉名，又美石也。　綉繡錦、，綵、。　鏽鐵、。　岫山有穴曰、。　袖衫、，彩、。　宿星也。

救、濟，捄仝。　廄馬欄。　究窮、，又畢竟也。　疚病也。　灸火灼體以③療病也。　柩棺、。

---

①『靠』原作『罪』。

②『曰』原作『中』。

③『療』原作『痷』。

【八五】

臼碓、。 舅母、，妻、。 舊不新也。 柏烏、子。 咎罪、，、責。

紂商君名。 宙宇、，往古來今曰、。 胄甲、。 冑胤也，裔也，系也，嗣也，大子曰、子。 臭穢氣。 酎醇酒。

嗅鼳雉鳴。 糗乾粮。

謬詐、，差、，、妄。 繆綢、。

就即也，從也。 鷲大鵰。 袖衣、。

溜、水下也。 霤仝上，又屋水流處曰、，又中、，中宮之神。 餾水沃飯也。 籀、筒。

晝日之中也。 呪、怨，、語。 咮噣鳥喙，鳥口，又星名。

【八六】

《辨字摘要》入聲類

晢、明。 蜇螫蟲。 浙、江，水名。 晣明、。 晢星光。 折曲、，以銀代物，以少代多，皆曰、。 蜥俗作海、。 慴、怖，怯也。

摺、疊。 褶、衣。 輒忽然也，又動、，每事即然也。 輟止也，歇也。 讋畏也。

帖簡、，妥、。 怗、服，安也，靜也。 碟木、，瓦、。 貼幫、，又糊起也。 呫、囁。① 堞城上短牆。 諜間、，軍中探事之人。

蹀踏也，又躞、，行不穩也。 喋、、，口能言。 蝶蝴、。 渫汲水也。 楪木、。 媟淫、。 疊疉重、，又震也。

鐵銕鐡黑金，銅、。 驖馬黑色。 絰麻、，喪服。 耋八十曰、。 垤邱、，蟻塚。 咥咬也。 迭軼更、。 瓞瓜、，小瓜。

佚緩惕也。又與迭同，更也，遞也。 餮貪食。

雪雨、。 屑心意切切，潔也，苟也。 糏米麥破之餘曰、。 薛莎也，國名，又姓。 絏紲繫也，又馬韁，又長繩。 躞、蹀。

瘞、痢。 屧鞋、。 枻檠、，正弓弩之器。 泄洩漏、，吐、。 渫滌除，又散也。 爕和也。 欆木、。

---

①『囁』原作『嗫』。

＊＊＊

燮調、，、理。 僁、、，細事。 媟嫯、瀆，、嬻。、褻，近侍之臣。 爇燒也。 褻、慢，又秋衣也。 契偰同。

業事、，基、，產、。生理也。 鄴郡名，又姓。 聶聂人姓，又小語。 躡、蹈，又履其後也。 讘口、，多言。 鑷鉗取之物。

囁、嚅，怯吶也，又私罵。 蠥妖、。 蘖萌、，斫木復生枝也。 孽庶子。 涅染也。 捏手、，撚也。 撚指、。

齧咬也。 囓齒、物也。 臬按察司爲、司，又法也。 臲、卼，危也。 闑門限。 籋箝也。 糵麯、。

讞⿰氵獻從言者，以言議罪；從水者，議罪如水之平。

末本、，木杪也，又無也。 抹改、，塗也。 鮇魚、。 茉、莉花。 沫涎、，、水。 秣以穀粟飼馬曰、馬。 墨筆、。

默、、不言。 冒貪、。 脉脈筋、，血、。 霡、霂，小雨。 万、俟，複姓。 麥菽、。 陌阡、，田間之道。

貊貉夷狄也，安静也。 驀、越，忽然也。

結、成。 桔、梗，藥名。 袺以衣貯物，回執其衽。 拮、据。① 黠、慧。 孑孤、，又、、，特出也。 ⿰糸孑絲束。

①「据」原作「叫」。

【八七】

劫刦勢脅也，又、數，、奪。 絜清净也。 檫、榫，汲水之具。 潔、净。 揭、起。 莢蓂、，瑞中，刀、，豆、。

羯胡戎號。 訐斥人隱過，攻發陰私。 頰面、。 鋏劍把。 蛺、蝶蟲。 唊妄言也。 襭以衣貯物，而扱於帶間。

仄險、，與側①同，又平、。 昃日斜西也。 則助語，法、。 側反、，旁、，、陋。 磔裂也，剔也，張也，開也。 矺以石、物。

窄、狹。 舴、艋，小舟。 蚱、蜢，蟲。 摘、取。 謫貶、，罰也，責也。 責、罰，、備。 嘖煩言。 牘版也。

賾深也，雜也。 幘髻上巾。 簀床第之簟。

宅、舍。 測、度。 惻愴痛。 擇選、。 澤恩、，瑣②、，潤、。 蘀、瀉，藥。 策計、。 筴卜筮、。

賊盗、，、害。 蠈食苗節之蟲，赤頭，身長而細。 册冊、籍。 栅、門，寨、，編木爲之。 拆、開。 坼、裂，地、。

畟治稼、、。 簎擊也。

葉枝、，中、，中世也，奕、，纍世也。 鍱金鐵、也。 厭服也。濕意。 [illegible]穀秕同有。 咽哽、，悲塞也。 噎、哽，食時氣窒不通。

---

①「側」原作「測」。

②「瑣」原作「悄」。

* * *

餘餉也。　糧米久生、。　鮑醃鹽漬之魚肉。　曅光耀。　燁光明盛也，又電光。　謁請、，幹、。　暍傷暑。

頁書、。　蠮、蝓即蜾蠃名。　拽扯、。　閼歲在卯曰單、。　偞變、，容也。

叶協協和、，、和，音韻不舛。　脇、助，身左右腋、也，迫、，以威力恐人。　俠、烈。　挾、禁，、帶。　愜快足，如意。

纈繫結也。　頡、頏，相並也。　歇、息，安、。　蠍、虎，蟲。　猲短喙，尖也。　脅、肩，竦体。　搚、騙。

竭、盡，涸也。　碣碑圓爲、，又石持立者曰、。　揭揲負也。　朅去也，健也，武壯貌。　桀賊人多殺曰、。

傑杰豪、。　挈提、。　抾以手、物。　怯畏、，、懦。　慊快足也。　愒貪羨也。　篋箱、。　⿸疒去病劣。

色顏、，氣、，、慾。　虱蟣、。　瑟琴、。　璱玉瑩潔貌，又、碧，珠也。　塞窒、，不通，又填實也，又耳、。

嗇鄙、，吝、。　濇不滑也，澀仝。　穡稼、，種曰稼，收曰、。　⿰金歨脚、。　廝、打，、罵。　骰、子。

白明、，黃、，又生也。　帛布、。　魄魂、。　拍俯也，打也，又、扳。　珀琥、。　舶海中大舡。　鮊鱎、，魚。

【八八】

鈸鐃、。茇草舍。匐匍、，伏地。蔔蘿、。潑、水。撥伐也。⿰扌雹射中物聲。⿰口發妄語。醱、醅，酒名。

列擺、，又多也。烈酷、，功、。冽凍、，又水清潔。裂碎、，、開。劣醜、。埒並、，等也。鋝三十兩也。

⿰田寽耕田起土。捩紾也，又故相違也。獵打、。躐踐也，、等，踰跨也。鬣剛、，豕名，又馬、。

百數目。佰百人爲、。伯父之兄，又長也。柏、樹。迫驅、，窘、。擘巨、，大指。蘗黄、，蘗。北、方。

撥分、，、開。襏、襫，雨衣。缽盂、。蕟蓽、，香草。①

革皮去毛曰、，又曰、去。格感、，又至也，又、樣，法則也。挌鬪也，擊也，正也，止也。骼骨、。⿱⺮隔、子，以竹爲障。

隔鬲、斷。膈胸、。緙織也。

或疑而未定。惑疑、，眩亂。獲得也，又臧、，奴婢也。豁、達。活生、。畫限也，分也，計策也。劃以刀破物。

國、家，俗国。幗巾、，婦喪服。蟈螻、，蟲。括機、，包、。②聒、噪。适疾也。號國名。斡、旋。

---

① 『草』字原落。

② 『包』原作『也』。

＊＊＊

馘割左耳。 苦、蒦，即瓜蒦，藥名。

妾次妻。 截斷、。 捷急、，疾走也，又勝也。 踕足疾。 崨、業，山形。 緁縫衣。 諜口、，多言。 倢利也，便也。

切割、，迫、，一、。 絶、滅，、斷，又止之也。 竊盜、，、取，私也。 睫眉、，目邊毛也。 窃、恐。 婕、妤，女官。

黑、色。 核綜、，、桃，考、。 劾按、，彈、。 赫、、，高明顯盛貌。 嚇怒也，又以言恐人也。 覈考、，又慘刻也。

翮羽莖也。 諕驚也。 齕爵名，又人名，胡、。

滅威、絶，、熄，、没。 搣手分之也。 篾竹肉，削竹爲、。 蠛污、。 蔑欺、，死也。 蠛、蠓，小蟲。

接、待，受也，承也。 椄續木。 楫檝篙子。 睞目旁毛。 浹、合，相親厚也。 婕、妤，女官。 岊山高。

櫛梳髮曰、。 癤、瘡。 節、操，、制，時、，竹、，符、。 幯巾、。 楶梁之短柱，上承屋脊者。

客賓、，又寄也。 喀、嗽。 克能也，勝也，又克己，忌、，掊、。 尅忌、，、期，定約也。 刻時、，雕、。 楔、畫。

【八九】

徹通、，明、，均也，取也，收也。澈清、，水清。① 撤抽、，除去。轍車跡。硩挑摘也。掣、曳，同㨖。② [illegible]、哄。

涉徒行水中。[illegible]鈇、，金飾。踄足行也。揲以手數蓍。葉縣名。攝收、，兼、。[illegible]目動。懾懼也。舌口、。

折虧本，、本。設陳、，又假若之詞。歙縣名。

厄災、。扼持也，按也。軛轅端橫木，駕馬頸者。枙軛、。豟豕有力者。額頭、，扁、。

特獨也，但也，又挺立也。忒差也。慝惡之匿於心者。忑忐、，心虛也，怯也，懼也。③ 蟘食苗葉蟲，吏乞貸則生。螣蟲名。

別分、。撇拋、。瞥暫見也。鱉鼈團魚。④ 甓瓦器。蹩足跛也。女女人陰戶。丿左戾也。

勒刻、，泐仝。艻、刺。肋脇、骨也。[illegible]急行趕人曰、，赲仝。揲、蓍于指間。扐揲蓍、于指。搦撚也。

闊廣、，疎、，契、，又勤苦也。

德道、，恩、，福、。得、失。

---

①『清、』，『清』字原落。
②『㨖』原作『裚』。
③『忐』原作『志』。
④『團』原作『園』。

* * *

熱炎、。

跌、倒。① 擲、骰。

一數之始。 乙太、，星名，又天子名。 壹專、。 潱水流。 益增、，進、。 縊弔死。 溢滿、，洋、。 嗌哽、。

鎰二十兩。 益、母，中。 嬄女官。 鷁水鳥。 翼羽、，又扶助也，恭敬也。 䎈𦐂飛、。 翌明日。

翊輔、。 睪伺也，引也。 繹長也，思、。 懌悅也。 驛館、，、遞。 譯重、。 襗祭之明日。 嶧山名。

斁射厭、。 醳苦酒。 墿街道。 𩴪鬼使。 燡火光。 檍木名。 億十萬曰、。 臆胸、。

掖庭、，、持。 液津、。 腋肘、。 焲火光。 棭木名。 亦助語。 奕圍棋，、葉。 易換、，、經。

埸疆、。 焬火光。 蜴蜥、，蟲。 鳦燕子。 揖拜、，、讓。 抑逼、，屈、，遏、，損、。 挹酌也。 邑縣、。

悒憂、，不安。 浥潤濕。 唈氣短。 裛書囊，香襲衣。 𧚌儒衣。 逸軼縱、，安、，放②、，超、，逃、。

---

① 『倒』原作『制』。

② 『放』原作『吠』。

【九十】

佚遺、，安、。 泆淫、，放也。 洂精、。 妷淫、。 佾舞列。 熠、耀，微光。 煜火光盛也。 弋、射。

蚳蟲名。 弌古字。 杙果名。 酖酒色也，又甘也。 曳拖、。 覡巫、。 骪掌旁之骨。 叱聲也。

潩水出河南密縣。 臼按也。 馹館、，、馬。 釴鼎耳在外。 帟半帳。 夹即亦字，人之臂下。 芅羊桃也。

習學、。 褶袴也。 昔往、，前代也。 惜愛、，嘆、。 腊乾肉。 襲掩、，依、，承、，子承父爵曰、踐。

舄履也。 隰原、，下平曰、，又姓。 席坐、，筵、，草、，又姓。 恤卹憫、。 賉賑、。 侐清靜。 析分、。

蜥、蜴。 颸䬟、，風聲。 晰明、。 皙白色。 夕暮也。 汐海潮晚至。 穸窀、，墓穴。 蓆草、，又大也。

錫銅、，又賜予也。 焬干貌。 裼上身衣，又加于喪上之衣，又小兒之被。 悉皆也，盡也。 蟋、蟀，蟲。 戌支名。

膝足、，、下。 藤牛、，藥。 息喘、，利、，生、，消、，姑、，安、，嘆、。 熄滅火也，又蓄火也。 媳子之婦曰、婦。

瘜惡肉之人，臭息是也。

＊＊＊

即就也。又助語，又、刻。唧啾、，、噥。鯽、魚。蝍、蛆。積、聚，堆、。績勣紡、，緝也。襀襞、，衣間襞也。

蹟跡迹不、、不同道；足、，形、。磧砂、。癪小兒、肚。稷粟類，似黍而小，又穀神名。蹐跼、，恭敬也。

脊背、。鶺、鴒，鳥。蹐跼、，纍足而行，步之狹也。瘠、瘦。塉土、。畟進也，又器利之狀。

立建、，成、。粒顆、。笠箬、。苙白、。曆歲、。歷經、，練、。嚦鳥聲。瀝滴、，水將盡而餘滴。

癧瘰、，筋結瘡也。櫪樹名。⿰目歷、䁥，視之明也，又目轉也。藶葶、，藥。⿰風歷⿰風厤、，風聲。①霳霹、，雷聲。慄懼也。

櫪馬廄、也。力氣、，勇、。率彀、，彎弓之限。繂、繩。膟、膋，腸間之脂。②栗戰、，果名。溧、冽。

㮚何、，人名。瑮玉英華也。矞以錐有所穿也，又滿有所出也。繘汲水之索。遹回邪也。聿發語詞。礫山石。

律音、，又、令，又、、，均也。嵂、崒，山峻貌。櫟木似樗者，又梢也，掠也。瓅玓、，明珠色。轢車所踐。

⿰馬欠疾飛。酈地名，又姓。匿隱、。惄飢意。⿰亻水小便，又流、。溺仝上，、水。尼止也，《孟子》曰：『子或尼之』。

① 『⿰風厤、』原作『、、』。

② 『膋』原作『營』。

【九一】

霱瑞雲。 鷸知雨鳥。

十數之終。 什數以十計，又、物。 拾、取，收、。 食飲、，又、言，不踐言也。 餙修、，粉、。 蝕日、，月、。 溼濕湿俱潤。

失得、，遺、。 識知、，見、。、認。 室家、。 實寔俗实虛、，果、，又充滿也，又是也。

射、物。 釋僧也，又解、，、放。 式、樣，、法。 軾車前橫木可憑者。 拭扶也，揩也。 栻木局，所以推陰陽占吉凶者。

奭盛也，又赤色。 襫襏、，雨衣。 石山、。 碩大也，充①實也。 妬女無子也。 適俗適，往也，又安、，又、然，猶偶然也，女嫁曰、。

螫蜂行毒。 適同適。 隰陘地低下處。 鼫五技鼠。

尺丈、。 直正、，伸也。 值適、，逢也，又時、，價。 植種、，、立。 殖生、，又生財曰、，利。 敕天子之書曰、。

慹從也。 鶒鸂、，水鳥，毛五色。 遫張也。 飭整、。 擲拋、。 躑、躅，跳躍。 湜水清見底。

蟄蟲藏也，又驚、，節名。 赤紅色，又、貧，、子，、體。 斥呵、，面、，發怒也。 叱口罵也。 秩爵、，、序。 鉄縫也。

---

①「充」原作「光」。

* * *

抶笞打也。帙書衣，書卷。眏目不正。袠十歲爲、。姪侄叔、。彳難行貌。柣門限。

必、定。珌佩刀上飾。畢完、，、宿。蓽蓬、，小屋。篳甑、。熚、⿰火剌，火聲。蹕警、，止行人也。⿰木畢木名。罼網小柄長。

韠禮服。滭、沸，泉出貌。筆笔、墨，又述事而書之。逼、迫，、抑，緊、，偪同。愊悃、，至誠。

觱、栗，樂器；、發，風聲。煏熚、飯。辟君也，法也。鎞犁、。壁牆、。璧玉、。襞、積，殺縫。

碧深青色。躄跛也，不①能行也。薜茅屋。蓽蓬小。

執、持，拘、。縶繫絆馬足。職官、，主也，掌也。織經布也。熾火盛也。幟旗、。只助語。窒、塞。

桎刑足之具。蛭馬黃蜞。秷禾穗，又刈禾聲。郅至也。銍鐮刀。質資、，、樸，、証。礩柱下石磉。

陟登也。騭陰、。炙近火曰、。跖蹠足底。摭採取。汁漿、。隻單也。馽羈馬足索。

吉、慶，、凶。佶正也，又壯健也。拮、据，手口共作之貌。姞姓。咭、聒，喧鬧。給贍也，足也，又曰捷、。跲躓、，礙也。

①「不」原作「又」。

【九二】

急緊、，、迫。亟急也，數也。殛誅也。激感、，、勵。擊打也。級階、，等、，首、。汲引水，又不休息貌。

伋同急，又子思名。扱扱取也。岌、、，不安貌。笈書籍。鈒、醹，①酒器。戟兵器。棘荊②、。襋衣領。

劇雜、，又病重也。訖事畢之義。衋心憂悶也。暨、陶，宋仁宗時中進士，吳人、豔之後。

匹、配。疋布、，又仝上。鴄鴨也。辟、除，偏、，便、。闢開、。僻陋也，乖、，偏、，邪、，幽、，非、。

癖腹積病。霹、靂，雷聲。甓磚也。劈以刀開物。擗拊心也。躃踊、，跳也。澼洗也。擘巨、，手大指也。

弻魯之家臣劉、。弼輔、，助也，正也。愎剛、，、戾。苾、芬，香也。飶食③香。鼻口、。胇、肸，人名。

庫④有、，國名。

迪進也，順也，啟、，開發也。笛樂器，、孜。翟山雉，又姓。糴買谷也。趯躍跳也。籊長而殺也。覿見也。

敵抵、，仇、，敵仝。倜、儻，不羈。惕警、，又憂也。剔以刀去物。逖遠也，遏仝。踢、脚，、毬。狄夷、。

---

①『醹』原作『鑐』。

②『荊』原作『刑』。

③『香』原作『杳』。

④『庫』原作『痺』。

＊＊＊

荻蘆、。 睎失意，視也，、焉失所。 滌洗、，、除。

吸吮、，飲也。 檄、文，稱彼之惡，說此之善，曉諭百姓之書也。 隙空、，嫌、，釁、，郤仝。 綌粗葛。 赩大赤。

翕合也，聚也，盛也。 肹響布也，盛作也，如蟲起而多也。 虩恐懼貌。 汔水涸盡，又幾也。 鬩鬥也，訟也，戾也，怨也。

闃幽靜。 覡女巫曰、。

七數目，柒仝。 疾、病，、惡，又急也。 蒺、藜，蘗。 嫉、妒。 鏃、鏤，鐵撾。 籍書、，又、、語聲。 漆水名，又油、。

桼膠、。 寂、寞，、靜。 戚親、，、斧。 慼憂、。 刺以針、物。 集聚、。 緝績也，續繼也。 咠譖言也。①

葺覆蓋也，修、，治也。 戢輯斂、，止也，和、。 濈和、。 耤狼、。

的、確，射、。 菂蓮中子也。 玓、瓅，明珠色也。② 靮馬籠也。 滴點、。 鏑鋒、。 嫡正妻之子。 適仝上，專主也。

蹢獸蹢。 甋甓也。 弔至也。

---

① 「譖言也」，原文「譖」作字頭，無釋義。

② 「瓅」原作「樂」。

【九三】

逆不順也，又迎也。　嗌嘔、。　迄至也。　仡、、，壯勇貌。　訖止也，盡也。　屹山高。　矻勞極也。　圪高貌。

竝立也。　鶂、、，鷙聲。　鶃水鳥，舡頭畫之。　鷁仝上。　艗舟也。

窖密秘、、，稠、。　蜜蜜蜂、。　覓尋、，求也，索也。　漞、羅，水名。　謐靜悟也，安也。　冪遮面之衣。

日、月。　入出入，進也，納也。　馹驛傳，遞馬。

及併、、，、至。　芨白、。　吃喫食也。　乞、丐，求也。　泣無聲出涕。　蛣、蜣，蟲。　詰問也，責也，又明旦曰、朝。

劇煩、、，又戲也，增也。　屐木、。　極至也，窮也。

叔兄之弟也。　淑美也，善也。　菽豆之總名。　俶始也。　婌女官。　倏、忽。　孰誰也，何也。　熟生、。　束縛、。

塾門側之堂。　蜀巴、，四川。　(艹蜀)中名。　屬属附也，類也，官僚部曲曰、。　贖用價取回曰、，又納金免罪曰、。

欲願、，情、，又將也。　慾嗜、，淫、，貪、。　育養、。　欶吹氣也。　鬻賣也，養也，又獯、，北狄名。　毓、養。

* * *

浴淋、，洗身也。 **峪**山谷。 **郁**、、，文盛貌，又馥、，香也。 **澳**水涯内曰、。 **墺**地近水涯。 **燠**煖也。 **昱**日光。

煜火光。 **薁**、李，果名。 **鴿**鵓、。

伏收、，俯、。 **茯**、苓，藥。 **袱**包、。 **服**衣、，佩、，降、，、習，、事，、藥。 **福**、禄，又祜也，祥也。 **菔**苦、，即蘿蔔。

鵩鳥名。 **幅**裙、，布帛廣也。 **蝠**蝙、，翼鼠。 **輻**、輳，聚集也，又車、。 **復**重、，反、，白也，報也。 **腹**肚、。

複重衣。 **覆**反、，又敗也，倒也，窮也，審也。 **馥**芬、，、郁，香氣也。 **蝮**、蠍。 **虙**姓。 **复**①行故道也。

逐驅、。 **蓫**羊蹄菜。 **蹢**躑、，不能行貌。 **觸**感、，、犯，抵、。 **歜**氣盛怒也。 **躅**仝蹢，今字。 **軸**車轂卷、。

妯、娌，兄弟之妻。 **舳**、艫。 **柚**杼、，織具。 **畜**、牲。 **束**約、，粧、。 **矗**聳上高起也，直也，齊也。

讀誦、。 **犢**牛子。 **瀆**溝、，又江河淮濟爲四、。 **瀆**冒、，、擾。 **匵櫝**匵也。 **牘**簡、。 **瓄**玉名。

讟怨、，謗也。 **嬻**、媟，慢也。 **黷**、武，常行而玩，頑也。 **隫**通溝也。 **殰**胎敗也。 **髑**、髏，白骨。 **獨**單也，又幽、。

---

① 「复」原作「夏」。

【九四】

独仝上，俗字。　[艹獨]、活，藥。　毒狠、，、害。　[飠毒]、氣害人。　[疒毒]瘡、。　默、狢，如虎而豕鬣。

速急、，又召也。　遬謹而不放。　蔌、菜，又、、，陋貌。　樕樸、，小木。　餗鼎中之物。　觫觳、，恐惧。　謖興起也，又人名，馬、。

[鼻束]、鼻聲。　縮退、，收斂也，又直也。　[禾宿]苜、，中名。　蹜舉足促狹。　[石宿]、砂，藥。　簌篩也。

木樹、，又質樸。　沐濯髮也，沐浴。　痳麻、，俗字。　霂霢、，小雨。　穆清、，又昭①、，廟序也。　繆名與實爽曰、，又同上，又姓。

目眼、，節目。　睦和、，親、。　苜、蓿，中可爲菜。　鶩《左傳》：『公膳日雙雞，饔人竊更之以、。』　楘車歷録束文也。　牧、養。

禄俸、，利、，又回、，火神名。　碌庸、。　[目鹿]瞖、，目珠輪轉。　醁醽、，美酒。　録齒、，收、，記、。　騄、駬，駿馬。

[車彔]車聲。　鹿獸名。　漉濾、。　麓山之足。　轆、轤，汲水之具。　[月鹿]腹鳴聲。　簏竹篋。　摝振也。

甪商山四皓有②、里先生。

六數目。　陸高平曰、，又姓。　[艹陸]蓄、，根曰常山。　稑穜、，後種先熟曰、。　蓼中長大貌。　戮殺、，、辱。　勠併力。

---

① 『清』原作『渾』。

② 原作『商出門皓有、里先生』。

* * *

緑青黄間色。菉、豆。籙圖書符、。籙竹、。醁、醽，酒名。菉茴、。録抄、，目、。忸、怩，慚色。

谷山、。穀米、。轂車、。瑴雙玉。縠縐紬。榖木名，、樹。告言也。梏桎、，刑具。

嚳古帝之名。鵠黄、，鴻、，又小鳥，又射之的。

竹木、。竺天、，西域國名。築修、。筑似琴樂具。祝、贊，又姓。柷樂具。梲土樂。粥飯、。

燭俗烛燈、，又照也。蠋桑蟲，如蠶。囑叮、。矚視之甚也。劚乞也。窋后稷之子，名不、。

肉月骨、。辱玷、，恥、。蓐陳中復生，又中薦。縟繁采，又細也。褥被、，裀、。溽酷暑。鄏郟、，地名。

衄刀傷也。衂鼻出血也，又同上。衄鼻出血。

哭泣、。

僕奴、。撲扑、滅，擊也。蹼跌、。幞、頭，紗帽。樸棫、，木叢生貌。① 襆、被，粗、。② 璞玉在石中。曝曬也。

---

① 「棫」原作「域」。

② 「粗」原作「粉」。

【九五】

濮、陽，水名。瀑涯上飛泉。襮繡黻爲領，朝服裏衣。①暴、露屍骸，又仝曝。朴質文，同樸。

菊、花，又姓。掬撮也。踘蹴、、，今之戲毬。匊兩手奉物曰、。鞠、育，、養。諊、問，又盡也。匔小也。

鋦麴姓。檋檋禹山行所乘也。

促催、、，偪、。蹴、蹋，又不安貌。踧、踖，恭敬不寧貌。蹙顣逼、，頻、，愁貌。數密也。

旭日初出貌。勖勉也。畜止也，養也。慉養也。蓄、聚。頊敬謹貌，又古帝顓、。

曲心、、，部、、，彎、，委、。麯造酒之、。局、面，、外。跼偪、促，不②曲伸也。

斛斗、。蔛石、、，藥名。觳、觫，恐惧貌。酷貪、。焅旱氣。

族宗、。蔟蠶、、，聚也，攢也。簇小竹。鏃、頭。

卜③占、。不非也。暴日乾也，又顯示也，曝仝，又、露，、日。

---

①「朝」原作「月」。

②「曲」原作「目」。

③「卜」字原落。

＊＊＊

篤、厚。 督、責，、率，都、。 启、髀，臀下竅也。 豚仝上。 砉落石聲。

夙、昔，又早也。 宿住、。 肅敬、。 鷫、鷞，神鳥。 驌、驦，長馬。 俗風、，粗、。 續繼、，相連也。

栗俗粟米、，嘉穀實也。

足脚也，又豐、，滿、。

玉寶、。 鈺堅金。 獄牢、，囚、。

屋、舍。 沃灌溉。①

决、斷，判、。 訣法也，、絕。 玦环之不周者。 ⿰弓夬著于手以開弓者。 抉挑、，出也。 觖、望，怨望也，不滿所望而怨也。

鴃即子鴃鳥。 厥其也。 蹶跌也。 劂剞、，劂刻也。 蕨屮名，又、筭，、粉。 獗猖、。 鐍環有舌者。

割、斷，、舍。② 蓋姓。 合、夥，升、。 閤、皂，山名，又內小門。 蛤、蚧，蚌屬。③ 韐韎、，戎服。 敆會集也，並也。

①「溉」原作「慨」。
②「舍」原作「布」。
③「蚧」原作「炯」。

【九六】

鴿、子。

盒、盤。合同也，會也。盍何不也。嗑噬、，卦名，又食也。闔閉也，又閶、，又門名。曷何也。喝怒聲。

褐毛巾。熆、熠。欱大歠。

納輸、，收、。吶、喊，又不善之、口。枘圓物。衲補、，、衣。妠始、。軜驂馬內轡繫軾前者。捺按、。

曰語也。悦喜、。閱批、，、曆，閾、，宦家。鉞鈇、，軍器。越超、，過、，又國名。粵於也，又廣東爲、。

闕宮、。橛木樁也。闋止也，樂終曰、，服終曰、。掘穿地也。缺、器，破也，又、少。蚗蛚、，雷師。

拙愚、，功、。棁梁上短柱。罬捕鳥之具。惙、、，憂也。諁多言不正。輟已也，止也。綴聯也，又舞列也。準鼻頭，漢高祖隆、。

月日、。刖割也。跀斷足。軏車轅端橫木。

撮取也。繓結也。蕞、爾，小貌。

* * *

渴口乾，又盡也。 瞌、睡。 瞌眼、。 磕、頭。

掇採也，取也。 裰補、。

血、脈。① 穴土室也，又窟也。

奪搶、，強取也。② 脱、落，、畧。

雜錯、。 褋五彩相合。 趡疾走。

刷根、，尋究也，又糊、，掃、。③ 鞁輕舉貌，又中履，小貌，履也。 颯朔風聲。

遏、絶，、止。 頞鼻樑。 姶美好也。 盦覆蓋也。 閇止也，塞也。

捋掇取也。

啜歠飲、。

---

①「脈」原作「麻」。

②「搶」原作「倉」。

③「掃」原作「姜」。

【九七】

説話，論、、解、。

達通、。　撻鞭、，打、。　澾滑、。　闥小門。　韃、靼。　塔物墜聲，又實、，浮圖也，又雁、題名。　墶低地。

榻床狹而長。　闒、茸，猥賤也。又樓上户也。　溻濕也。　蹋踏踐、。　遢邋、，不謹事。　劼用力也，固也，勤謹也。

沓怠緩意。　轄車軸。　漯水名。　獺水、。　鞈鼓聲。　噠以口就念。　黠、慧，又堅黑也。

甲干名，又介蟲曰、，裡、、、胄，又草木之莩也。　胛羊、，、縫。①　扴指搔、物。　夾、輔，左右扶持，又相兼也。　郟、鄏，地名。

戞長矛也，又擊也，轢之也，又法也。　稭禾稾去其皮，祭天以爲席。　秸三百里納、服。　恝無愁之貌。　袷衣无絮也。

答問、，應、，報、。②　荅仝上，又小豆也，又渠、，鉄蒺藜。　搭回、，掛、，附也，依籍于人曰、。　褡貯衣物。　妲紂之妃。

跆跛行曰、，脚孜。　靼韃、，北狄捴名。　詚兜、，不静。　黚黑而有白。　怛惻、，慈愛。　笪織竹以覆物者。　噧口、。

搨手打。　蹧足趺。　鐺、鉤。

---

①『羊』原作『干』。

②『問』原作『門』。

＊＊＊

殺誅戮也。 綴衣、、裙、。 薩菩、。 趿足踏鞋也。 靸、鞋。 撒揮散也，撩仝。 箑扇也。 霎小雨，又雨聲。

翣棺飾也。 颯朔風也，又風聲。 卅三十也。 煞收、、神。 歃盟者以血塗口旁曰、。

洽浹、，周徧也，又和也。 祫合祭也。 峽山夾水也。 狹、隘。 狎、玩，親近也，又習也。 柙俗匣藏獸檻，又匱也。

瞎目無明也。 舝車軸頭鐵。

法、度，方、，效、。 伐征、，斫、。 筏竹、，渡水之物。 閥、閱。 發典、，遣、，、則，、明，又啟行也。 髮頭、。

乏無也，承、。 罰刑、，責、。

臘歲終也。 爉火氣。 蠟蜜、。 邋、遢，行不正貌。 辣酸、，味辛也。 拉招、。 喇、叭，樂器。

⿰目剌①目不正也。 剌僻也，仄也。 囒齧骨聲。

扎收、，紥仝。② 札簡、，夭、。 匝周、。 睫目合也。 劄、子，唐人用以奏事。 茁、壯，肥貌，中出地貌。 皶皺、，皮老。③

①「⿰目剌」原左從「貝」。
②「紥」原作「教」。
③「皺」原作「亦」。

【九八】

眨、眼，目動也。 嘱齟、，噍聲。 達疾行貌。 吃豕食聲。

察考、，省、。 擦、摩。 刹梵、，佛寺。 插栽、。 牐開城門具，又、版。 臿輕舂也。 鍘以刀切草具名，、刀。

涵、濕。 扱收也，取也，獲也，引也。 鍤鍬也。 歃歠也。 閘、版，同牐。 喢哆言也。

鴨雞、。 押簽、，管、，、韻。 哈魚動口貌。 揠拔也。 壓、倒，鎮、。 歺殘骨也。

拔抽也，取也。 跋、涉。 魃旱、。 茇屮舍，又屮木根。

穵手、爲穴。 襪足衣。

八數目。 捌同上，又破裂之聲。 叭喇、，樂器。

恰、當，、好。 掐爪、物也。 髻頭生白瘡，後無髮也。 鬝仝上。 殎枯、。

滑、利，、澤。 猾、亂，、狡。

* * *

刮、削，又摩也。

佛西方聖人之名。 弗不可，不然。 佛髴彷、。 茀草多。 拂、逆，、拭，、除。 沸鬻、，泉湧出也。 咈、戾，不然。

艴怒色。 紼引柩索。 紱印組也，又朱、，朱裳也。 帗列五彩繪爲之，有柄，祭祀舞者執而舞之。 甶鬼頭。

祓祭名，除災求福。 韍黼、，蔽膝之服，以韋爲之。

域疆、，山川之限。 棫、樸，小木。 魊鬼、。 閾門限。 罭網也。 淢城溝。 緎裘之界限。 熨、貼，、斗。

役、使，工、。 炈㮚灶窗也。 欝俗鬱、、蔥蔥，佳氣。抑、，、結，滯也。 鬱芳中合釀之，以降神曰、鬯。

苑茂盛貌。 疫瘟、。 爩煙氣出貌。

孛星名。 荸、薺。 勃、然，變色。 浡、然，興起。 渤、海。 焞煙起貌。 悖強也，狠也。 綍綸、。 㪍混亂。

勿不也，禁止也。 物事、，、件，又相度也。 沕、穆，深微貌，上古之風。 核果中實也，俗音黑。

【九九】

屈撓、，曲也。 絀屈也。 詘枉曲也，又辭塞也。 倔、強。 崛勃起曰、起。

突卒然相見曰、，仝下。 揬搪、，不遜。 秃無髮也。 凸高起。 腯肥貌。

忽、倏，輕、，、忘。 笏人臣手所執者。 囫、圇。 颮疾風。 欻風有所吹。 紇孔聖父叔梁、。 齕齧也。

率統、，又皆也，署也。 啐怒也。 蟀蟋、。 䶠鼻聲。 衛、性之謂道。 帥先導也，又同率。

述繼、，著、。 朮白、，蒼、，皆藥名。 秫稉米。 術、数，道、，心、。

出、入，又生也。 黜貶、，又、陟。 怵、惕，不忍。

骨、肉。 汩亂也，没也。

橘、子。 譎詭、。

窋將出穴貌，又空也。

* * *

裔 熏入聲，驚遽也。 鷸 知天將雨鳥。

咄 敦入聲，呵叱也。 柮 榾、，短木。

窟 孔穴也。 矻 、、勞極也。

洫 溝、，田間水道。

訥 嫩入聲，言鈍也。 肭 、壯，肥也。

猝 倉遽也。 扨 摩、。

卒 兵、，又死也，終也。 䯿 髻也。

没 沉、，終也，死也。①

兀 高貌，又、然，不動也。 杌 檮、，凶獸名。 𠆩𩟭 、，危也。 卼 臲、，危也。

① 原釋文后重出「終也」二字。

【一百】

樂音、，又姓。 咢、、，又徒擊鼓也。 蕚花、。 鶚、鳥，性好峙立。 鄂地名，又驚、，失色。 齶齒內上肉。

諤直言。 愕錯、，驚遽也。 噩嚴肅，渾、。 鱷、魚，食人。 惡善、。 堊粉壁曰、。 嶽山、。 岳、父，又仝上。

鷟、鸑，鳳屬。 喔咿、，雞聲。 齷齪、，齒相近也。 握持也。 幄帷、。 渥霑、，又音沃。

薄不厚也，又姓。 礴滂、，混同貌，又廣被也，充塞也，又盤、，閑定貌。 簿簾、，蚕、。 欂、櫨，柱上柎也。 扑推、①也。

朴質、。 烞爗、，竹火聲。 粕糟、，酒之渣。 泊舟依岸曰、，又飄、，流寓也，淡、，恬静也。 箔簾也，又金、。

魄落、，不得志也。 亳、州，地名。 樸、素，質、。 璞玉在石中。 雹雨冰也。 擈擊物之聲。 墣圤土、，簾也。

洛、陽，地名，水名。 落墜、，零、，又宮室成或曰、。 ⿱竹洛籬、，以竹爲之。 硌磊、，石貌，又、、，石堅不相入貌。② 笿籠、。

烙、鉄，炮、。 絡聯、，脈、，筋、。 酪、酥，乳漿。 雒鎬、，地名。 馲驝、駝，能負重。 ⿰酉槖酒、。 樂喜、。

擽打也。 蹃脚蹂物也。 諾許、，應詞也。 犖駁、，牛雜毛，又卓超絶也。 駱白馬黑鬣，又、駝。

---

①「推」原作「雖」。

②「相」原作「根」。

＊＊＊

託托寄、，又信任也。 飥餺、，餅也。 袥内衣。 瑰落、。① 魄落、，不檢。 鐸大鈴，木、。 籜筍皮。 度忖、，料、。

蘀中木所落皮葉爲、。 柝夜行所擊者。 槖囊、，無底，今人纏腰下者。 踱跣足蹋地。 拓手承物也，又、落，不偶也，、拔，夷姓。②

各、自，分也。 閣樓、。 擱眈、。 角頭、，隅、，又較量也。 觕犄、。 桷椽方曰、。 确、鬭，爭勝負也。

屩麻履也。 榷橫木渡水曰、。 覺發、，知、，、悟。 玨二玉相合爲、。 較獵、，又直也，又著明也。

昨、日。 柞木有刺者。 錯、悮，交、。 鑿斧、，穿、，精、。 濁混、，不清。 濯洗、，又鮮潔貌，又肥澤貌。

擢拔、，舉也，用也。 浞寒、，古之讒人。 齪齷、，急促局狹貌。 籗罩魚器。 鷟鸑、，神鳥。 怍愧、。 謈詈也。

約要、，貧、，簡、，儉、，、信，、束。 礿薄也，春秋祭名，禴同。 瀹疏通也，又清也。 籥樂器，似笛，三孔而小。 籲疾首號呼。

鑰匙、。 藥治病之物。 篗俗籰收絲之器。 躍跳、。

作興、，、立。 卓、立，高、。 倬大也。 棹欙、。 琢、磨，又敦、，選擇也。 椓叩、，擊也。 涿流下滴也，又郡名。

---

① 『瑰，落、。』當爲衍文，『瑰』當作『魄』。

② 原作『手承物也，又要，不偶也，技，夷姓』。

【百零一】

啄鳥、食。　錖擊也。　斮斬也。　諑譖也。　斲斫、。　捉捕、。　晫明盛。　浞寒、，人名。　踔、絕之行。　焯光也，爍也。

莫無也，不可也。　幕帳、。　摸撈、，、搽。　漠邊地曰沙、，淡、。　膜肉間皮、。　鏌、邪，劍名。　寞寂、。　⿱竹莫竹、。

瘼病也。　邈遠、，渺也。

酌斟、，又取也，又參、，度量也。　灼昭明也，又燒也，又、、，花盛也。　妁媒、。　灼、爍，屮木花色盛貌。　斫斬、。

著着服也，置也，附也，特、。　繳以生絲繫矢而射也。　勺樂具。

博廣、，大也。　餺、飥，餅也。　髆肩、。　鎛田具，樂、。　⿰齒尃齧物之聲。　剝、落，、削。　磗石、，岸也。　駁、雜。　爆火裂。

襮、領。　搏手擊也。

確堅、，的、。　殼皮甲也。　愨謹、，善也，誠、，願、。　椃枳、。　毃擊首①也。　鷇鳥子欲出者。　恪端、。　鷇②鳥卵。

鶴鳥名。　涸水竭也。　壑坑也，谷也。　貉狐、。　熇熾盛也。　翯鳥羽潔白。　郝人姓。　學讀書，、習。

---

①『首』原作『道』。

②『鷇』原作『豰』。

* * *

脚足也。蹻中履。矍、爍，神氣健也，又地名，孔聖習射之所。攫以爪搏物。钁、頭，鉏田器。躩足盤辟貌。

索繩、，衰、。朔、望，又北方名、方。槊矛屬，矟同。①數煩、。㨫摸、。綀仝索。

霍國名，又姓。癨、亂，嘔病。藿豆屬，香中。穫刈禾。擢揮、。搖手曰揮，反手曰、。矐、睒，電也，又音汪入聲。縛、束。蠖、蟲。

杓用以戽水。芍、藥。爍灼、，花盛也。鑠銷金也。

爵、位，又酒器。皭白色。爝火炬。雀小鳥。

畧簡、，忽、，大、，大約也。掠刼奪也。

擴张大也。廓宏大也，又开、。鞟皮去毛也。

虐暴、。瘧、疾。寒熱相攻。箬、笠，篛仝。蒻蒲、，蒲初生之心曰、，老可爲席。

勺量名，十抄爲一勺。綽寬也，緩也。淖、約。繳、射。

---

①「矟」原作「稍」。

【百零二】

鵲喜、。 碏①恭也。 嚼咀、。

郭外城，又姓。 槨棺、，䃐仝。

削刮、，又、弱，剥、。

若似也，又汝也，又順也。 弱怯、。

卻俗却退也，不受也，又、步，不前也。

學俗斈、習，又效也。 謔戲、。

椓當入聲，擊也。 沰滴、。

---

① 『碏』原作『唶』。

增註辨字摘要

增註
辨字摘要
富華圖書館
印行
李白猷寫赫
蠻詩
書

要平聲卷一

八九十十十二十三十二十二十四十三十五十四十五十五十六十六十七十七十八十九二十二十廿一廿一廿二

黄几章俄靈周消高基因山加

廿八廿九廾九廾九廿九三十三十卅一卅一卅一卅二卅二卅二卅三卅三卅三卅四卅四

口奢工慈台余由崖爹夫姿朱云才員

鹽烹尖庚烟邊一撑官坑千愆贇崩偏恩仙括徽寬覘踠顛二

亨登華○皆釵乖齊揩騃歪麗○盤萌炎乾行三弘連田岑蟬緜胼壓賢

然稜言前四丸旋○峻磋柯阿科窩波坡戈哥多呵拖○奇五夷葵黎雷

持槌為提六眉梅回宜兮皮尼齊時肥頽摧垂七隨危○陶毫毛曹勞袍

敖○黄八羊忙芒唐郎良常旁杭詳薔攘長王狂昂强○藏良房○凡談

蘭還殘閑蠻顔○章相十一倉綱薑莊當央匡霜商鏘邦昌光方十一湯汪鄉

荒將滂康○俄駝羅婆摩禾河和○靈十三平辰名琴丞十三盈廷吟形情八

句○周秋憂休修鳩丢十四邱收抽啾○消標捜焦囂貂刁夭桃嬌飄十五蹺

謳勾招兜樞搊超鍬偷燒○高叨搔臊䯄蒿遭十六刀敲凹包抛撓操猱○

基希笞知十七丕衣溪西尸妻梯低畀疽奎圭十八威非雖追崔吹灰○推堆

○因珍箴精十九遵今辛兵青申稱欣卿聽丁砯○山二十番間丹灘餐扳班

○彎關做喈○加蛙巴沙廿二丫又咱瓜呀嗟花誇遮他車鰕葩奢髽○甘喧

安廿二涓寃專堪酸端川參簪貪憨圈○同容蒙壠廿二龍朋窮紅逢農顒熊
崇蟲戎從○遥調寥廿四謀朝婁喬苗樵熬浮韶侯投愁饒堯瓢○熏廿五分屯
坤昏君敦孫奔氳春村尊禅温傾吞○胡廿六盧扶徂徒吾蒲無謨○茶華
牙爺杷麻廿六伽遐拿邪蛇○工封中充雍忽宗松兄空通廿八翁烘聾蹤冬
○慈祠○台鰓開裁哀該○余渠廿九如除魚殊○由求流囚柔綢繆牛三十
○崖柴排懷埋鞋○爹些靴○夫姑蔬烏初粗呼三一鋪都枯○娑司雖○
朱虛居書區於三二姝○云倫焚純文門羣魂存盆豚○才來三三臺孩呆○
員拳元寒團鸞玄傳蠶三四

辨字摘要上聲卷二

一一二二三四四五六六六七八九十十十十十一十二十二十三十三十四十四十五十五十五十六十六十七十七十八十八

子宇李免友往斗丙古馬米保覽采遠勇永乃
子史此○宇主女許舉耳暑處一去○李誘蟻止起以斐矢比二屢米洒
哨揣痞已侈毀乳餒鬼水跪取腿三你體喜泚氏○免遣衍莞肯宛鮮四
冉冷臉取忝輦管顯狠滿匾儼典省淺閃諂五剪展欵等怎跣○友紐九
紀帚柳手丑朽酒桼○往六養爽恍訪掌榜康莽黨敞倘享强獎曩搶賞
講廣七仰敞想兩壤流○斗杳渺鳥皎苟剖偶某叟漂八吼否沼表走擾
簍悄小少曉罷口剿了拳帚○丙整九閔景穎引忍頂領審挺請品悻醒

井十逞○古府母武曾祖普靚五若所楚一十虎土補○馬寡假把雅打厦
耍槎搖鮓野且扯惹捨寫二十者咀○果裸挫瑣朵跛頗荷娜妥顆火我左
可○保好稿三十早倒老巧襖嫂草討卯○覽亶簡喊反斬刻板産四十赧眼
橄晚綰坦○采愷藹改宰海蔓○遠敢坎暖鉉犬罕五十阮噴舛轉纂短卷
愴撰楷○勇拱冢總懵懂揀寵捧六十桶冗焇哄孔恐龍酗○永衮窘捆本
盾項忖刎粉七十準渾蠢損本○乃駭夬派解買洒楷矮歹擺跐八十

辨字摘要去聲卷三

一二三四五七八十十一十二十三十四十五十六十七十八十九二十二十一二十二三
二三四六八九十十二十三十四十五十六十七十八十九二十二十一二十二二十三

聖代咏地位丈善豆坐父介駕但動汗士裕道右
聖在敬正印近聘秤信盡一晉祲命併吝迎訂定釁○代害咳愛賫蓋帥
在二再戴艾○咏忿鈍問混巽舜頓訓閏郡困論三遴寸悶棍圳楸○地
志利意四被世氣義五計係治閉寐祭費帝細壻六○位惠歲罪内貴愧
瑞七退隊鋭最對僞泥○丈蕩帳狀亢巷旺八當向降誑縱亮況釀樣讓
象誘壯放匠浪上喪傍醬九叠○善練薦殿片奐貫念賤恨十欠店現泮
羡厭縺凳戰甑贈硬滲面半孟一十凌徧埂見○豆冓料跳茂奕叩俏二十要
陋召瘦奏漚紹尿照弔俵醮皁笑叫票廟竅閙○坐三十惰剁貨破播過臥
磨箇暋左課懦○父户故四十務素步杜助路悟慕布庫妬○介蔡械五十賴

入聲

辨字摘要入聲卷四

辨字摘要平聲卷一

天｜地 飆 蒐古字 先古字 添｜加 酟和也

曾人姓 ｜否 增｜添 重也 憎｜嫌 惡也 矰｜繳 射名 繒｜帛 罾網｜ 䎖飛也 舉也
鄫國名 箏樂器 爭｜鬥 ｜辨 猙｜獰 山獸 琤玉名 蓁美盛貌
榛木名 臻至也 砧正音斟擣｜石也 今人用作｜板

占卜｜ 沾 霑｜惹 ｜濡 毡 氈毛物 ｜条 饘 飦粥也 鸇 鶵鷙鳥 邅
｜迍 栴｜檀 香木 詹多言也 至也 省也 給也 又與占同 又姓 旃之也 又旗曲柄 旜勉｜ 勤也 鱣
｜魚 譫多言也 瞻｜視 ｜望

生｜長 鉎｜ 牲畜｜ 犧｜ 笙簫｜ 甥外｜ 甡衆｜ 並立 又多也 森｜然 木盛 參古｜
葠人｜ 藥名 鬙鬅｜ 髮亂 莘有｜ 地名 狌金｜ 色 僧和尚

堅｜固 ｜牢 肩背｜ 又任也 幵禮聖妻姓 汧水名 鈃鉄器似鐘而長頸 豣三歲之豕 兼
蒹｜葭 草名 縑絲也 鶼比翼鳥 搛夾持物也 緘｜默 三｜其口 又束篋縢也 索
也 封也

烹煮｜ 抨俗｜ 拼以手調物 又｜棄 怦｜｜心急也 潘人姓 胼 膨腹中｜脹 荓
使也 澎｜湃 水聲 砰 磅｜磅 石隕聲 抨 古 [illegible]牛駁如星

尖｜利 ｜小 杄木｜ 箋｜簡 牋｜帖 鐫刻字 錢姓 又｜彭祖 湔｜滌 洗手 [illegible]
煎炒｜ 以火銷物 殲微也 盡也 又刺也 滅也 濺水名 又水至也

庚年｜ 又干名 鶊鶬｜ 鳥名 更｜換 ｜漏 秔稻之不黏 賡｜颺 ｜和 根｜苗 ｜本 跟足｜
跟｜ 隨 耕｜種 ｜田 羹湯｜ 美也

煙俗 烟古 烟 煙火氣 雲氣 淹｜溺 堙上城具 又塞也 奄｜忽 留 同淹 咽喉｜ 臙
胭｜脂 燕國名 閼｜氏 單于嫡妻 焉何也 豈也 安也 鄢邑名 又姓 嫣美貌 又｜然一笑 又
音偃 人名 閹｜宦 太監 醃以鹽｜物 饜 饜足 飽足 懨 懕 懕安也 好人 安詳之容
湮｜沒 又塞也 沉也 落也

邊｜塞 ｜旁 籩｜豆 竹豆 蝙｜蝠 飛鼠 編｜列 ｜簡 鯿｜魚 鞭 古 㝸馬｜ ｜策

撐｜船 牚斜柱 俗用撐 掙｜持 崢山｜ 山 琤玉聲 錚金聲 睜目｜ 開視 鐺金屬 有耳
瞠直視貌 ｜若乎其後

官宦｜ 倌｜人 主駕者 棺｜槨 ｜木 肱股｜ 手也 冠衣｜ 觀 覌｜看 又音貫 觥
酒器 兕｜

央中｜ ｜求 泱｜｜水盛貌 又宏大之聲 秧禾｜ 殃禍｜ 柍屋中央也 鴦鴛｜ 好鳥 䬬腹中｜
食飽 鞅心中不快 鞅馬頭革也 又｜掌 又仝怏

匡｜正 筐｜篚 眶眼｜ 恇怯也 劻｜助 框門｜ 誆｜騙 茞草名 羌胡｜ 强也
蜣小螂也 腔俗 羫骨體曰｜ 又｜調

霜雪｜ 孀寡婦 驦 騻驌｜ 良馬 鸘 鷫鸘 ｜西方神鳥 雙成對 喪死｜ 桑｜木
扶｜ 日出之所

辨字捷徑 平聲 一

商丨量丨酌國名謫同　蔏丨薩根曰當山　螪丨羊　傷丨損　殤丨殀死曰丨　觴酒杯

鏘鏗丨玉聲又鐘鼓聲　蹡丨蹌丨行不正也　蹌趨丨　鎗　槍刀丨　謒丨罵輕語　斨方銎斧也

邦丨國丨家　梆丨敲　榜丨兩船同行曰㨦丨盜曳船行曰抽　䩜丨鞋　幫丨襯　幚擗丨衛　鞤皮治鞋履

昌大丨　菖丨蒲　倡丨優　娼女樂丨妓　猖丨狂　閶丨闔門也　倀無見貌丨丨乎何之

光明丨　桄丨榔木名　洸水湧貌又武貌　胱膀丨水臓　珖玉名　僙武貌

方法丨比丨圓　坊丨廂地　枋丨梁又木名　芳芬丨香也　妨丨無丨碍　祊祭西方也　肪

日和明也始也

湯丨水又商王名

汪丨洋也浩瀚也　尩丨羸弱也又病也

鄉　香丨馨　鄉里丨　膷丨膷

荒丨蕪丨廢又大也　慌丨忙　肓丨膏丨心上膈下

將欲然之詞又送也　漿米汁

滂大雨丨沱　磅吽丨石隕聲　瘩腹脹病　鼕鼟鼓

康丨安　糠　穅米之皮

俄丨頃一刻　娥美女　峨嵯丨丨嵋山高　莪菜類　哦吟丨　蛾蚕虫　鵝丨鴨　訛

吪傳謬也　囮譯也傳四夷及鳥獸之語又鳥謀誘鳥曰丨

駝駱丨　佗丨人也委丨丨雍容自得之貌　沱滂丨大雨　跎蹉丨不遂意也　酡酒醉　駝丨背　迤

逶丨行貌　陀陂丨不平沙丨夷姓阿彌丨佛　鮀鯢丨魚名　砣碾輪石也　鼉黿丨海虫　䭾章丨神名

紽縫也

羅綾丨網丨丨列漢丨　蘿藤丨女丨薜丨丨葡　籮竹器米丨　鑼銅丨　囉嘍丨　灑淚丨屋沒水處

騾馬丨　螺田丨　腡手指紋　氌丨毛織者　儺驅疫丨儺　挪捼丨移　那

大也何也多也

捼俗　挼丨莎一曰兩手相切摩

婆老母丨婆娑舞貌　蔢丨蔢草木盛貌　皤老人白髮　鄱丨陽縣名又鄱陽湖

摩撫丨揩丨丨天減又䃺丨　磨琢丨石礪物也　麽幺丨細小　魔丨王狂鬼　饝丨丨米粿

禾苗丨

河海丨　何丨姓又如丨　荷丨葉　柯丨樹

和古龢丨順溫丨

靈神丨精丨通　醽丨醁酒名　欞窗子孔眼　酃衡州縣名　炅小熱貌　靇龍也　林丨樹

琳丨琅美玉　霖日丨時雨　淋大雨丨漓　痳小便艱難　伶丨俐樂工　羚羊角可為藥

鈴響丨　鴒鶺丨鳥名　翎毛丨　瓴丨甓似瓦有耳丨甋覺也　齡人丨遐年也　聆聞也　蛉

螟丨虫名　昤丨矓月光　囹丨圄獄名　苓茯丨　零又餘也丨落　蕶丨碎　苓丨落草曰木曰落

舲舡也　泠水聲　軨車輪檻木　笭小籠　鄰鄉丨舍　鱗魚丨　麟麒丨　轔丨丨

眾車聲　嶙山陵　𡿺青水石見之貌　璘玉文　磷薄石　遴選丨　潾水聲　㔂割也

瞵丨嶙　驎丨騮馬色　燐鬼火　凌欺丨又姓　綾丨羅　陵丨邱　鯪穴居食蟻即穿

平

山甲菱角|輘車聲|轢寍康|安|嚀叮|獰猙|凶獸又瘦弱也臨降|監|

和|正公|治評|論批|枰棋局坪地|苹草|萍水上浮|劍名瓶壺|

鈃|瓦洴|洸屏|閩軿|風載婦人輕車蘋|蘩頻|草櫇|婆果名頻數|

常也瀕水逼草也顰|戚愁眉也又勉強學人曰效嚬|笑又戚憂也貧|窮娉|婷|

美也凭|倚也馮水徒涉憑|依也|核評|記也呼|彭聲也

辰

時|晨|早宸|紫|楓天子所居成|平也|就又誠|信|寔諶仝上又姓晟

日出之初曰|瑊|玉名郕邑名盛|黍稷祭器神|精|聖|鬼|靈乘|御|載繩

繩|索又衆多也澠|淄水名忱|悃|情也塍|田|畔也塍仝疢|痼|病深城|郭|

|也

名

|聲|姓銘|箴|刻|礪也民|人珉|美玉岷|山緡|緣繞錢貫明|視也明|光

聰|盟|誓|證旻|秋天曰|天瞑|閉目螟|蛉桑虫又食苗心虫冥|幽暗也蓂

|莢堯時瑞草瞑|夕也溟|海上海岸|又南鄭地名邑名鳴|鳥叫也閩|地名福建省|魚

琴

樂器又姓芹|菜獻|採芩|黃|藥名|疼|寒也勤|苦|勞懃|慇|鳥禽|獸

林|果名檎|捉噙|口含物也擎|以手持物檠|弓|燈鯨|海中大魚黥|刺罪

丞

人面|勍|敵也有勇之人

相|承|奉|受|繼|蒸|呈|露|陳仝|舉|程|路|功|行|又姓裎|裸|露身|酲|醉|

臣|君|沈|潛|沉|沒|陳|布|舊也又姓|獻|澄|清|懲|戒|創|塵|灰|世|

盈

|滿楹|柱|寅|同|時|瀛|輪又姓|瀛|洲|籯|箱籠之屬|嬴|奸|亂|黃|綠|

淫|淫|慾邪|浮|淫|雨久|蠅|蒼|青|繩|俗|蠅

廷

|朝庭|家|頭頂也|天|霆|雷|蜓|蜻|亭|閣|止|停|止也|諪|調|又婷|嫭|

嬌態葶|藶|藥名渟|水止也

吟

古唫|咏|迎|逢|接|垠|地界|誾|相悅而諍|狺|犬爭貌|鄞|邑名嚚|頑|

口不道忠信之言曰|凝|結|銀|白|金|崟|古|巖|似蒜生水中

形

|容|刑|罰|邢|地|到|同型|範|鉶|禮器|硎|石砥|行|走|陘|連山中絕

情

|性|事|理|晴|天|雲|秦|又姓|國|蓁|藥名|芃|蠔|蛾眉|首|蓁|樂器

人

|人已|仁|智|愛|壬|千名|任|負也國名又姓|紝|織|維|機之縷也|妊|婦人有孕日懷|

旬

衽|衣衿也|袵|臥席也|紉|為佩|蘭|仍|依也再也

十日為|均也徧也荀|姓|郇|地名|洵|信也|恂|信也樂也謹言溫恭|詢|問|揗|拊|天慰|

之也徇|循|俗|狥|依|順行也|次序|又|環持|遍也巡也|巡|行又逡|卻步也

尋|覓|尺|潯|水涯|燖|以火熱物|鱘|俗|鱏|魚無鱗口在腹下曰|馴|擾|人

至|鬵|甑也|紃|絛|紡纑|紉|

周

|密|仝又姓週|遍|迴|賙|濟|輖|重也|州|縣|洲|沙|圳|地|舟|船|

秋

|春|鞦|韆|偢|倸|楸|梓屬|鶖|水鳥|緧|牛馬後|鰌|鰍|泥魚|

侜|依|灘|蔽

憂 愁丨 優 丨劣丨游丨媚丨餘 櫌 覆種 幽 丨暗深杳 麀 牡鹿 呦 鹿鳴
休 丨息美也和也 庥 同上又庇蔭也 咻 喧華聲又丨痛念聲 貅 貔丨猛獸也 鵂 丨鶹怪鳥
脩 脯也束丨小脡脯又長也 修 飭也飾也理也葺也 滫 丨瀡 羞 丨愧進也 饈 珍丨薦也
鳩 丨班丨衆 樛 木枝曲垂 鬮 拈丨取也 俗 䦰
丟 一去不還曰丨
丘 夫子名丨 邱 高也又姓 蚯 丨蚓 ⿰扌丘 聚也空也 坵 田也曰丨
收 丨斂丨藏
抽 取也拔也 瘳 病愈 犨 姓也
啾 唧丨 揪 手丨 湫 水名
消 丨息丨滅 逍 丨遙丨遙 宵 丨夜 霄 雲丨 銷 丨鎔 綃 生絲 硝 硭丨 蛸 桑螵丨海螵丨
魈 山鬼 颵 風聲 鮹 鮫魚名 蕭 丨條丨索丨墻又姓 簫 樂器又舞者所持之物 飀 涼風
蠨 丨蛸蜘蛛 瀟 丨洒風雨湘水名 翛 飛聲又羽敝也 捎 除也
標 木杪也舉也表也餐綵為丨記 摽 丨梅丨落丨氣丨摩 幖 幟也 鑣 馬啣外鐵又盛貌 麃 丨丨舞貌
滮 水流貌 儦 行貌衆貌 穮 芸芸禾中草 瀌 丨丨雨雪盛貌 彪 虎文小虎 猋 俗
飆 飈 暴雨久下而上扶搖 臕 肥壯
搜 丨尋 鎪 雕刻 溲 便溺 廋 匿丨瘦同 醙 白酒 颼 丨丨風聲 艘 船總名 蒐 茅丨草名
春獵曰丨 樕 樸丨 餿 飯壞也 鬆 髮貌丨

焦 燋 丨小傷火也 噍 急促鳥聲 鷦 丨鷯小鳥 蕉 芭丨 顦 面容丨枯 ⿰糸焦 生麻未漚 膲
人生有三焦 嶕 丨嶢山高 椒 胡丨花丨
囂 喧也丨丨自得無欲之貌 枵 丨腹虛也 驍 丨勇 鴞 鴟丨惡鳥 梟 惡鳥殺人曰丨首 嘵 丨懼
獢 犬喙猲丨
鄒 俗 邹 國名又姓 騶 丨虞仁獸 鄹 邑名夫子之鄉 陬 阪隅也又聚居 諏 咨問 緅 赤青
邑 鯫 丨生猶小人
刁 丨抗丨頑 凋 丨落 雕 彫 琱 丨刻丨琢 ⿰弓周 丨弓 鵰 鷙丨 貂 丨裘 裯 短衣
鳥 食母鳥 ⿰舟召 舠 吳船 鮉 丨衡魚
夭 少好貌 妖 丨媚丨怪 幺 小也 要 丨求丨趣 葽 草名 喓 虫聲 腰 丨肢丨子 邀 丨請
挑 丨撥丨踢 祧 宗丨 恌 偷薄 銚 田器 ⿰兆刂 丨剔 佻 輕丨
嬌 美貌 驕 丨傲 鷮 雉名 僥 丨倖 澆 丨灌又薄也 徼 丨求又伺察
飄 丨搖吹也 漂 丨流丨蕩 僄 輕丨 縹 輕舉貌又丨渺 熛 火丨
蹺 丨蹊 蹻 揭足高行 橇 泥行所乘者 撬 舉也起也
謳 丨歌 鷗 水鳥 歐 丨陽複姓 甌 小杯 漚 浮丨 區 豆丨四豆為丨又匿也
勾 丨引 鉤 丨引 鈎 曲也挂丨 溝 丨圳 篝 薰衣丨籠
招 丨引丨呼 昭 丨著丨明 釗 丨誓周康王名 朝 早也又丨鮮國名
兜 丨鍪又詛不靜 篼 獸食之器 ⿱髟兜 丨鬆白頭

摳 以手|物 彄 弓|
搊 手|扶也 篘 |酒|
超 |挍 弨 弓衣
鍬 田器鍫仝
偷 |盜|薄 齁 鼾氣
燒 |火焚|
高 |低又姓 膏 |脂 篙 撐船|子 羔 |羊 糕 餻 |餅 臯 進也 皐 |陶澤也又晰也
槹 桔|水車 交 |接 茭 |芻 郊 |野祭天 蛟 |龍 咬 鳥聲 鼛 役事之鼓
櫜 弓衣 膠 |漆又姓 嘐 雞聲志大言大 鮫 |鯊海中魚 艽 秦|藥名 教 使之為也
漅 澤也
叨 |蒙 艒 舟名 縚 |絛 幍 巾帽土服 慆 慢也久也 滔 水流|| 韜 |畧兵器 饕 貪食
不撒 縧 絲緣為帶曰|
搔 以手| [illegible] 癢|爬 慅 動也憂也 颾 風聲 騷 |慢|淫詩人曰|客 溞 ||淅米聲
鰠 魚名
臊 腥|臭 繰 羊| 艘 斥| 繅 繅繭為| 梢 |竿船| 筲 |箕 捎 取也交也 鞘
鞭|| 弰 弓木也 蛸 |蟰 颵 風聲 艄 船尾曰| 筲 飯|
蒿 青|菜名 薅 拔去田草 哮 咆|虛怒聲大吠曰| 虓 虎目怒也 嗃 叫呼聲

遭 |逢|際 嘲 |笑謿同 灱 乾| 糟 |酒 抓 亂撾搔也 樔 取魚器
刀 鎗| 忉 ||憂也
敲 擊也 蹻 脛骨近足細處 墝 磽 |薄土瘠地不平也 尻 脽也脊梁盡處是也
凹 坳 山| 顤 大首深目也 枸 曲木 麃 戰| 爊 溫也|菜
包 |容|裹 苞 |蒲|竹 胞 衣|同| 褒 |
拋 |棄|別 跑 走也
撓 抓也擾也 鐃 小鉦也 獶 獅犬
操 持| 抄 寫| 耖 |耙農器 鈔 正抄字
猱 猴屬性善升木也
基 根|址 朞 周年 箕 |箒 雞 鷄 家禽 笄 婦人之冠 乩 降|問| 稽 |考留止也
羇 旅在外曰| 羈 檢也不|之士才識高俗| 幾 |要又庶|近也 機 |括|杵
|會 艦|爨|盛 肌 |膚 譏 |誚 璣 璇||珠 磯 石激水也 饑 穀不熟曰| 飢
渴| 姬 女也 姫 又也 奇 單也|偶 剞 曲刀|劂 畸 殘田|零 卟 卜以問疑
希 又望也 |少|圖 稀 疏| 俙 依|彷彿也 欷 |歔悲泣氣咽也 晞 乾| 羲 |皇又|
和|也 犧 |牲祭物 曦 日光 爔 火光 僖 樂也 嬉 |遊戲 嘻 噫|歎聲 禧 吉也福也
熹 熾盛也 郗 人姓 譆 痛而呼聲 吚 笑聲又呻吟也 巇 山相對而危險 醯 醋也醯也
熙 和|又光明也 娭 與嘻同又婦人賤稱

笞 責也棰擊也 痴 丨癡不達貌 癡 丨蠢 絺 丨絡葛精曰丨 摛 以手伸物也 螭 似龍無角

嗤 笑也 魑 丨魅鬼 䚪 丨看歷觀 褫 丨革 齝 先食久而復出嚼之 鴟 丨鴞惡鳥 又鸋丨似

羊 蚩 丨尤 媸 丨惡也 嬉 醜也 眵 目汁凝也

知 丨覺 丨府 丨縣 䵹 丨蛛 蝭 丨母藥名 之 助辭往也 芝 丨蘭 靈丨 枝 丨葉 又荔丨果名

支 丨持 丨派 肢 四丨四體 伎 丨倆伎也 巵 酒器盃也 梔 丨子黃色 脂 丨膏 胭丨 搘

丨悟勉强任事 祇 亦丨以異

丕 大也 伾 有力 呸 爭聲 邳 下丨地名 秠 黑黍一稃二米 苤 草木茂盛 坏 未燒陶瓦 披

開也散也 又亂軍曰丨靡 劇 剕 刀削也 𠜾 丨切 批 手擊之 丨點又 坡 器破未離 擺 手反

擊之 砒 丨霜 䃅同 箄 竹丨 髬 多髮 丨梢

衣 服丨 依 丨附 丨從 醫 治病者 繄 青黑繒 發語詞 又助語辭 是也 惟也 黳 黑玉 噫 嘻丨 洢

伊 水名 又姓 彼也 咿 丨唔 讀書聲 蛜 丨蝛 小虫 猗 助歎詞 欹 歎美詞 漪 漣丨 波也 水丨

旖 丨旎

溪 谿 水流曰丨 蹊 丨徑 鸂 丨鶒 水鳥 欺 丨凌 僛 醉後舞貌 攲 不正 崎 丨嶇

山險 觭 牛角一俯一側

西 方向 恓 丨惶 栖 丨遲 丨宿 棲 隱居 幽丨 犀 丨牛 澌 聲敗也 嘶 馬丨 叫丨 撕 提丨 教訓

胥 相也 皆也 糈 糧食 諝 才智之稱 稰 今之晚米 湑 露盛貌 又釃酒也 醑 美酒 鍻

鍉 鋇丨 需 索丨 繻 繒綵為之 關外用此以為信丨 荽 芫丨 綏 車索也 又安也 登車所 須 意所須也

尸 又丨 興 身丨 陳 也 主也 屍 丨骸 鳲 丨鳩 即布穀鳥 詩 丨賦 施 設丨 丨捨 蓍 丨草 用以筮者

嬃 女名 鬚 長丨 口下曰丨 剝 傷皮也

妻 夫丨 萋 草盛貌 凄 丨涼 悽 悲痛也 淒 雲雨起 緀 斐丨文章相錯也 蠐 虫在肉中

正音 疵 趍 丨走

梯 丨階

低 丨高 氐 宿名 羝 羊三歲 袛 丨裯 短衣 磾 黑石可染繒 出瑯琊 又人名

卑 丨賤 碑 石丨 椑 木名 俾 丨使 陂 塘丨 屄 女人陰戶 螕 牛丨 悲 哀丨 丨慟

杯 桮 俗 盃 酒丨

疽 癰丨 雎 丨鳩 水鳥 且 詩經助語詞 趄 趑丨 咀 丨嚼 沮 水名 砠 土山戴石 狙 猿屬

又丨 詐 謂伺人之間隙也 蛆 蝍丨 即蜈蚣虫 苴 麻子 菜苴 菹 淹菜為丨 又澤生草曰丨 胆 蠅乳

肉中 䪡 醯醬所和 細切為丨 趨 俗 趋 齎 疾行 裝也 送也

奎 宿名 虧 丨損 少丨 窺 丨看 盔 帽丨 恢 丨大 丨擴 詼 丨諧 戲丨 魁 丨星 首丨 刲 丨割

圭 丨玉 諸侯命丨 閨 傾頭向門外邪視 悝 憂也 人也 規 丨矩 子丨鳥名 皈 依丨 歸 也 龜 俗 亀 鳥 嬀 丨婦

威 丨儀 嚴丨 瑰 玫丨 大珠 又 丨石 似玉 蝛 蛜丨 葳 丨蕤 又貌 喂 食丨 餵 煨 以火煨物 偎 愛也 隈 水丨 又旁邊也

逶 丨迤 斜行 倭 丨遲 諉 呼人聲

非不是也又責也 誹謗｜ 緋絳色 扉戶｜ 霏雨雪｜｜ 騑行馬不止 蜚 飛｜聲｜揚
妃｜嬪
雖設辭 衰｜顏｜微
追｜趕又治玉音堆 ｜究｜隨｜念 隹鳥之總名短尾也 鵻鵓鳩 騅馬名 錐鐵器似鑽鑽
崔姓也 催｜促 衰喪服父服曰斬卜母服曰齊｜本朝故改定父母服俱斬｜三年 榱｜桷｜題 縗喪服
吹｜噓｜物 炊｜煮｜烟 推｜獎｜原｜誘
灰｜塵 暉日光 煇 輝光｜ 揮｜使以手指物 撝｜謙仝上 麾同揮又稱武官曰｜下
翬羽類 徽｜美地名 虺病也 隳毀也 褘蔽膝又后夫人祭服
推｜車｜托
堆 𡼴 古 𠂤聚土曰｜ 追治玉
因｜仍由托也 慇｜懃 殷盛也大也 嬰 孆｜孩 陰陽｜暗也 婣婚｜ 姻｜緣
櫻｜桃果名 茵｜蓆｜陳 纓｜簪｜絨 嫈女人美｜稱 瓔石似玉 罌 罃之屏
闉總名 闉｜闍周少障城 堙｜沒｜塞 湮同上 鷃｜鷃 禋精意以祀曰｜ 鶯黃｜流｜
氤｜氳元氣 絪｜縕交密之狀 瘖｜啞不能言 英｜雄｜華 鷹鳥 瑛玉光 鍈鈴｜
攖追也觸也 音｜聲 應當｜ 喑｜啼 膺胸也當也擊也 殷砏｜雷聲 駰大｜馬名
珍 俗珎寶｜ 眞 今真｜實｜情｜正 烝｜盛｜衆又進也君也又下淫上曰｜ 砧擣衣石也

蒸｜煮又冬祭曰｜｜梨 針 鍼用以縫衣 貞｜節正而固也 禎｜祥 楨｜幹塈墻板也
甄｜陶窯也明也 偵｜探 正｜月｜鵠 征｜伐行也取也 鉦｜鋼 怔｜忡心動也恐懼也 斟酌｜
箴｜銘｜規 徵｜驗｜名 癥腹內結病
精｜纖｜微｜神 睛肉｜ 睛眼｜ 晶水｜寶物 旌｜旂｜賞 璡石似玉 珒玉名
遵｜守｜依 逡巡｜畏縮 津｜渡｜液
令古｜ 衿青｜衣｜ 矜｜憐｜莊｜驕｜誇 金｜銀又姓 經｜史｜書｜理｜營 經過｜綸｜常｜界又織
也 涇清｜水 巠水脈也直｜波為｜ 巾手巾冠也又 京師大也 襟衣｜曰連｜ 婈天
禁止也當也 荊楚地｜棘 驚｜駭｜愕 兢｜業戒懼 筋骨｜ 觔 斤雨｜
辛艱｜苦｜辣 莘地名又細｜藥 騂赤色｜姓 新鼎｜ 薪｜柴 星辰｜ 郇地名
腥生肉 鯹魚｜ 猩能言之獸 惺｜惺 侁行也 詵衆多也又和集貌 駪｜
甡馬衆疾行 甡羣生並立曰｜ 殉｜從 詢問｜諮 心志｜ 徇｜ 俗 狗行示也
荀姓 洵信也 芯燈｜ 䞭｜
兵｜卒｜馬 賓｜客 賓｜旅 濱水涯 鑌鐵｜堅 儐相｜ 檳榔｜ 繽紛｜ 臏刖刑去膝蓋骨
冰霜｜稜 豳地名 邠國名 棚箭桶蓋 彬 斌 份文質稱
青黑色 清｜潔｜白 菁｜華盛貌 親｜戚 侵｜伐｜欺｜害｜犯 駸馬行疾貌 祲
青 氛｜妖氣 綅線也 鋟刻板 圊溷也廁也

申丨詳又支名又重也又容舒也 伸古信丨屈 呻丨吟 紳縉丨大帶 身丨體 深丨淺
丨遠丨邃 勝丨任堪也 升丨斗丨降 陞丨遷登也 昇丨平又日上也 枅丨科 聲聲
俗声音丨 娠婦人懷孕也
稱 穪丨許丨揚 爯併舉也 嗔丨怪 瞋怒目 檉河柳 蟶丨蚶 赬赤色䞓同
坑丨坎土丨 阬丨陷 踁牛膝下骨 硜丨丨硜硜 慳丨猶言 鏗丨鏘金玉聲又瑟聲
千丨萬數目 阡丨陌田中界限 芊茂草 仟丨人之長 圱 圲三里曰丨 遷丨移 迁丨里
韆鞦丨 躚蹁丨 僉皆也 簽丨押丨題 籤 笲竹丨頁也 峑山巔也 詮丨解
詳說事理 銓丨衡品評人物 絟細布 拴揀也 筌 荃取魚竹器 痊病除 恮謹貌
跧伏丨 佺偓丨人也 踆退也事完 悛改過
愆丨尤丨過 荓丨綦藥名 諐過咎也 僁過也 謙和也丨讓 搴拔取也又丨衣 騫虧也又馬丨
之繫 攓摳衣 褰丨袴衣揚動揭衣也 攓蹈也 搴手動也拔取也 䙭袴也 牽丨扯連又丨丨
牛星名 攀丨舉也 薟藥名豨丨草 杴門丨也
崩倒丨 痭婦人病 帡丨幪蓋也在旁曰丨在上曰幪 搬丨運丨演 祊廟門旁祭 伻使者曰丨拼同
般丨幾
偏丨旁不正 篇文成章也 艑舟名 翩丨丨疾飛 蹁丨躚旋行
恩丨愛丨澤
仙 僊神丨丨 鱻魚丨潔 先丨初也又早也 纖 纖丨毫微細也 瑄璧大六尺 遷 遷

宣進也日光丨揚丨召 鮮新丨
拈指取物也
眾聲
歡 懽 俗歡 欢喜丨 讙諠譁 驩丨虞與歡娛同 轟雷聲 薨諸侯死曰丨又丨丨
寬丨太丨舒
覘闚視也又候也 襜整也又衣之蔽前者
豌丨豆 剜刺削
顛丨倒 巔山丨 滇雲南地名 蹎丨仆跌倒 癲瘋丨
亭 亨丨通 哼嗆丨愚怯貌 哼口氣又重遲 吞咽也餐也并也滅也
登升也進也又成熟也登程丨科丨仙 簦竹器 豋禮器丨豆 燈 灯丨火丨燭
羴 羶羊臭也 搧引風也 栓木釘也 煽熾也 痛皮剝起也
苫程丨居喪寢藁
皆齊也俱也 階 堦丨級 喈鳳鳴和丨 偕全也 街市丨
釵丨環 差丨使丨役 猜丨疑
乖 乖丨離丨巧丨滑丨舛
齋潔也莊也戒也丨居
揩丨摩擦也

騃痴也 挨丨磕丨延
歪不正也
麗米丨下物竹器 篩竹名南方以為船俗作米丨之篩誤
盤 槃丨丨桓 鞶纓丨婦事舅姑佩用小囊 般樂丨 磐丨固大石 鞶大帶 蹩 蹳足屈
瘢瘡瘢 磐磚丨大石 ⿰髟盤丨龍鬐 ⿰口盤丨問查 磻丨溪太公釣處 弁丨小 蟛蠏丨
胖體丨大也 蹣 跘丨跚行也 縏纓丨髦上飾馬腹帶 蟠丨桃丨龍曲也伏也
萌芽丨 詆民丨也 墁牆壁之飾 甍屋棟也 謾欺丨 饅 ⿰米曼首丨 鰻魚丨 蔓草丨
丨菜 瞞 盲目無瞳子不明 漫水大也夜長丨 丨人 ⿱雨漫雨露濃貌 ⿱亡虫 虻 蝱嚙人飛虫
蔄藥貝母 鞔丨鼓 宋廡屋大梁也大木為丨
炎火丨熱丨 延丨請遲丨 莚蔓丨不斷 蜒蜿丨龍行蚰丨蟲名 筵丨席經丨 䀽顧視 綖冠覆
鹽 塩丨油 焉語助 閻丨羅又姓 簷屋丨 檐丨帳 埏墓道
乾天也丨坤 虔恭固也截殺也 黔黑也首丨丨地 揵以肩舉物 拑丨來脅持 箝人丨之口 鉗
以鐵束物 鈐丨鐵丨
行走丨 珩佩首橫玉 衡權丨平丨丨州 桁桁丨椽丨 蘅丨蕪香山 恆 恒常久也 疼痛丨
莖玉丨 痕傷丨跡瘢 珢玉之瑕玷 滕國名 謄丨錄 螣蛇丨 騰飛丨升丨
縢緘也約也 藤蟲也在草曰兔絲在水曰松蘿 籐蔓生以竹
弘 宏大也 泓水深 閎巷門 鋐鐘聲 竑 竑量度也 紘綱也又冠 紭冠之繫

萑丨葦草 横丨竪丨強 完丨備畢盡也 桓丨固丨盤盛武 泫水波 瓛桓圭公侯所執者
芄丨蘭丨草
連接丨牽丨 蓮丨花 鰱子丨魚 漣水微波又泣也 褳丨衫衣也 縺衣丨 嗹丨婣 簾
門丨竹丨 廉丨恥稍丨 幨丨帷拖戶外 濂丨溪 鐮刀丨器具 癝丨瘡 臁丨骨 匳
粧丨嫁丨 帘賣酒之旂 憐 俗怜丨憫 聯丨對丨絡 搛打鼓也又音兼
田土丨 畋丨獵畊丨 鈿花丨 恬靜丨又避聖諱 甜 古 甛甘也 闐盛貌丨丨 填
窴塞丨丨妻 嗔盛氣也
岑小山冉高 曾嘗也料也 層丨累重也 嶒崚丨山貌 橙丨子果名 棖門兩旁木
蟬有翼之虫 嬋丨娟美色 禪坐丨也丨師 澶丨淵地名 蟾丨蜍月中之物
緜絡丨纏丨 棉丨花 眠睡也 緡 鷭鳥聲丨 蝒馬蜩蟬之最大者 芍丨藥花名今人賭物曰相祈丨
圍棋無兩
角曰丨
胼丨胝 駢丨聯也又二馬並駕 便 㛹丨辯也 緶縫衣也 楩丨楠勝任之木 弁丨髦輕之也又冠丨
廛市丨 纏丨繞丨束
賢聖丨 嫌丨疑 舷船丨 絃八音之絃 弦弓丨又琴瑟借用之
然轉語又諾也 燃燒也
稜 楞丨威 碐石貌 崚丨嶒高貌 菱菜名 能才丨勝任也 儜又善弱也困也
獰狰丨惡犬 紉以線穿針為丨丨麻

言語丨　年歲丨　嚴俗嚴丨厲又姓　姸丨美丨媸　黏俗粘丨糊　鮎丨黃
魚名䃺摩也又破也　研丨窮丨磨
前先丨後丨　潛藏也　錢俗銭丨財又姓　燖毛丨　全丨完　牷祭祀之牛體完曰丨
泉水丨　次俗　涎口中液也又音旋義同
丸丨藥彈丨　芄丨蘭草名　紈丨扇素丨
旋盤丨回丨　還轉丨企上　漩水回　璇　璿丨璣美玉　搴摘物也
唆詥丨　梭織丨布之具　莎草名　桫木名　娑婆丨舞貌　婆丨中木盛　消偷視也畧視也
傞丨舞也丨醉　蓑衣丨
磋磨丨　蹉丨跎失時也　嵯丨峨山高　瑳玉色又笑貌　搓挪丨　鹺丨務鹽也　醝白酒
矬身短
柯執丨枝丨又斧柄也　軻孟子諱車接軸　坷坎丨不平貌　舸大船　珂石似玉　哿可也
苛刻丨
阿大陵也邱也又譍應聲　婀丨娜美貌　疴沉丨病也　猗美盛貌柔順也又長也
科丨條又登丨日丨　蝌丨蚪蝦蟆子也　窠鳥巢也　薖寬大又飢意
窩丨藏丨窟又被丨　萵丨苣菜也　鍋煮飯物也　倭丨奴國名　[illegible]媛貌
波丨浪丨濤　菠丨薐菜　玻丨璃　番老丨丨
坡山丨丨坂　陂不平　頗偏丨不正也

戈干丨兵丨　咼姓也
哥俗哥凡也　歌　謌丨唱丨謠
多衆也
呵噓氣丨責又丨丨笑聲　訶大言而怒又責也
拖丨拽　他人也
奇丨怪丨異　騎馬丨　錡三足釜　琦玉名　其語助　淇水名　麒丨麟　騏良馬青驪也
旗幟丨　期日丨又百歲曰丨頤　琪玉名　棋丨圍　棊又棋　碁同上　綦蒼艾色又履飾也
又極也　萁豆莖煮豆燃豆丨也凡殘弟也　祺吉也　畿邦丨　圻　祈求丨　蘄出竹草丨艾丨也
頎長貌　芪黃丨　旂丨旗丨杆　祇地神安也大也　祁大也又盛不貌舒遲也　岐分丨兩丨
山丨　跂足多指也　軝穀名　愭以敬畏也　耆老六十曰丨　鬐馬鬣也　俟万丨覆姓
夷平也傷也又丨狄　荑丨蕪藥名又刈也　姨母之姊妹曰丨　胰油丨　痍瘡丨　咦呼笑聲
跠蹲踞也　洟鼻丨　移　迻遷　扅門閂丨　迻　古　栖徙也同移
訑自足之貌　迤丨邐行貌　彝丨倫秉丨　懿丨德美丨　遺失又饋送也　怡悅丨　台丨
我也　貤封爵也　飴　餳　粘糖也　詒欺也贈言也　貽遺也貺也　頤期丨養丨
珆石似玉　地楚謂橋曰丨漢張良受書於丨丨　匜丨卮
葵丨花丨菜　揆度丨　暌丨違　騤丨丨馬行威又強貌　逵通大路　夔丨丨悚懼貌　馗鍾丨
黎黑也丨明　犁牛雜文又耕田器　棃樹　藜蒺丨藥名　瓈玻丨　藜杖丨　鑗金屬　黧

鯉魚|閩|萋 萋草名 蘆|花 蘆|葦 廬|舍 驢|馬 梩|上 犛|牛尾

釐 厘 |嫠 女無夫也 嫠 微盡也又|牛|名 氂 里也 貍 狸|狐 離 去|

別| 璃 玻| 漓 淋| 秋雨 籬 笆 竹器 籬 竹| 縭 婦女之褘娶親 曰結|衣帶也 鸝 黃| 鸝|

罹 遭也 蜊 蛤| 驪 起程車馬又送行曰歌| 个 介也 參差 蘺 江|菜名 黧 黑色黑

雷 雨| 擂 鐳| 罍 堆| 縲 又聯絡也 欙 以鐵為之禹山行所乘者 縲 黑索|縲 嫘 黃帝之妃|

櫑 酒尊 壘 靁同 藟 靁同 罍 酒器 瓃 玉器 虆 草木花垂 又|實 羸 弱|瘦也

病也困也 [illegible] 草木實 靁 靁 靁同 緌 冠纓之垂者

持 執也 跱 踟 躕|行不進也 池 水|塘| 馳 驅|走也 墀 丹|廊下 遲 緩|早| 棲|

[illegible] |魚又菠|罪名 蚳 蟻子又姓 衹 徘徊也 回|徊 箎 塤|樂器 治 |國|事平 又攻理也

趍 奔|

槌 椎 鐵| 魯|鈍| 槌 擊也 鎚 錘 秤| 箠 馬鞭也又杖也 陲 邊| 棰 刑也|楚用

為 作| 唯 惟 語詞 |獨 維 四維也 帷 時又 |幃 幃 幄| 闈 閨|文 韋 常

熟皮又姓 圍 四| 棋| 褘 婦人之|今之香囊也 即| 蚘 腹中長虫 微 細|精|隱| 賤| 薇 紫|

薔| 違 背|

隄 堤 河| 提 |物 拘| 禔 福也 褆 衣厚貌 緹 帛丹黃色 踶 踢也 鶗 鴂即子規鳥

題 品|目| 醍 醐酥之精液 綈 絁| 鵜 鶘| 啼 哭| 蹄 獸| 荑 稗|草名

鵜 水鳥俗呼淘河

眉 目| 湄 水草相交之際 嵋 峨|山 瑂 石似玉 郿 地名 麋 麋|

蘪 蘪蕪根曰川芎 糜 |爛粥 糜 大也 麋 鹿老 麛 鹿子 彌 益也甚也|縫|封 瀰 |以

大水 迷 昏|惑| 謎 心惑 冞 深也周行也

梅 花| 鋂 子母環也 脢 肉也 楣 門| 枚 數幾|物 玫 |瑰石珠 禖 先|之神 媒

說合婚姻之人 黴 物上黑白之點 霉 爛物敗也 莓 草名 苔| 煤 炭|

回 囘 迴 避| 洄 漩|水 迴 轉運流 徊 徘|低| 茴 香|

宐 宜 合|適| 倪 端|又小弱也 霓 虹| 麑 鹿子 猊 狻|獅| 輗 轅端橫木

縛轅以駕牛者 鯢 鯨|魚名 嶷 九|山名 疑 嫌|惑| 沂 水名在魯城南也 儀 威|容|禮|

兮 倩| 奚 向也 嫕 女奴 傒 男奴 溪 待也 蹊 路狹小者 鼷 小鼠也 嵇 山名又姓

助語 鑴 鼎屬又大鍾 攜 携 提| 畦 田五十畝曰| 觿 角類如錐用以解結童子所佩者

皮 膚|又姓牛| 疲 倦|勞力 羆 熊|獸名 脾 胃| 稗 |晃 鼙 騎上鼓 琵 琶|樂名 枇|

把| 毗 厚也輔也 貔 |貅 陪 伴| 培 栽|增也 又 賠 |償 䞩 |補

毰 舞貌 毛鳳 徘 徊| 裴 衣長貌又姓 郫 在蜀|地

尼 姑| 呢 喃|燕語 妮 女| 怩 忸|慚色 秜 自生之稻 坭 地名 泥 土| 旎

旖|旎 旌旗從風

齊 臍 肚| 蠐 蠐|虫名 懠 怒也 艩 艫| 薺 薺|

時 古旹 刻| 塒 雞栖處也 鰣 魚| 蒔 種植 匙 茶| 鍉 鍉|錦

肥精丨丨壯 淝丨水地名 痱風病 腓足肚也倚也病也狂也
頽丨敗 隤墜也又丨病也 魋桓丨宋司馬又獸名
摧丨殘丨挫 崔丨巍高貌 漼霜雪積積
垂丨危丨落 陲邊丨危也又 甀小口罌也 誰孰也何也
隨俗隨丨從追丨 同丨波 隋朝 徐丨外名丨又姓
危丨險丨殆 桅船丨 巍丨丨大貌 嵬高崔丨
陶正也喜也 啕往來之言 匋取魚之器 醄酒醉也 綯丨絞繩索 萄蒲丨 淘米丨 鋾
金屬 濤波丨 ⿰風壽大風 檮机丨惡獸 咷嚎丨 逃迯走丨避丨亡 桃李丨果名
鼗小鼓有柄也 鞀夏禹用以聽箴規之鼓
毫丨毛丨厘 豪丨傑强丨 豪豪猪 濠 壕丨梁丨溝 譹丨哭 號丨泣 呺叫呼怒聲
嗥獸叫 殽 肴酒丨 餚丨饌 淆丨混 崤丨函山名 爻卦名交也
毛丨髮又姓 髦俊丨美士也弁丨輕之也 旄旌上以牛尾爲飾曰丨 芼丨羹以菜雜肉爲羹 酕醄丨
茅白丨丨草
曹吾丨又姓 漕丨河 艚小舡 槽牛馬宿食之所又丨坊 嘈丨丨繁雜 䐬丨丨耳也 螬蠐丨
鏪鉄丨 巢鳥丨 藻水名 ⿱髟少丨鬖物不精潔 ⿰石曹砍丨 ⿰石巢壘石而居曰丨
勞俗劳 苦丨 牢丨固丨獄圈丨繫牲 哰多言 醪濁酒 鐃金鈸丨木 譊爭也呼也
撓痒丨 獟以手丨物 呶衆聲丨丨 怓惛丨心亂 磝砂丨 猺山名 猱獼猴屬 ⿰山農

山丨丨 澇水 ⿰勞少丨鬖物不精潔也 碎 磱 礐石器
袍長衣丨套 庖丨廚 匏丨瓜瓠也 炮 包 炰肉置火中 刨丨刮 鉋鉄丨用以平木者 咆
丨哮熊虎聲
敖姓丨也 鰲魚 廒倉 熬煎 嗷丨丨衆聲 螯蟹大足蟹同 獒犬丨四尺 鷔丨駿
聱語不入也又丨逆言齟不平 謷不肖人言又悲泣不止也 翺翔丨 遨遊丨 摮擊也
黃丨白又姓 簧笙丨 癀病也 鷬鸝丨 璜半璧也 潢天丨積水 惶丨恐 鰉魚丨
煌煇丨 熿 皇大也君也 遑暇也 蝗食苗虫 喤小兒泣聲 隍城丨 凰
鳳凰 鍠鐘聲 艎舟名 瑝玉聲 篁竹名 徨傍丨 堭堂丨合殿也
羊丨猪 洋盛大 痒病也 佯詐也 徉徜丨 烊銷丨 陽陰丨爲太丨 暘日出又明也
煬爍金也 楊木名又姓 揚顯丨飛丨 瘍瘡丨 颺丨又大言風疾曰丨
忙慌丨 茫渺丨廣大貌 卬丨北山 砊碭丨山 硭硝丨藥名 鋩刃之鋒 恾丨然
秔禾丨 芒罷倦又刺 ⿰麥亡麥 尨 狵 庬 哤雜語也
唐國名荒丨 塘池丨 糖 餹飴丨 傏丨偟不遜 搪抵丨㨶觸也 堂明丨盛貌 螳
螂丨 棠棣花名甘丨木名 膛胸丨 鏜丨丨鼓聲
郎男子之稱又丨官 廊回丨廡丨 瑯丨琊郡名 榔檳丨 螂螳丨 浪滄丨 稂害苗草
琅丨玕 狼獸名糞作烽烟其烟直上而求雖風不斜 鋃丨鐺鎖也又鐘聲 囊詩丨丨橐 瓤瓜丨
良忠丨善丨 蜋蜣丨 糧 粮米丨 梁棟丨橋丨 踉跳丨走也 涼寒丨 量權丨度也

涼薄丨 粱粟類
常經丨彝丨 嫦丨娥 嘗試也又秋祭曰丨 鱨魚 裳下衣 璫玉名 徜丨徉徘徊也
旁丨午又叢集也 傍丨邊 徬丨側 徬丨徨 螃丨蟹 膀丨胱 彷丨徉徜徉徘徊也不丨徨循經營也
龐座丨
杭州丨 航舟也 頏頡丨 衕俗呼技 行丨伍 桁丨械夾足頸刑具也
詳細丨 祥吉丨禎 庠丨序學名 翔翱丨回丨
薔丨薇花名 墻垣丨 檣帆之舡柱也 嬙嬪丨官名 婦丨 戕丨害
攘丨竊 瀼丨露多 禳祈丨除殘也 穰浩丨繁多又姓 蘘荷草名
長丨大丨遠 天丨恒丨 萇楚丨木名 腸肝丨心丨 場壇丨 塲科丨
王君丨侯丨 亡 亾死丨失丨 忘記丨 忘遺丨
狂志願高大曰丨 又丨躁丨安
昂高舉也日升也 卬我也顒丨又仝上
強 彊 强橫丨壯盛也
藏潛丨收丨珍丨 牀 床臥丨
娘爺丨
房屋丨 防丨守丨備 魴魚名俗呼鯿魚
凡每丨皆也又丨夫庸常也 帆風丨用以行舟 煩丨勞丨悶瑣相丨 番獸足 蕃草丨 燔以火燒物

膰祭肉 璠璵丨寶玉之 藩丨屏 籓丨憲 礬丨 繁丨 蘩丨
樊丨籠又姓 蘩白蒿菜 墦墓丨
談論丨 譚同上 痰又丨涎 鄲國名又姓 憚憂也 檀香丨 澹丨臺又姓 驒青黑馬也
彈丨琴丨丸 壇祭場曰丨
蘭花丨 闌門丨盡也殘也 瀾波丨 欄杆丨 襴衣裳相連 斕斑丨 爛不純也 攔遮丨
儖伽丨 藍色顏 籃竹器 嵐山之惡氣 婪貪丨 難易丨
還回丨 環圍丨 鐶釵丨 寰宇丨四方 闤市上之垣 鬟丫丨女婢 擐丨 儇丨利
飜繞飛鶡同 湲潺丨水流之聲 鍰金六兩為丨
殘 俗残害丨傷又餘賸 毚狡兔 巉丨巖山高 讒丨言 饞貪餮 攙扶丨
慚愧丨 嶄丨岩安山
閑防丨 閒安丨暇 嫺習丨又習也雅嫺同 鷳白丨 鷴鳥 騆馬一目白 咸皆也 諴和也
鹹鹵 醎鹽味 銜 俗啣官丨又馬口中勒也
蠻 俗蛮夷又緜鳥聲
顏容丨又姓 頑丨愚 嵒 巖山丨 喦巉丨
章文丨程 樟樹丨 麞 獐獸名 璋圭丨又生男曰弄丨 漳水名州名 嫜姑丨 彰著丨
粻昭丨粮也 慞丨惶驚恐 張主丨又姓開丨 譸丨狂也 漲大水泛溢
相共也丨見 箱竹器丨篋 緗淺黃色 葙青丨子 廂廡也丨坊 湘瀟丨江丨 勷匡丨平也

倉 除也裹同 鑲｜邊 瓖馬帶玦 纕佩之帶 驤馬後右足白曰｜馳駕也舉也
藏穀之處 蒼深青色天也又穹｜生百姓 滄｜浪｜海 瘡｜毒｜痕 瑲玉聲 牕 窗天｜
芸｜ 鶬鶬 愴悽｜
綱｜紀｜常 剛金｜｜强 岡 崗山｜山脊 鋼鉄 犅獸名 扛｜抬｜移 杠徒｜方｜
橋｜ 釭銀｜燈也 缸瓦器 茳｜蘺香草 肛大腸門 江長｜｜湖 罡天｜｜訣 豇
豆｜
薑生｜辛辣而不葷禦寒之菜能通神明而去穢惡 畺｜界五百里之地 疆｜界封｜ 韁 繮縄也
彊辟｜君也 ⿰月畺｜牙 僵｜仆 ⿰臥畺｜ ⿰虫畺蠶 姜呂望之姓也
莊端｜山｜ 庄屋｜ 裝束｜ 粧俗妝粉飾｜揚 牂母羊又｜盛貌 藏珍｜｜當也｜獲
奴婢 贓受財事發曰追｜一 臟同上 樁以竹木釘地曰｜又事一件曰一｜
當抵｜承｜ 襠裲｜ 簹篔｜竹名 璫銀｜珠打｜充耳之玉眉 鐺鋃｜鎖也 聸耳｜耳不垂也 艡
艟｜戰舡

欣 忻 訢喜也 歆｜饗｜羨 昕旦明日將出之時 興俗兴｜起｜盛 馨香｜
卿公｜ 輕俗軽重｜ 衾大被 欽｜敬 嶔山險
聽聆｜也 廳堂｜ 桯牀前几 汀水際平地平｜州府
丁堂也成｜又姓 叮嚀｜｜當 仃伶｜ 疔瘡｜ 飣丁置食也 釘鉄｜
砯｜磅又擊石聲 砏｜激大雷聲 娉｜婷美貌

山｜水｜峯 删｜除｜定 跚蹣｜跛｜ 姍好也 ⿱竹删竹器 珊｜瑚寶樹｜彫散貌 三
叁數目 縿旌旆正幅 衫衣｜ 芟除草 潸涕流貌
番次也重也又更也 翻飛轉也 幡幟也 繙風吹旆貌又尋繹也 蕃斷獄平｜開活罪人又｜竿
拚飛貌
間｜中 蕑蘭也 艱難｜ 姦女俗奸｜詐｜淫 菅草名 監｜禁又察也 檻
襤褸也 尷｜尬不正也 ⿰扌監繫也 緘束篋縢索封也
丹赤色又｜砂 研白石 聃老子名 單俗单孤｜ 簞飯器以竹爲之 鄲邯｜邑名
殫盡也竭也 禪衣 眈視近志遠虎視｜｜ 耽俗躭耳大而垂又過樂曰｜又｜延
酖好酒 擔荷｜
灘淺水｜上 攤｜開 嘽｜喘｜盛貌 幝車敝貌 癱病也｜瘓
餐秀色可食也 孱｜弱 潺｜湲水聲 僝｜僽惡言罵也 參差｜不齊 鰺｜魚
嵾｜嵯山不齊貌
扳援｜ 攀｜扯自下援上
班｜列｜次朝 斑｜斕雜色 頒 攽布也賜也又鬓半白
彎俗弯｜弓｜曲 灣水曲
關俗関閉也合也又姓 瘝病也 鰥俗鱞老而無妻曰｜
[illegible]鳥｜食斬平聲

吽枇也吽平聲

加丨漆　跏丨趺足而坐　珈婦人以玉為飾　枷刑具　袈丨裟僧衣　迦釋丨　痂瘡丨乾瘍

茄胡丨吹丨　嘉美稱　家室丨　佳丨美丨人丨作　葭蒹丨　豭公猪豭同

蛙蝦蟆黽同　哇丨丨小兒啼聲也　娃美女　洼深也　窪牛脚蹄水潢也深也　汙窊下之地　窊

洿同上　穵丨穴丨非

巴州名　疤瘡丨　笆籬丨　靶腊屬　芭丨蕉　豝母猪　蚆水上虫

沙泥丨　砂丨硃　紗絹屬丨羅　裟袈丨　鯊魚　杉丨樹　粆糖丨

了木開枝也又婢女曰丨頭　椏樹丨　啞小兒學語　鴉鵶烏丨

叉兩手相錯　杈雙枝木　差錯丨　槎桴也　揸取也

咱我也　查山丨藥名　渣水名　喳丨丨鵲聲　楂果屬　撾擊也　髽丨髻婦人亂冠又髽子冠名

瓜蔓生草　媧女丨古之聖女　蝸丨牛如田螺有角　騧白馬黑喙　顝短頭也

呀丨丨口貌張

嗟嘆也　瘥病也　罝

花丨木華同

誇大言丨奨　奓奢也

遮丨蔽丨攔

他人也

車輿輪總名　莗丨前草　硨丨磲石似玉

鰕魚丨　颬丨口吐氣　呀張口貌又丨丨

葩花貌披巴切怕平聲

奢多過　賖無錢而買又遠大也　賒丨闌不交也

𩬝白駕切音杷鬖髮亂貌

甘甜也丨心丨言丨草　柑丨子果名　疳小兒牙丨　泔浸米水　⿰甘干丨蔗味甜用之造糖　乾丨旱丨燥

虷虫侵物也　杆欄丨丨楯　干丨犯丨求丨戈兵具　玕琅丨石似玉　竿竹丨　肝心丨丨胆

芊草名

喧嚷丨　暄　煊日丨温和　諠丨譁丨忘　萱忘憂草又宜男草　藼同上　塤壎丨篪

胆日氣　煊光明也又威儀宣著也　軒丨輊　掀高舉也　仚輕舉仝上　嗎笑也　禐

佩衿也　諼忘也

安丨寧平安丨樂何也　庵　奄　菴丨寺　唵佛語　鞍馬丨　諳丨練曉也　鵪丨鶉鳥名

掰兩手丨物

涓潔也選也　娟嬋丨美貌　睊側目貌　鵑杜丨鳥名　蠲明潔也又丨除丨免

寃家丨屈　淵深水丨源　鴛丨鴦　鵷鳳屬丨鶵　眢目不明井無水

專一也檀也　甎俗磚　顓古專字丨制丨蒙丨頊皇帝號丨孫複姓丨夷國名

堪何也任也　刊刻丨　弇漢有丨歐丨　看視也　龕燈丨神丨　戡勝也克也坎非

酸丨味寒丨蕵丨草痠身上丨疼狻丨貌獅子䶩丨齰
端丨莊丨正遲也首也萌也始也壽也布帛一二丈為一丨
川山川穿丨透貫也通也鑿也
叅並也參丨差丨謀驂駕馬叅丨
簪首飾鐕穿也
貪丨欲丨求探摸取
憨愚蠢
圈丨點
同仝等也銅錫丨峒山穴又崆丨山筒竹丨桐梧丨衕通街也童孩丨僮
丨僕瞳目中之子艟艨丨大船幢丨幡橦梓丨先稅遙熱曈丨曨欲明月潼水名丨關
犝小牛𦍙小羊罿捕鳥網又魚網佟姓也彤赤也鼕鼟鼓聲
容丨儀鎔陶丨鑄丨蓉芙丨瑢瑽丨珮聲庸用也常也附丨小國鏞大鐘傭丨工鄘
國名墉城丨墉也又慵懶丨鱅魚丨融祝丨和丨神名瀜沖丨水深廣也
蒙永丨丨敝幪帡丨遮庇朦丨朧不明濛微雨丨丨曚言不明矇有眸無珠饛器中盛滿
艨丨艟大船瞢目不明懵無丨知之貌𦆡亂絛
龍虎丨瓏玲丨又明也又風聲籠畢丨礱大谷礲磨曨朦丨明也不聾頭丨櫳
春獸檻壟田中高起聾耳丨隆大崇丨盛丨窿穹丨天勢霳豐丨雷神䃧碚丨石隕

朋丨友棚棧也盧丨鵬大丨鳥芃丨丨盛貌蓬丨萬萊名𩂣風丨雨丨鬔鬆丨亂貌
鬅丨鬙髮亂韸丨丨鼓聲彭姓也嘭呼丨聲也硼丨砂
窮困丨穹丨蒼天形丨窿具色蒼蒼穹仝上邛病也勞也笻竹可為杖蛩寒虫銎斧孔
紅赤色仜身肥腹大虹丨霓訌亂也谾谼大壑渱水沸潒葒馬蓼草鴻
大雁洪丨水丨範烘丨火鉷弩牙贛丨宮硡石隕聲䫺大風
逢遇也丨迎縫丨衣馮姓也
農丨夫儂俗以我為丨又彼也膿血丨穠花木稠密醲丨酒濃厚又露多貌噥丨唧多言
不出顒仰也又頭大又丨丨君德也音魚容切
熊獸名又姓雄公獸曰丨雌曰雌又丨黃
崇高丨琮瑞玉藂丨草叢生叢聚丨
蟲俗虫羽毛鱗甲之丨重丨疊丨複
戎兵丨又段也又姓絨絲絨駥馬八尺狨獸屬毛可為布茙厚貌搣相助也茸鹿丨
毧毛丨氄也鞴丨分也𥨣窮穴
從從古从丨依
遙逍丨又遠丨瑤美玉搖招丨擺徭丨役謠徒歌曰丨颻風飄丨窯燒瓦之所丨

[虫兆]虫｜猺｜姚名又姓｜宵 珧可飾物 佻偷佻佯 陶皋｜人名 ｜嶢嶕｜山高貌

調｜理｜停｜和 蜩五月鳴｜蟬也 條枝｜柳｜ 蓧竹器 樤桁｜屋｜橫木也 笤箒｜岧

光｜苕花名｜草 迢｜遞｜遠 髫｜年小兒垂髮時 齠｜齡小兒換齒之時 跳｜走 芀

今人取以為帝曰｜

寥｜落｜寂 翏高飛貌 寮同官曰｜ 僚同｜ 嘹｜唳雁聲又｜喨清徹之聲也 撩挑物也又能取物也

遼｜遠｜東 鐐白金 鷯鷦｜小鳥 獠｜獵 [广尞]男人｜物 聊｜且｜賴 膋腸中之脂

繚繞也

謀｜計｜圖 矛戈｜兵具 蟊食苗根虫吏｜員取民財則此 鍪兜｜首盔 牟侵取也又斧屬 侔均也等也

麰大麥 眸目童子 蛑｜｜蝤屬

朝｜廷｜覲 潮水 晁｜鼂｜虫人名 漢有｜錯

婁俗娄宿名又姓 樓｜臺 摟牽也 艛舟名 縷線 褸求子之衣 僂傴｜身向前也

螻｜蟻｜蛄 髏髑｜首骨 蔞瓜｜ 耬下種具狀如三足犁中置｜斗藏種以牛駕之一人執｜且行且搖乃隨下種

喬高也 橋｜梁又稱父子曰賢｜梓 蕎｜麥 嶠山銳而高 翹｜望舉首而望之也又藥名 [尢喬]

不順 僑旅寓也又姓 荍荊葵之屬

苗禾｜又夏獵曰｜ 描畫｜ 貓 猫貍屬能捕鼠 緢旄絲 錨鐵｜用以鎮船 [虫少]蚕初生

樵柴也｜採 譙｜樓 顦顇｜ 憔｜悴 瞧偷視也

浮｜沉 蜉蚍｜蜉皆虫名 芣｜苢車前草也 罘兔網 紑衣潔

韶舜樂

侯公｜ 猴獸名 篌箜｜ 糇｜粮 餱干食 鍭箭 喉咽｜

投擲也又｜托｜合 頭首 骰｜賭具

愁憂｜

饒｜足又姓 嬈嬌｜ 蕘芻｜ 橈楫也舟中之楫

堯俗尭陶唐氏姓 嶢嶕｜山高也

瓢瓠也去蒂以盛酒 薸浮萍 螵｜海蛸 嫖｜賭

熏｜物以火 燻火氣盛 勳功｜ 薰香草 曛日入餘光 纁淺絳色 獯｜鬻匈奴號

醺醉也 矄目暗頭眼運轉 焄｜蒿香氣

分｜別｜裂 芬｜芳荷草香氣 紛｜紜雜亂 棻香木 雰｜｜雪貌 氛｜祲妖氣 棼亂｜

枌榆 饙｜蒸米一次而以水沃之乃再蒸

屯卦名又物始生 迍｜邅 窀｜穸下棺 忳誠人不倦 吨｜｜不了也 訰 諄詳語之也

肫懇摯也

坤乾｜卦名 昆｜弟 崑｜崙山 琨石似玉 錕｜鋙劍名 鯤大魚 鵾｜鵬 髡禿髮 褌 [巾軍]同 裩褻衣也

昬俗昏｜暗｜黃 閽守門吏 婚姻｜ 惛心不明 惽亂也凝也 葷｜素 睧

辨字捷經 平聲 十七

目暗 君人丨主也 均丨平丨勻 鈞三十斤 囷圓倉 麕獐類 軍將丨 皸丨裂

敦丨崇大也勉也 惇丨實 墩平地土堆 [illegible]器似甌 鐓丨猪丨牛 敦厚也 燉火盛 礅

石丨

孫子丨又姓 蓀香草 猻猢丨 飧夕食熟食

奔走丨 錛丨斧平木之物 賁虎丨孟丨人名

氳氤丨元氣交密之狀 熅鬱烟也

春丨秋 椿丨萱丨樹

村周邨

尊丨長丨貴丨敬 樽 鐏 墫酒丨

温丨習丨煖又和煖也 瘟丨疫

傾丨覆丨側 頃丨刻

呑褪平聲咽也餐也并也滅也

胡何也又姓 湖江丨 瑚珊丨丨璉 糊丨塗糢丨 餬丨口 鶘鵜丨信呼陶河 猢丨猻 醐

醍丨酥之精液其味美 蝴丨蝶 楜丨椒 葫丨蘆瓜名 箶丨簏箭屋 鬍丨鬚 衚丨衕街名

弧丨弓男子生日懸丨 [illegible] 狐丨狸 鈲瓦器 壺茶丨酒丨 乎疑辭語辭

盧姓也 鑪治器 罏陶所作 壚丨黑而疏又酒具 嚧丨丨呼猪聲 鸕丨鷀取魚鳥 櫨

丨丨柱上栿 臚丨陳丨列鴻丨傳丨 鱸丨魚出松江 顱頭丨骨 艫舳丨舡首也 蘆丨花

葫丨瓜名丨根藥名 轤轆丨井中挽水者 獹呼犬 瀘水名 爐火丨香丨 纑布縷 奴丨僕

孥 帑子孫也 駑丨駘劣馬

扶丨持又丨桑日出處 蚨青丨虫子母不相離以子母血各塗錢八十一文置子用母置母用子皆自飛還 夫語助辭

芙丨蓉又蕖荷花 枎丨蘇木茂 苻姓丨 符丨節丨篆 酻酒丨 鳧水鳥似鴨

徂往也 殂死也 鉏耘禾器 耡耕丨 鋤丨頭鉄具起土者 雛鳥子 鶵鳥丨鵷丨

徒門丨丨然 途 塗路丨 涂溝丨路丨又姓 稌稻利下濕者 酴丨醾花名丨酴酒名 捈抹也

荼苦菜 菟楚人呼虎曰於丨 圖丨書丨畫 都丨鄙 屠丨戶 瘏馬病曰丨

吾我也 梧丨桐又魁丨壯大貌 鋙錕丨山名其山上出金銀雙寶劍 珸琨丨丨石鍊之成鉄 [illegible]石似玉仝上

齬齟丨 捂相抵觸也逆也忤也 鼯丨鼠 鋘鋙同 吳姓也 蜈丨蚣虫名

蒲丨菖 匍丨匐手在地行 葡丨萄 脯胸丨 酺聚會依酒作樂 蒱竹丨 蒱樓也陸也 膊

雞鶩鴨 苻萑丨之盜 菩丨薩

無 古 旡有丨 蕪荒丨 毋 亡禁止辭又莫也 巫道士 誣欺丨

模丨樣規丨 謨謀也定也 摹以手丨物又丨寫 嫫丨母黄帝之妃

茶酒丨 嗏語辭 搽丨抹 [illegible]丨花 查詳丨丨考 槎斜砍木

華榮丨又西岳丨山 譁喧丨 驊丨騮良馬 划丨算丨船

牙丨齒丨人 芽萌丨 笌竹笋 犽小人丨子 衙官丨丨門

爺又父也 耶助語疑辭 邪同上 鋣鏌丨劍名 琊瑯丨郡名 哪以丨
杷枇丨果名又木器 爬以手丨物 琶琵丨樂器 䈏五齒丨用以取草
麻苧丨又姓 痲丨瘋皮丨 鷹鳥名 蟆蝦丨
伽丨僊神名 茄丨子 跏行路高低
遐遠丨 瑕丨玷玉病 蝦丨蟆 霞雲丨 瘕癥丨腹中之病
拿捉丨拏同
邪丨奸 斜不正也 衺同上倚丨
蛇毒虫 佘姓也 闍闉丨城門外蔽
工丨夫巧也 功又丨勞勳也 攻丨擊丨伐又專治也 玒玉名 紅女丨為女丨 紡績 㓚丨利也
蚣蜈丨虫名 供丨奉丨給 恭敬丨 弓箭丨 龔姓也 宮室丨 躬身也親也 公
丨私 丨侯
封丨贈丨閉 詰丨培也 葑菜名丨菲 風丨雨俗丨 楓江丨樹丨 瘋癱丨瘓丨 丰姿丨 豐大丨
丨盈又卦名 霻雲師丨隆 烽火丨 鋒丨鏑刀鋩銳利 峰山之尖者 蜂蜜丨 酆丨都又姓
中丨正不偏也又丨間 忠丨良丨誠丨臣 終始丨也盡也 衷丨曲折當也 螽斯一生九十九子
鍾當也聚也又龍丨老病貌又釜十為丨六斛四斗也 鐘黃丨磬丨又與上通 忪心動也敬惧也
充丨滿又和也深也 忼心動 流水猛破物 冲丨幼 忡心憂 种幼丨又姓 沖搖動也上飛也
翀直上飛貌 衝丨激丨突又通道也 舂米丨 罿捕鳥網 𨌦戰車 艟艨丨

戲船
雍和丨 擁丨塞 饔熟食朝食 雝鳥和鳴 廱辟丨天子之樂 癰丨疽 灉河水決而復入
河者 噰丨丨鳥聲
怱丨忙 葱菜名 驄 騘 璁石似玉 聰丨慧丨察 總青帛白色 從丨容
蓯丨蓉藥名 瑽丨瑢佩玉聲
宗祖丨丨主 琮瑞玉 悰情丨又慮也樂也 鬃猪丨 椶木名皮可作簑衣 豵一歲馬 騣
馬鬣
松木名也 崧大山而高 淞江名 菘菜丨 鬆鬆丨亂也 娀有丨氏契母家 嵩中岳山名 憽
惺丨
兄丨弟同胞先生曰丨 凶不吉也 胸心丨 洶丨湧水勢 兇 兇恐丨 恟懼也 芎丨川
空丨虛丨官名 箜丨篌樂器 崆丨峒山名 悾無知貌 倥丨侗仝上 埪心丨墓也 𢃇衣袂
通達丨 蓪丨木 樋木名 痌痛也 侗無知貌
翁老者之稱 螉丨丨蠮蜂 細 蓊丨鬱草木盛貌 䐥丨臭
烘以火丨物 叿丨丨市人聲哄同 聑耳有聲
蹤跡丨 縱放也
冬秋丨 鼕鼓聲 東丨方丨主
慈悲丨 磁石可吸鐵 鶿鸕丨取魚之鳥 餈丨粑米食 瓷丨器 玼玉病 疵病也 耽

｜雎 祠｜堂 嗣子孫 詞｜訟言｜ 辭俗辞 ｜訟不受禮曰｜
台 三星 胎｜胞｜有子未生 苔｜蘚 邰｜國名 駘｜駑劣馬 鮐｜魚又｜背老人瘦削背若｜魚
鰓 魚｜ 思｜ 顋俗腮 口｜頷下 毸 毰｜鳳 䰄 髼｜鬚多 揌 振也擇也
開 解也｜張
栽 種｜ 哉 語辭 烖 灾俗災 ｜害
哀 悲｜｜憐 欸 嘆聲今人作見事不然必曰｜
該 應｜｜當 垓 地名 剴 切近也
余 我也 予 又姓 餘 剩｜ 畬 田二歲曰｜ 妤 婕｜女官 于 助語 竽 笙｜ 盂 缽｜ ｜蘭
圩 岍｜ 玗 玉偏 雩 舞｜祭天禱雨之所 俞 ｜允也又姓 瑜 瑾｜美玉 榆 ｜桑 踰
迂 逾 越也 瘉 病也 渝 變也 揄 ｜揚與言 窬 穿｜賊也 歈 投也 覦 覬｜
私心欲得之貌 愉 悅也｜和 崳 山名 揄 ｜也 歈 歌名巴｜ 輿 ｜來 旟 旂類 與
助語又｜威 係中適之貌 璵 璠｜ 歟 疑辭 鱮 魚名 諛 諂｜ 嶼 水中山 臾 須｜頃刻
瑛 美石似玉 楰 梓｜ 萸 茱｜ 腴 豐｜身肥 舁 對舉也 炊 犬聲 ｜｜呼
渠 溝｜又呼彼之聲 蕖 芙｜荷花已發 磲 硨｜似玉 籧 ｜篨粗竹席又疾也 醵 合錢飲酒 璩 玉名
劬 勞｜ 瞿 長慮 鸜 鴝｜鴝名 臞 癯 瘦｜ 衢 街｜大路 氍 ｜毹毛席
如 遂也｜意即遂意也 洳 江｜下濕之地 茹 茅｜根 儒 ｜士 孺 又｜子七品官婦 嚅 囁｜多言 襦
短衣 薷 香｜藥名

而 語助詞又汝也 鴯 ｜鶓燕子 輀 喪車 兒俗児 ｜孩
除 ｜去又拜官曰｜ 篨 籧｜ 蜍 月中蟾｜ 儲 ｜貳藏副也 躇 躊｜猶豫 躕 踟｜行不進也
廚 庖｜
魚 [illegible] 肉｜ 漁 ｜取曰｜夫又侵 娛 歡｜ 虞 望也防備也又國名又掌山澤之官 隅 方｜稜角
嵎 虎負｜又山門 愚 ｜拙
殊 異｜ 茱 ｜萸 殳 古杸 兵具錢行杸之長丈二尺 薯 ｜蕷
由 從也經也行也因也 油 ｜鹽 ｜然雲盛貌 ｜和也 蚰 ｜蜒虫 鮋 ｜魚 猶 似也尚也又｜疑曰｜豫
蕕 薰｜臭草 猷 謀｜ 輶 輕車也 楢 木名 蝤 ｜蠐 蝣 蜉｜水虫 斿 旌旂末垂者 颾
｜颾 風聲 遊俗遊 遨｜ ｜行 游俗游 浮｜行也又｜ 蝣 蜉｜ 蕕 ｜草
郵 今之館驛 尤 盛也過也又學魏曰效｜ [illegible] 木名 蚘 蚩｜叛臣 悠 ｜｜行貌久又 攸 所也
槱 以積柴燎祭天 繇 戍也過也於也書也又與由同
求 干｜覓 逑 匹也聚也 毬 ｜踘 絿 紈繞 觩 角曲貌又弓健也 俅 冠飾又恭順貌 捄 長裘
裘 輕｜紹箕｜ 銶 鑿屬 賕 以財枉法相謝也 璆 ｜琳美玉磬同球 虬 ｜龍子 艽 荒遠之地
仇 偶也人敵也又姓 厹 軍器二隅矛 鼽 寒風塞于鼻也季秋行夏令則民多｜嚏
流 ｜傳｜通又水｜ 旒 冕｜ 硫 ｜磺 榴 石｜ 畱俗留 留 住也允也 驑 驊｜ 瑠
琉 ｜璃有光者 瘤 瘿｜惡瘡 遛 逗｜不進 鶹 鵂｜惡鳥 騮 赤馬黑鬣 劉 令辰又殺
也又姓 瀏 水清水貌 鏐 黃金美者

囚 偷丨罪人 酋 丨主又終也 丨長寶大之 遒 聚也固也
柔 丨弱丨順又安之也 蹂 丨躪往來
紬 繚丨 儔 丨類 躊 丨躇 讎 讐 丨怨 疇 田丨丨昔又類也誰也衆也 檮 堅木 裯 單被
籌 更丨算 酧 酬 醻 丨謝丨答又厚也 譸 張誑也 鵃 雉也 稠 密丨 綢
丨繆 售 丨貨物 惆 丨悵不如意
牛 耕丨 芊 丨藤藥名
崖 山丨 涯 水丨 捱 丨延 睚 丨眦目相視 挨 推丨 埃 丨塵
柴 丨薪燒丨 燎 以祭天神 茈 藥名丨胡 儕 同輩 豺 丨狼 才 丨能貌
排 丨斥丨列 俳 丨優雜戲 牌 紙丨丨扁 骨
懷 懐 丨思丨抱藏 淮 水名 槐 樹其花色黃
埋 瘞丨 霾 風雨蒙霧
鞋 韈丨 諧 丨謔又和丨戲言 骸 骨丨
爹 父也
些 少也
靴 皮丨
夫 工丨大丨 砆 碔丨石似玉玞同 鈇 丨鑕斫刀也 趺 跏丨膝而坐 麩 丨麥酒麴 妋 翁也
孚 信丨 郛 郭 莩 葭中白皮麻有子者 俘 丨囚軍中虜獲之人 膚 肌丨皮丨淺也大也 桴

丨[illegible]竹木之 稃 皮 罦 [illegible]之網 數 丨[illegible] 痡 [illegible] 鳧 [illegible]
姑 且也丨息丨娘 沽 買也 辜 丨負罪也 蛄 螻丨 酤 買酒賣酒這酒俱稱曰丨 鴣 鷓丨 孤 單也
丨罛 獨丨 魚網 菰 苽 彫丨米 觚 酒具方也稜也 呱 小兒啼聲 箛 以筵束物曰打丨
疎 疏 不親也又通也分也 蔬 菜丨 梳 梳髮器 蘇 紫丨丨木又姓同下 穌 息也死更生
甦 也全 酥 上丨丨餅又 酥 酪酒丨 蘇 丨菴草
烏 黑也何也日曰陽丨 嗚 丨嘆於同 惡 何也 杇 塗也 㽹 婦人惡血 汙 污 丨壞穢
初 始丨 粗 丨俗 麤 鹿大丨略 芻 蒭 刈草生丨又 閦 佛名
租 賃丨
呼 嘑 丨喚稱丨又 滹 丨沱水名
鋪 丨張 餔 丨設食也 逋 逃也 晡 口 哺 周公一飯三吐哺待賢之懇也 晡 日至申時 痡 病也
都 丨邑 啚 猶大略也 闍 丨闉城門外敵
枯 丨槁 刳 剖也 髑 丨髏死人骨也 骷 丨人骨也 蛄 殆 丨棉
姿 丨色丨態 咨 諮 丨嗟丨諏 資 丨質丨助丨籍丨斧 粢 六穀曰丨 趦 丨趄行不進也 髭
又恣同丨鬚口上曰丨 貲 財丨 積 丨積 孜 孜孜汲汲也 菑 田也 淄 水名丨澠 緇 黑色
輜 丨重東車 椔 枯木 錙 丨銖 齋 丨衰喪服 齋 衣下縫也 穧 小絹也又 耔
耘丨 孖 合也双生之子 牸 丨牡 孳 生息也 兹 此也又草木多也 滋 丨潤味多也
益也 鎡 丨基田器 鼒 鼎小口才鼎上 鄑 邑名

司｜守管也　笥竹箱音事　思｜想　緦｜麻孝服　罳罘｜屏也　颸｜風涼風　私不公也

絲｜亮｜綿　鷥｜鷺　蕬｜菟　斯此也　廝小｜奴也　凘水流貌　鷉鸒｜鴉鳥

師｜傅｜法｜衆先師　釃榨酒器　獅子｜　襹破衣　螄螺｜　偲切切｜｜相責也　篩｜

正音籭竹名　俗作朩｜誤

雌｜雄母　雞曰｜　差參｜不齊　嵯峨｜山不齊貌　籭｜硬

朱赤色又姓　珠｜珍　硃｜銀　誅｜斬責｜　株木根在土上曰｜　侏｜儒矮人　咮多言

邾國名　蛛蜘｜　洙｜泗水名　潴水所停曰｜　豬猪羊｜　諸｜衆語詞疑詞

櫧木｜　銖｜錙

虛空｜｜偽又宿名　噓吹｜　墟｜市邱｜荒也　歔欷｜悲泣氣咽而抽氣也　吁嗟｜　旴日初出

盱張望曰｜　芋大也　訏誇也　冔商時冠名

居住｜　琚佩玉名　据拮｜勞作之狀又音句　裾後衣也　㞐｜儲貯也　拘｜束執｜　俱

駒小｜馬皆｜也　車｜載馬也　斞｜酌也

書｜籍｜寫　輸｜納｜敗　覦覬｜　舒｜徐　紓｜展　荼神｜守禦之神也

區｜處｜別又戎也　軀身｜　驅｜逐又馳歐同　嶇崎｜路不平也　祛｜逐　佉依山谷為馬閒

於俗於　于語詞　淤泥｜　迂｜闊遠｜　紆曲也縮也

姝美也好也　樞戶｜　摴｜蒲之戲雙陸也　攄舒也　樗木名

云言也　芸香｜草名　耘耕｜去草　紜紛｜雜物　沄｜洄　熒燈燭之光　雲風｜雨　縈

｜回繫也　瑩石似玉　瀅瀠水洄貌　螢火蟲　塋｜坟　榮俗棻｜華盛貌

營經｜｜謀｜寨　勻｜均　畇田｜　筠竹外青皮　鄖｜陽府又國名　篔｜簹竹號

倫人｜理｜　淪沉｜落｜　輪車轉　綸絲｜經｜　掄｜選　侖思也又曰｜｜天形　崙崐｜山名

論語｜　圇囫｜

焚燒也｜書　汾水名｜酒　墳坟墓｜　羵土中怪羊又大首羊　濆汝｜水名　蕡雜香草又草木

豶多實貌　獖犗也　獖豶豕又牯猪

純｜粹又絲也　忳｜篤人名　琿｜玉　蒓水中葵菜　蓴同上　淳和厚　醇酒濃又同上　焞明也

鶉鵪｜　犉黃牛黑唇　脣口

文｜章｜彩　紋錦綺｜織　雯雲成章　蚊虫｜　忟溫也　玟｜玉　炆溫也｜煮　聞耳｜

門戶｜　們你｜俗｜　捫手摸也　虋｜冬　穈赤粱粟也　亹兩山峙立如門又水流崎嶇兩岸如門

璊玉赤色　䊟粥凝也

羣古群衆也　裙彩｜女子下裳　瓊｜玖赤玉　惸｜獨　煢｜㷀也　睘目驚貌又無依所貌

魂｜魄鬼同　餛｜飩米食　渾｜如然　琿玉名

存｜留｜恤　蹲足屈也

盆｜甑｜盂　葐藥名｜蘊　湓水名

豚猪也　屯｜衆｜留　飩餛｜米糰　魨河｜魚名　臀｜臋也

才｜力｜能　材｜木　財｜貨　裁｜衣　纔｜覧　俗纔方｜初也

來俗来來来至也來往 萊草｜東人名 騋馬七尺以上為｜ 勑地名 睞｜盼

徠｜循 奎天名

臺臺｜樓 檯木名 擡｜舉打｜ 駘蹋也脫也

孩童｜

呆｜痴 皚雪霜白也又音哀 獃｜癡

員官｜方｜ 捐棄｜ 篔竹名｜簹 圓｜圜 園花｜圃 薗全上 圜從諫若轉｜天下｜視而

爰起于正視驚視於也 援｜手｜舉攀｜救｜ 媛美女 瑗大孔璧 湲潺水聲 蝯蝗子

袁長衣又姓 猿禺類似猴 轅車｜門 橼木名 蝝一曰蜻｜ 緣｜分因循也貫｜連絡也

垣牆｜ 丸彈｜ 鳶鷙鳥名 沿｜習又從流而下 鉛錫｜

拳手屈收也 卷曲｜ 踡｜跼促不伸也 ⿸疒卷手屈病 鬈鬚髮好貌又髮曲也 惓｜｜有情意

顴面上｜骨 棬杯｜屈木所為 權俗權 杈｜柄｜變｜即秤錘

元狀｜大也首也長也 芫｜荽｜花 黿鼉｜ 原本｜推高平曰｜ 源水之本也 騵騮馬白腹

羱野羊 蝯蝗子 嫄姜｜

寒｜冷 韓國名又姓 邯｜鄲地名 含含容｜ 函師席曰｜丈又與上下字義同 鋡鐘甲

頷頤｜也 瓴礫溝也 酣半醉也 涵水浸物又｜泳

團｜圓 糰｜粉 糰餅｜ 摶以手圓之也又布夷先生名 溥多也｜｜露 剸絕也斷也又截也

曇雲布也 壜甔 罎瓶瓵 覃深廣也長也又尺也布也 潭水深處 譚姓｜

蟫土中白虫 醰酒樂也湛嗜也又不醒不醉 驔馬毫骭白

鸞俗鸾｜鳳 鑾鈴也又金｜殿 巒｜村又小而尖山 欒木似蘭 攣聚也擇也 男

女 楠木｜ 南東｜ 喃｜｜ 諵呢｜言不了也又燕子聲 圞團｜同也

玄青赤色又幽遠也 泫｜淵水深也 玹玉名 懸｜挂｜空

傳流｜｜遞 椽桁｜ 舡船舟也

蠶俗蚕吐絲虫 攢｜聚

辨字摘要上聲卷二

子嗣｜ 仔｜肩任也克也 耔耘｜壅禾根也 訾毀言｜ 紫赤黑色又姓也 訾訿毀也又姓

梓桑｜木名又刻書曰｜ 滓渣｜ 秭數名億曰｜ 姊｜妹 胏乾肉有骨者 笫｜床

史書史又姓 使役｜｜用 死生｜ 駛馬行疾也 兕野牛一角青色重千斤皮堅厚 兕似野牛而色青

此彼｜ 佌｜｜少也 玼玉色鮮明

宇屋｜宙 寓 禹夏｜又姓 霱雨貌 瑀石似玉也又行也 萬｜群也 羽毛｜ 雨

｜風 與党｜施｜又許也 嶼海中山 庾量名六斗四升 ⿰忄臾懼也 瘐飢寒疾病 ⿰口臾｜咮痛念

聲 予嘉｜興｜ 愈勝也安也 瘉病安也 呰器中空也邪也又也又與下同 窳懶也 傴

同下 瘉傴｜

主君｜賓｜ 麈大鹿尾可作拂 渚小沼 煮煑烹｜ 楮紙也 褚姓｜

女男｜ 禦止也花也 籞禁苑又池陂編竹筏以養魚 語｜言 齬齟｜齒不相值 敔柷｜

許 與也容也又姓也 樂器 圄 囹丨周獄 圍 柎丨又姓 麌 丨丨聚也 丨相 詡 大言也又和也普也敏而有勇也 祤 飛貌 咺 股冠名 煦 和也溫也又蒸也

舉 稱揚丨動丨錯杠 莒 草名國 筥 筐丨盛物之器 柜 柳丨木名 矩 規丨所以為方之器又俱也當也廣

隔也 弆 藏也 郚 國名又姓 踽 丨丨無親之貌

晷 日影 簋 宗廟盛黍稷之器 軌 丨則又車轍 宄 奸丨 匭 匣也音癸

耳 自丨又助語 珥 瑱也耳璫 駬 騄丨駿馬 餌 粉餅米食 緝 但也 爾 尔 他人曰丨又助語 邇

近也 茹 丨納之也 乳 人丨

暑 寒丨 鼠 老丨 鼡 同上 黍 稷又角丨俗云粽子 杼 除也

處 俗處 杵 砧丨臼 杼 機丨梭也 佇 久立也 竚 企也又同上 貯 丨積盛丨

宁 辨積物也 羜 小羊 苧 草也可為繩 褚 綿裝衣曰丨又覆棺之物

去 除也 李 桃丨又姓 里 隣丨路程 理 道丨又義丨料丨膝丨正丨也 鯉 魚名 鱧 烏魚 俚 鄙丨 娌 妯丨兄弟

之妻 裏 表丨 裡 內也 篡 扁丨取魚之物 禮 古礼 樂丨 醴 甘也丨泉丨酒 履

鞋也又踐丨 澧 水名 侶 伴丨 邐 迤丨又接連貌 旅 行丨眾丨 膂 脊骨丨力方剛

蠡 蟲木虫又彭丨 縷 絲丨 褸 襤丨破之衣 僂 傴丨陋也俯也身向前也亦音樓 呂 律丨又姓

瘰 丨癧瘡也

諉 推丨 委 丨落丨曲 萎 病身黃瘦也 偉 大也丨傑 瑋 瑰丨美玉 韙 是也 葦 萑丨蘆丨消草

名 煒 光明 暐 光盛 韡 草木茂盛 尾 終也 亹 俗亹 丨丨強貌 娓 丨丨

言不休也 洧 溱丨 唯 丨諾應之速也 頠 靜也正容也 鮪 魚名 蔿 草名 闈 門也

隗 崔丨高也 猥 鄙也

蟻 古螘 浮丨酒也子虫也又 艤 泊船上岸 擬 丨議揣度 錡 三足釜鼎屬 顗

周丨人名 嶷 歧嶷貌

止 住也 芷 白丨藥名 沚 沼丨 趾 足丨 址 基丨 阯 交丨國名 祉 福丨 阯 咫 尺丨

只 語詞 枳 丨殻 帋 紙 丨幣 徵 五音之一 耆 致也 旨 旨 甘丨聖丨

指 手丨丨示 黹 針丨 秖 丨掌而談

起 興丨丨止 杞 丨柳枸丨 屺 山有草木 芑 白粱粟又苦蕢草名 豈 助語又非然之詞 稽 拜首

頭至地 啟 開也 啓 教也 棨 信也 綮 戟丨 綮 宋帝名

以 丨用也又助語曰同 苡 薏丨仁藥名 已 止也大也 矣 語詞 倚 靠丨 椅 梓丨 掎 丨角偏也

綺 羅丨繒也 旖 旍旗之屬 猗 丨頓相人名 扆 斧丨扆也 兕 野牛

斐 文丨貌 匪 薄也 篚 筐也 榧 果名 棐 丨 菲 薄丨輕也 悱 口欲言而未能之貌 誹 丨謗又腹丨

丨口不敢言而心怨 㥱 疑辯也心欲也 翡 丨翠又音餒

矢 誓也直也弓丨又陳也 始 初也 弛 廢丨 豕 猪也 屎 屎丨 舐 以舌取物

名 飭 比 較丨 秕 穅也 彼 此丨 妣 母死曰丨 俾 使也從也 鄙 俗丨丨陋丨吝丨薄 乜 首丨

屢亟數也又疾也 累丨次重疊也 瘰丨癧瘡也 纍丨龍 磥多石也 虆蔓也 儡傀丨木偶戲

壘軍丨又櫑丨神 藟葛類 櫐藤也 櫑食盆 誄 讄哀死而述其行也 磊丨落又衆

石狀 蕾蓓落花多 蜼猴屬

米穀丨 靡無也丨麗華丨抆丨敗也 浼汙也又丨丨水流于下 弭止也滅也又弓以象骨為之 渳水貌

瀰水流貌 咩羊鳴又楚姓 美嘉丨又佳也甘也 每常也丨次 浼托也丨辱又 莓

馬丨草也 洒丨滌俗洗 璽天子之印 蓰物數五倍 簁 躧草履 徙遷丨 葸畏首畏尾 枲麻有

子者 泚汗出貌 髓骨丨 瀡丨終 齼丨齭傷醋也

嘴口丨 躋升也 沮止也 濟丨丨盛也又多威儀又水名 擠推丨排丨 觜頭上角 齟丨齬

紫鳥喙也又藏也

揣丨度丨摩 漼水深 璀丨璨玉光

痞丨疾腹結痛也 否丨塞又卦名又不善也 嚭大也又伯丨人名 衃不凝血丨血也 庀治也具也 仳離別

秕 粃糠丨不成粟 圮覆也毀也

已自丨 几丨席 玘玉名 紀丨載記也綱丨年丨 虮 蟣虱 麂獸名 幾丨何猶云

多少

侈奢丨 恥 俗耻羞丨 齒牙丨年丨 [艹齒]馬丨莧 褫奪也革也解也

毀謗丨 燬焚丨 譭罵丨 虺蛇丨 賄財丨賂

辨字捷經 上聲

乳丨汁又有也之 蘂俗蕊花丨 蕤 甤草木花垂木實 緌冠之纓結于頷下其餘下垂謂之

餒 餧飢丨又魚爛曰丨 鯘魚敗

鬼神丨 詭計丨 宄姦丨

水五行之一

跪丨拜 傀丨儡木偶人也

取丨計

腿脚丨

你汝也 禰父廟曰丨 薾草盛也

體 軆 体身丨丨貼

喜 古憘悅丨

泚妻上聲水清也又汗出貌孟子其顙有丨 泲此也水名又蒲丨丨酒也

氐至也 抵丨觸丨當大丨猶大凡又到也 邸舍也 底伊于胡丨止也有丨無丨到丨 柢木之根 弤

雕弓 詆毀丨 舭艤丨戰船 軧大車後也 胝胼丨皮厚 砥丨礪又平也均也 祇適也但也

免丨黜 勉勵丨 冕冠丨 俛俯首 娩生產曰分丨 勔強也 愐思也 湎沉溺于酒也

緬丨甸又綢繆也 丏避箭短墻 眄目偏合也又邪視也 沔水流貌又沔陽 乜姓也

遣駈丨 繾丨綣留也 歉丨愧 慊恨也歉也 譴丨責丨問又怒也

二十五

衍游丨蕃丨丨習　演丨戲丨武廣也延也　縯長也　戭銀鏞　兗州丨　偃丨息丨臥　蝘蜓也

鰋即黃鮎　鶠雌鳳　鼴鼠名好堰河而飲水　堰丨橋壋又音晏　掩揜丨遮丨藏丨　弇蓋也

丨渰雲興貌　扊丨廖門限也　剡銳利也又削也　琰璧上起美色又圭之銳上者　閹閉藏

罨網也　黶面有黑子　檿山桑　㾪瘡痂　魘睡魘　峴墮羊祜山名　广因崖為屋

躽身向前也

莞小笑又蒲席也　筦鐘鼓丨莖　捖擊也　浣澣洗衣垢也　睆星明貌又躬視貌睍丨　盥以盆

水洗手曰丨　逭事寬曰可丨　睅大目也

肯骨閒肉也又可也　墾開丨　懇丨切丨求　齦齧也

宛丨然又姓　腕丨手　䯘膝丨　惋驚嘆　婉妻丨丨嬺　碗盞丨　蜿蜷蚯蚓龍升貌　琬琰丨

玉名　畹田三十畝為一丨

鮮少也　選丨擇也　癬乾瘍也　蘚苔丨　筅丨帚又筤丨軍器　跣徒足履地　銑金之滑澤

痥疥丨　毨毛落又生　洗滌也律名姑丨　燹野火　獮秋獵曰丨

冉弱也丨丨行貌老丨丨其將至　苒荏丨柔弱也又草盛又侵尋也　珃玉也　髯鬚丨　染丨布

冷寒丨

撿捜丨丨束丨聚檢同　梘竹木丨通水之物筧同　挸拭面丨也　枅　蕈禾丨乃小束也　蹇丨修媒人

稱丨修又跛也又難也　騫丨驢　繭絸蠶丨　囝丨子

耿丨介又小明也疊也不安也　綆汲水索　哽丨咽悲也食骾喉也　梗丨直枝丨又桔丨藥　鯁骾

骨丨真丨　愃痛丨痂也　詪難語也

忝丨辱　餂以舌取物　腆　倎厚也善也　淟涓也　靦面慙也　蜓蝘虫　沴陰陽氣亂

飻饕丨貪食　殄丨滅丨絕　吮以口吸也　颭風搖動貌

輦車丨　摙瑚丨　槤負擔也又搬運也　臉面丨　臠肉丨丨婉丨美貌

管樂器又竹丨又姓　菅收丨掌丨　琯玉名　館書丨丨舍　輨車軸　脘　脘胃丨

顯俗顯明丨　險危丨丨阻　獫犬長喙　玁丨狁北狄也　睍睆丨　蜆丨肉黑虫海味

狠　很行上聲恣戾也不聽人也

滿盈丨　猛勇也威也暴也　艋舴丨小舟　蜢蚱丨虫　懣憤丨不平

匾圓丨　扁丨豆　褊丨小丨急　砭以石針刺病　貶丨謫又減損也又抑也

儼丨然威嚴　碾輾丨磑輪轉谷物　撚以手丨物　蹍足踐也　涊丨然汗出

典丨籍常丨丨當賟同　賟丨當　點俗点丨更丨滴丨畫

省禁署簡丨　瘄病也　眚目病又赦也過也又妖病曰丨

淺俗浅丨深　鯫丨生猶小人也乃自設之語又音鄒小魚

閃睒丨丨電　爓燈火丨爍　陝丨西地名　睒矆丨電也

諂丨諛事君逢而諫則丨也　闡開也顯也大也明也

剪裁丨翦同　戩福也祥也盡也　譾丨劣淺也

展丨轉丨開　輾丨轉　皽一云皮肉之膜

歀款哀曲也誠也敬也叩也至也親也愛也待也又時丨欵丨冬花藥名
等丨類平丨待丨戥丨秤用以稱銀之輕重
怎丨麼津上聲
遨盡也
友丨朋 有丨無 誘丨引 酉支名 槱薪丨積柴丨以祭天 莠似禾之草 黝人名 卣酒罇
牖俗牗丨窗 懮丨思也丨愛慶
紐結也 忸習慣又怩也 狃犬性驕又同上 扭手丨 杻木名 鈕鐘鏡之鼻皆曰丨
九數目 久丨長 玖瓊丨黑石似玉 糾丨合急丨察 赳丨丨武夫有力 韮菜丨 韭同上
紏督也繹也隱也戾也
帚俗箒帚丨掃 肘丨腕臂 杻手丨拘罪人物 掫執持俗云丨銀幾多
柳楊丨木名 綹緯十數為丨又剪丨賊名 罶以曲薄為笱而承梁之空者
手丨足 守丨執 首頭也先也又始也
丑支名 醜陋也又類也 醜菸蕕也
朽木之腐者
酒丨茶 揂以手丨人 緧以物丨住
煣揉以火屈伸竹木
往丨來丨昔 㞷寬丨丨法 徃急行貌 罔無也又欺丨又丨丨無知貌 網捕取禽魚者 魍丨魎

山鬼 輞車丨 惘失志貌
養育丨 癢痛丨痒同 懩丨技丨心所欲也
爽清丨又差忒也 塽丨快丨乾 䫋丨鼓 顙額也 磉柱石 嗓喉丨丨快
恍丨惚光明也 晃光明也 幌心不定也 幌帷幔 䁪氣容貌 鯇酒器大也 謊說丨虛言
訪丨問又謁見也 紡丨績 彷丨彿若有若無之間 髣丨髴彷彿也 倣丨傚 眆丨眆見事不諦
舫船也 昉旦初明也又始也
掌手丨 長生丨 鞝皮 仉孟母丨氏
榜標丨 膀肩丨 膀丨厥 蒡牛丨子藥名 綁丨捆
㩩咳聲 慷丨慨感傷也竭誠也
莽草丨又鹵丨苟且貌 蟒大蛇也 蜢蚱丨虫又音滿
黨俗党鄉丨偏丨朋丨與丨 攩摓打 讜善言直言 譡忠直之言
敞高曠也明也 僘寬丨 廠屋無壁 氅鶩羽 昶日長也通也 鋹利也
倘丨若設假之辭 惝丨怳 儻倜丨卓異 爣寬明也 帑金帛之類
享丨獻也 饗鄉丨 響影丨應聲
强勉丨 襁丨緥負小兒之衣
奬丨譽丨勸 蔣姓也 槳丨櫓縱曰櫓橫曰丨行船之器
曩俗曩昔 朗明丨 烺燒火貌 㮾丨梅

辨字捷徑　上聲　二十七

搶｜奪
賞旌｜賜｜　償還｜　晌午｜　上升也　扃門耳
講解｜論｜　港行舟之道
廣大｜多｜闊
仰俯｜望｜
剏創｜造懲｜　愴悽｜憂也又音鎗
想思｜　鯗魚｜
兩　兩　兩斤｜　倆伎｜巧也　魎魍｜鬼也
壤土｜天｜
沆漭｜大水貌又｜瀣北方夜半之氣
斗星｜升｜　抖｜擻起物舉也　枓柱頭斗栱　蚪蝌｜蝦蟆之子　㞳｜峭山合寒盛盛也　陡｜然｜發
鈄田和篡齊遷康公于海上穴居野處以｜為釜因姓｜
渺水淼水｜茫大水　眇一目小也　緲縹｜　杪樹木之稍　藐｜小也怨畧也遠　邈廣遠
杳｜冥｜然無形　殀短命也　枖山木小長　穾室之隱闇處幽深也　窈｜窕幽閒也深遠也美好也
苭草長　皛明白也　溔白渺也水邊也　鷕雌雉聲　舀以手｜水　藠白葉似蔥中空莖有稜可食
窔窅深｜同窔
鳥飛｜總名又音鳥上聲　蔦｜蘿即寄生草　嬝嫋｜｜長弱貌　裊柔貌　嬈戲弄也

皎｜｜白駒　餃｜餌麵食　皦玉石之白同皎　繳｜消｜還　撽擋也抹也　矯｜飾｜健不自然
蹻強直貌又武貌
苟｜且草率也又誠也　狗犬也　耇黃｜老人髮白後黃　笱取魚之具　枸｜杞　垢｜污　坸塵
剖｜分　蔀障蔽也　培｜塿小阜　瓿｜泥瓶甂　掊擊也克　裒聚也多益寡　捊掬也
抔引取也汙尊｜飲謂以手掬而飲也
偶對｜又遭｜然曰｜然　藕蓮｜　耦並耕　嘔｜吐　毆擊也
某呼人不人曰｜人曰｜　牡｜丹又公獸　畝畆田六尺為步百步為｜又畎｜　丘孔聖之名不敢直呼故諱
叟長老之稱　瞍目無瞳子故曰瞽｜　藪大澤　籔洒水具　擻抖起物舉也又｜物
漂｜布　摽｜落又拊心貌　勡｜掠強取　瞟一目之人　殍莩餓死人也
縹｜渺不斷之意
吼獅子吼聲　犼獸似犬食人　彀孔子也
否不然也
沼｜池
表｜率｜裡儀｜旌｜　裱｜褙　婊妓女　俵散｜
走｜奔
擾｜亂煩｜　繞俗遶纏｜圍｜

籑 衰丨 壜 培丨 甋 瓻丨 瓴甋

悄 丨靜又丨憂貌 愀 丨然作色 色變也

小 細丨微 𡭔 小丨志也 丨草遠

少 不多也

曉 丨諭又光明也

窕 窈丨幽深 閒靜意 搽 丨換物件

口 丨心

劓 征丨丨 龔劓同 橾 枸橾也

了 慧悟也 又完也 瞭 目睛明也 瞭 明也 蓼 草丨 繚 纏也

摮 以手開物

屌 男人陽物 枸 禾垂穗也

丙 光明也 昞 炳 丨朗明也 眪 目明視也 秉 丨執又量名十六斛又二石為丨 稉 禾丨 鞞 刀佩

稍之 稟 告丨 餅 粆 餻丨 鉼 金鈑銀丨 屏 牆外內丨丨 藩丨 偋 丨除丨斥 迸 丨逐

併 相竝也

整 丨齊 丨飭 枕 頭丨 鮀 魚丨 拯 丨救 賑 丨濟 軫 車後橫木又宿名又動也星名 診 視也丨脈

畛 田間道也 又丨域 紾 以手扭捩 袗 單也畫衣 眕 目有所限而止又委重也 疹 皮外小瘡

鬒 髮密而黑 縝 密致也

閔 憫 憂也恤也又姓 皿 器丨盤盂總名 衄 䟗 丨頭 抿 撩丨 敃 丨未醒 愍 丨憐

泯 丨沒 民 丨丨于娘 髮之县 湣 齊王名 敏 丨速 茗 茶也 酩 酒醉丨酊 黽 丨勉

澠 丨池縣名 又青色

景 光丨 丨致又仰慕也 憬 覺悟也 璟 玉光 燝 光也 謹 丨慎又專也 槿 木丨花 卷 目危

婚禮用之 緊 急丨 警 丨戒 丨巡 儆 同 錦 繡丨 頸 丨項 剄 割也 燛 火也 一曰日光

熲 火光又人心有憂明构 迥而明無所出現也

引 丨誘 丨 駕牛丨 靷 馬物 蚓 丨蚯 土蟲 紖 牛丨 繩 隱 幽丨 丨藏 䁙 丨 隱 曲丨 揉 淊 濦 水名

穎 丨悟 潁 丨川 湆 煮飯之汁 影 形丨 人物所映 飲 丨食 穎 木末也人脫丨而出 郢 地名

廴 音引 長行貌

忍 丨耐丨安 丨丨讓 涊 水名 稔 穀熟曰丨 荏 丨染 柔弱貌又丨苒 侵尋也 袵 衣襟 袵 臥席 飪

熟食 烹丨 恁 思念也 絍 繒帛之屬 妊 人有孕 丨娠 女壬 大熟也又 𦙶 肉汁也

頂 丨頭 酊 酩丨 醉也 鼎 丨新又革故 鼎 丨香爐 丨盛 鼎 平高曰春秋

領 頸丨 丨受 嶺 山丨 領 衾其丨 土丨 䄉 衣袖 廩 倉丨 饑饌人 凜 丨謹 丨恐懼意 又丨冽寒也

懍 危懼 濫 泥滓也 又滑也

審 詳丨 丨問 又嬸 叔妻曰丨 諗 謀也 告也 沈 姓 矧 況也 哂 小笑 哂 微笑 蜃 大蚌 蘇丨

挺 直也 持也 梃 杖也 珽 玉名 侹 直也 徑丨 艇 小船曰丨 綎 帶丨 脡 脯肉 𨓈 人名

町 田限 田丨

辨字捷徑 上聲

請丨謁 丨問 寢臥也 㾛醜貌 綅曾丨用以取魚

品丨級 丨格 牝牡獸

悻怒意

醒醉丨 省丨察 三丨 筍 笋乾丨 竹丨 闕 禊祊丨 門丨 蕈香丨 隼鵰屬急疾之貌

井水丨 儘 俗 侭丨多 丨少 丨妙 丨有

逞矜誇又不檢謂之丨 騁丨驅 踸丨踔行無常貌

古上丨 今丨 罟網丨 牯牛丨 估值丨 詁通古今之言而明其故曰丨 嘏福也 盬鹽也 不堅

丨固也 煮池為丨 又倉猝也 盬器也 羖公羊 賈商丨 監亦器 又鹽也 師也 蠱水丨 蟲病

股髀丨 幹 蠱丨惑 丨毒 戰 鼓 皷鐘丨 又擊也 動盪之也 瞽無目之人 鼛兩手曲處

鼛紅出釋 鼛登 鼓鐘聲

府丨縣 丨庫 腑臟丨 拊丨循 又擊也 拍也 撫丨恤 彈也 擊也 𢱢丨摩 丨按 安存也 又同上 腐丨爛

俯丨仰 首垂下也 廡丨庭 上丨 甫始也 初也 大也 尊稱之 黼丨黻 斧刀丨 簠簋丨

杯盞器 盡同 脯十肉 釜六斗四升 鍑屬無足量 輔車丨 兩旁夾車木 又扶也 弼也 助也 㕮丨咀 俛

同府

母父丨 公丨 拇手足指 姆伯之妻 又女師 砩雲丨 藥名 姥老女 畝田丨

武威丨 又捉迹也 鵡鸚丨 能言之鳥 碔丨砆 石似玉 舞歌丨 侮欺丨 弄也 戲 鄔地名 嫵

媚丨 膴原丨 肥美也 憮人失意也 儛胡丨 地名 塢山阿 隖同

魯愚丨 又姓 櫓船器 鹵丨莽 憪心惑 滷魚丨 鹽丨 努用力 弩弓丨也 胬眼起肉丨

氌氆丨 毛毡 [illegible]丨酒也 擄丨掠 劫取也 虜同上

祖宗丨 阻險丨 丨隔 沮同 丨遏 組印綬 丨織 咀丨咒 人同詛 俎丨豆 禮器 齟丨齬 又音疽

砠原 淮鹽

普徧也 譜族丨 氆丨氌 毛毡也 又音羅 圃園丨 溥大也 廣也 浦水濱 補丨其缺略 哺

吐丨 又食在口也

覩見也 睹同 堵墻也 賭丨博 睹天欲明 琽玉名 肚腸丨

五數目 伍行丨 午時刻 忤丨逆 仵作丨 驗尸也

苦甜丨 勞丨 楛木名 人惡者名曰丨

所在丨 又攸也 同 數 数點丨 物件

楚丨 又國名 又鮮整貌 檚木名 礎石丨 蘆郎蟲

虎豹丨 琥丨珀 松脂入地而成 滸水涯

土地丨 吐丨嘔

補裨也 填也 又數也 又姓

馬牛丨 又姓 碼丨碯 瑪同 鰢魚名 媽老母 螞丨蟻 虫 榪木名 㨸以手丨物

寡丨少 獨也

假真丨 又大也 賈姓 又 檟梧丨 木名 斝盃也 瘕病也

三十一

把丨持丨勢 杷胡人儒田曰丨
雅清丨丨俗 啞瘖丨口不能言 瓦磚丨丨缶
打擊也又丨聽丨扮
廈大屋 夏中國曰諸丨又國名 下丨上其音
耍丨頑 厦側屋 㕎屋傍曰丨
槎桴也又仙乍字上聲 奼美丨又河上 姹丨女水銀也
搽手把物也丨擦丨拯並同蛙上聲
鮓丨魚
野丨曠 也助語 冶陶丨艷丨 [illegible]泥淖也
且助語借張口白之辭 撦以手開物
扯丨拖 哆張口
惹招引 隱揖也俗云唱丨
寫丨字書丨 瀉以壺水灌溉 [illegible]丨金銀
者助語 赭赤色 這丨個
姐女在長曰丨丨
果必丨又同下 菓子丨 裹丨腳包丨 綶丨纏 粿米丨 蜾丨蠃腰蜂細
裸赤體也 蠃蜾丨又蓏果丨植生在木曰果蔓生在地曰丨 砢磊丨眾石也

挫丨摧 脞小也細碎也 瑳玉色鮮白又笑貌 怍丨愧 酢丨酬
瑣玉聲小也又丨丨煩細貌 鎖鑰丨 嗩丨吶藥器
朵花丨耳丨 㨹射之的 躲丨藏丨避 聜耳丨 埵堅土 嚲廣也厚也又垂下貌
跛足丨
頗多曰丨少曰丨 叵不可叵測 尀耐丨
荷負丨丨蒙
娜婀丨美也 那何也俗云丨事
妥安丨丨帖 墮山狹而長
顆丨粒上聲科
火丨水 伙傢丨丨食 夥合丨丨計
我己也
左右丨
可否丨
保安丨丨養 褓丨襁 堡丨障 賲有也 葆草盛 寶珍丨丨貝 飽丨足 鴇老丨鳥名至淫
妓家無耻故名丨兒
好美丨相丨 昊春天曰丨天 鎬丨洛周京 顥白貌又天邊氣 皞白貌又姓 灝曠遠也又水勢遠也
槁枯丨槁同 暠皜白也 縞素色又繒之精曰丨 稾文字草丨示桿曰丨 杲日出又明白也 笅

竹索絞纏丨絆也又丨罪姣好也美也狡丨滑也疾也攪丨亂丨擾㾜腹中丨病
早晨丨澡丨洗藻水草找丨清棗丨子果名爪復手取物曰丨又手足甲也
倒顛丨潦丨島海中之山搗擣擊也築也禱丨求丨告
老年高也潦行丨上流水遶丨道撓屈丨腦頭丨惱煩丨恨瑙碯瑪丨
巧機丨滑丨攷查丨考壽丨丨窘丨拔又父死曰先拷丨打熇燥也又乾也丂氣欲舒出貌又
同巧
襖夾衣布丨懊丨惱扚摘丨咬丨齧齩丨齒
嫂兄之妻掃丨除稍漸也丨若捎丨動除也又音筲
草艸屮丨木丨創又苟簡曰丨率炒煎丨謅弄言也又丨擾
討收丨取丨誅丨究
卯地支名昴宿名茆鳧葵也
覽視也擥手取物欖橄丨爁火乾也爦火丨嬾情丨孏同漤柿塩水浸之
亶信也大也厚也膻路也又肉疸黃病殫竭也盡也癉病也彰善丨惡膽肝丨又與胆字同
礸石丨藥名
簡柬丨帖丨畧丨選丨慢揀擇丨減添丨損
喊人聲叫丨嗷虎大聲僩威嚴貌闞怒聲又奮怒貌艦戰船
反覆丨返還也阪丨障又山脅也飯食也

斬丨絕丨斷盞盂碗丨蹇丨速也趲催丨行儹同先上丨咎姓丨咱咯我也又音查
剗削丨棧閣也又木為之閣鏟削木之器滻水名慘丨悽
板木丨版民籍也丨圖也坂田丨鈑金丨眅脚丨
產生丨業傘雨丨散碎丨繖涼丨糤麵丨拶丨子刑具
赧戁面慙面赤
眼目丨闇晦也黯深慘也又傷別貌黤黶果物壞爛曰丨
橄欖丨闞門丨㔶婦人丨妝
晚夜丨挽丨牽又與輓字同丨車婉媚也遠綏也綰結丨繞繩丨欜門丨
坦平丨路也袒丨裼露臂䒰草名毯氈丨啖啗口食物也誕生辰也忐丨忑虛怯
懶也
采五丨色丨採摘也取也彩文丨色也又精光也綵繒丨畫丨寀寮丨同寅之官啋語詞俗也
倸姦也
愷弟丨凱南風曰丨風鎧甲也塏地高曰丨塊闓開也剴切近也顗人名丨思
藹和丨又草木叢雜貌僾丨靄雲集丨丨靉雲暗丨丨欸相應聲吶嗳丨漁歌毋丨繆
士無行曰嫪丨
改變丨
宰丨相殺主丨載年丨崽丨者子也

海｜河 盒以器盛物 醢肉醬
蔓寒｜
遠遥｜近 ｜爲
苑囿｜又文貌又閬｜神仙所居 菀花草茂盛 宛｜然猶依然也 琬玉名 畹田三十畝
敢勇｜果｜ 㪔｜甌 匳器｜ 感｜戴格｜觸 鱤魚｜ 趕｜追 稈禾｜ 鰿魚名
坎坑｜卦名 砍斫｜ 欿｜然不足 惂｜私心｜ 侃剛直也 衎｜信也又和樂也
暖温和 煖火日之氣 煥同上 餪｜女嫁三日送食曰｜女 卵蛋也雞鳥所生
鉉鼎耳 泫｜然流涕 炫火光 霪露貌 琄佩玉貌 烜光明也又容儀宣著盛大 虪虎食物
犬狗有懸蹄 畎｜畝田中之溝 綣繾｜綢繆也又音勸
罕少也 熯大乾也 撼搖動 腦口下曰｜ 頷低頭也黙頭以應也頷同 悍性勇急也
阮姓也 軟柔｜輭同
嗿深上聲衆飲食之聲 禫除服祭名 萏菡｜芙蓉未發
舛｜錯差謬 遄往也速也 喘息｜ 湍水急
轉｜移挽｜ 囀鳥聲宛｜
纂似組而赤黑色又同下 纘｜繼又綜也
短不長 斷截｜
卷文｜捲同 菤草名｜耳

愴悽｜慘｜痛酷毒也
撰具也 篘酒｜ 糝米粉肉 僎人名又同撰
揞揞上聲藏也手覆也
勇好｜猛｜ 湧水｜退｜ 甬｜道官衙之中路衙同 俑衙茎木偶人也 踴｜躍又跳｜衣｜盛也踊同
蛹老蠶 慂慫｜勸也 筩箭袋 擁｜護 壅｜塞 埇土｜
拱端｜向也 珙｜璧 栱科｜量也 鞏固｜ 鑛金銀銅鐵錫也
冢宰｜ 塚墓｜ 種｜物 腫｜ 瘇脹｜ 燑火乾物 踵｜足跟又繼也躡也
總 緫 揔 捴聚也統也包括也又束髮曰｜以布為之也 偬倥｜困窮 憁不得意貌 鬆婦人
子｜
懵｜懂心亂也 董｜率又姓也 漌物落水聲 疃町｜舍旁隙地
竦｜動｜敬 悚懼｜ 㩳以手｜又 搃｜推 聳｜高｜動 慫｜慂勸也
寵愛｜
捧｜持兩手物也 唪大笑 琫刀上盛飾 菶草盛貌
桶斛｜ 㪌鼓｜ 捅前進也 統｜緒 綂｜糸
冗煩｜｜忙 ｜滯事多 茸草亂也草毛厚也
㷻翁上聲｜然烟火氣 滃雲氣盛又川谷吐氣貌 塕塵起貌 蓊｜鬱山水盛貌
哄｜鬨吼同 汞水銀遺也 澒水湧

辨字捷徑　上聲

孔｜竅又甚也又姓　偬倥｜事多又困貌　竇｜穴也
恐懼｜
龍｜斷　隴大阪也　籠竹｜　龔卽中塚也又岡中高貌　攏手｜頭　簣｜箱
酗恃酒行凶本音虛去聲　洶水｜湧也
永｜長｜遠　允｜諾信也　狁玁｜匈奴別號　惲謀也議也　瑩聽｜惑也　隕｜墜　殞｜殁
尹府｜縣治也正也
衮繡龍衣也　滚大水流貌　掍以手｜物又｜布　輥車輪轉也　蔉壅田苗　輥以木動物　緄繩也
鯀禹王父名
窘｜迫　烱炎蒸　坰野也　駉｜肥貌　泂遠也　絅單衣也　炯光明也　扃門外之關
褧單衣也
捆以繩｜物　悃｜悃實情　閫閫｜宮中之道壼同　梱為商得利歸家謂之｜載而回　緄織成章也又繩緄同
梱門橛｜
本根｜｜利又張｜　笨盛土器　畚草器所以盛種　畚車｜
盾干｜兵具楯同　循摩｜　蚤蛤蜊其氣｜蚕樓台　瞬息｜
畽滾｜又田百畝為｜　蕣桑屬葉似芋可績布　褧單衣用蕣麻為
忖思｜｜度　刌截也　撙節也　噂衆語
刎割也　穩安｜　抆拭淚　脗｜合事相同　㚤嬑婆｜　㖧｜口　蚴蝸｜之角有無角

粉米｜｜飾水｜
準｜繩｜則　准信也又｜究
渾天器名又｜然無圭角也　混｜泉
蠢采｜
損｜傷又減｜貶｜失也　榫剗木入竅
不水｜木｜　鈈｜鉄
乃助語　迺　芿芋｜　肕｜膀　嬭　奶乳母
駭驚｜　蠏｜螃　嶰山谷　澥渤｜海別枝　獬｜豸獸名能別曲直
解姓　夯｜孩奓同
夬卦名也　拐｜騙　枴｜杖　㑿人醜陋曰｜　蒯姓
派支｜　湃澎｜水聲
解講｜｜釋　瀣北方夜氣之氣
買｜賣　蕒菜名苦｜
洒｜落水也　灑同上掃｜
楷式也法也又木名生孔子塚上
矮｜短不長
歹好｜

三十四

去聲

擺丨開撥也兩手擊也持而振之也丨闔 襬同上

跳鈙上聲蹈行貌

辨字摘要去聲卷三

聖丨賢 盛丨良茂丨丨大多也又姓 勝丨負又過也 剩餘丨 臀腰丨丨水 慎謹丨審丨 賍

甚助大富過 葚桑實椹同 晟明之器 識 㡾大屋 廮丨 乘車丨

任負丨又姓 紝懷孕 鵀戴勝鳥 賃租也借也 恁如此也 刃鋒丨兵具 仞八尺曰丨

認丨識體丨 訒忍言 牣充備 軔碍車之木去則車行故凡初為事曰發丨 靭堅硬也

敬恭丨又謹也 競爭丨 竟窮也已也終也 獍無食父 鏡照丨 境界丨 勁剛丨

啞猿聲 徑小路丨直 桱似杉而硬 逕丨庭過 禁丨戒止 噤閉口 澿寒丨

諍爭言也

正丨端 政丨令以法正人曰丨 証干丨據丨 證同上 症病丨 侲童子也 震丨動卦名

振丨作丨起 娠婦人懷孕 賑丨濟音整 鎮市丨壓丨 枕以物丨首

印丨信官丨 映丨射明相照也 暎同上 應感丨答丨 胤子孫相承續也 飲以食丨之 孕懷丨

媵從嫁之女 賸以物相贈 蔭屋宇之庇丨影曰丨 癊心病 窨地丨之藏酒為丨酒

近遠丨親丨又將丨一截 靳吝也丨惜 僅止也畧也 瑾美玉丨瑜 覲朝丨 墐塗丨塞也

[illegible]鳥獸腹中之丨 廑小屋 饉米不熟也 [illegible]人腹中之丨 慶喜丨賀丨 罄空也 謦

欬聲輕曰丨重曰欬 磬樂具

聘訪也問也朝丨

秤稱物而知輕重 稱相並也又度量也 朕天子之稱 趁趁也逐也踐也從也 疢疾丨 鄭國名又姓

陣丨列 鴆毒鳥以其毛瀝酒食之則傷人 酖酒有毒丨 沉投物水中 陳軍兵之丨 闖合丨

文卷

信忠丨丨實 訊問也告也 汛灑也 迅速丨 砚石丨 芄草藥藹類 姓氏丨 性丨命丨情

燼火丨 殉葬丨 囟腦蓋背也又曰頂門 隼鵰屬鷙飛 穽陷丨坎地 濬深也丨哲文明丨

瑩玉名丨白 淩淘井

盡無餘也又終也 贐以物送行曰丨儀 藎忠丨進也 靜寂丨 靖寧丨 清溫也寒也 靚丨徐

丨莊 淨潔丨 圊廁溷之處 沁以物探水曰丨 倩丨人辦事 盡 尽全書俗字

晉 晉進也丨封 縉丨紳官宦之家 搢丨笏插也 瑨美石 進登也荐也 浸丨潤又沉也漸也

峻高山

祲陰陽氣相浸漸成災祥也 䞭視也 駿大也又良馬曰丨馬 畯田丨農之官 餕食之餘 狻狡兎

俊英丨智過千人萬人之秀衛也絕異也又勝也 儁同上 浚深丨 悛止也改也 逡巡丨

命性丨受丨

併 并 並兼丨 迸逸也 柄權丨斧丨 殯殯殮曰丨 鬢髮丨 擯棄丨 嬪

儐丨相待賓丨妃 臏刖刑之丨膝 病疾甚也

吝鄙丨慳丨惜同悋 佞諂丨 甯所願也又姓 藺如相丨 濘泥丨滑也 令號丨善也 另

外丨躝丨跡
迎 人未來而往迎之 服 堅柔之物 憖 恭謹也又強也不丨遺一老
訂 定議也 釘 以丁釘物 飣 置食貯物
定 安丨丨斷 錠 銀丨 聽 聴 耳丨
釁 端丨 興 起丨比丨 腎 肉腫起核 脛 腳骨 詗 中丨 衅 殺牲取血以塗器
代 世丨丨代 岱 泰山 貸 借丨 黛 畫眉墨也 袋 衣飯囊丨 玳 丨瑁 待 等丨候也 怠 懈丨
迨 及也追也逮同 靆 靉丨雲盛貌 殆 危也
害 傷丨 亥 支名
咳 丨嗽無痰有聲曰 欬 丨無聲有痰曰欬 [石既] 嘆丨 慨 慷丨憤激慨同 概 大丨也又同上又平
愛 恩丨丨惜 靉 丨靆 噯 噯嘆聲 曖 丨昧隱也 薆 香氣人丨 嬡 稱人女曰令丨 僾 彷彿也
礙 碍 妨丨干丨
賚 賜也予也 勑 來 勞丨 徠 招丨又同上 睞 盼丨旁視也目瞳不正也 [畾力] 勞人力也 萊 草也
蓋 葢 盖 覆丨掩丨丨發語之詞 丐 滌具
帥 將丨 賽 報丨丨濤 塞 邊丨
在 所丨存也 又 菜 蔬丨 采 丨地官所食品
再 仍也第二次也 載 裝丨又始也
戴 荷丨帶丨也又姓 襶 襬丨涼笠

艾 草也 哎 丨喲嘆聲
咏 詠 吟丨 泳 游丨 韻 韵 音丨 運 命丨丨用 暈 日月旁氣又眼丨丨跡 鄆 地名
慍 蘊積而怒 醞 造酒也又丨藉含蓄 熅 火伸物也 韞 藏包 蘊 蓄有丨懷抱也 緼 丨袍枲著
衣之敝者 瑩 玉色潔也
忿 怒丨 分 名丨 蚡 田丨人名 憤 發丨用力也 奮 同上又揚丨 噴 吐也鼓鼻也噴也噀也
僨 敗也 糞 糞田物又壅培也 瀵 水源自底下沸湧而出者
鈍 滯丨頑丨又刀不利 坉 水不可別流 沌 渾丨不開通之貌 笔 囤 用以丨穀 遯 遁 丨隱
丨逃 腯 肥丨 褪 脫衣又花謝也
問 審丨 聞 聲丨譽 㿴 膿血不出曰丨 文 飾丨 汶 水名 紊 亂丨 有 穀實曰丨 絕 丨斷
混 丨沌丨濁 溷 亂丨丨廁 慁 丨擾又悶亂也慁同 諢 丨戲言又丨話 倱 丨伅不開通貌 棞 豬牛
圂 也
巽 丨順卦名 潠 含水噴也 遜 謙丨
舜 仁聖盛明虞帝號 蕣 木槿別名 順 和丨丨從
頓 叩也貯也食一次也又丨然猶陡然也
訓 誨丨 迿 人丨也遍過乎 馴 易坤和象致其道正音句
閏 重也丨月 潤 浸丨澤丨 鏍 鉛丨
郡 府丨 菌 丨蕈 遁 也

困丨苦丨屈又病也
論丨議嫩丨細
逩奔去聲用力走也
寸丨尺
悶煩丨懣同𤎼燜以火熱物煨丨𣚍丨棍所以刦人財富
棍光丨木丨
圳水丨
[illegible]深林垂下曰丨又陰應反
地天丨弟兄子第但也第科丨次丨宅也涕泪也剃丨頭丨刀睇小視也娣女丨
悌愷丨稊草織遞遰傳丨更丨迢丨遠也棣棠丨花名隸皁丨僕隸替丨代衰丨
褅補也禘即祫禘也諦審丨詳也啻但丨也禘王者大祭揥摘髮之具締結也
嚔鼻塞噴丨杕木獨生又茂盛也洟鼻液禔衣厚曰丨逮大學篇必丨夫身
志心丨氣丨痣黑子肉上𦬊遠丨藥名誌記也識默丨同上至極丨丨到致丨令使之至也
緻精丨密也輊車丨製丨造炮丨制丨度足丨大錢也又節丨天子之言曰丨鷙猛鳥鷹丨
摯贄相見之禮曰丨躓跌也懥忿丨怒也又恨也懫同上疐礙也止也又跲也
智丨慧晣庭燎明也置措丨剏丨安棄丨即馹傳解酒丨也幟旗丨寘捨丨廢也
利便丨財丨丨害[illegible]竹蜊蛤丨浰清丨俐伶丨痢疾丨莉茉丨唎音丨順丨例

覬丨比例儷伉丨麗美丨厲嚴丨癘不利之疾礪砥磨濿衣渡水也又病也礪
禍鬼勵勉丨糲粗丨吏官丨涖臨丨詈罵丨荔丨枝果名戾止丨也離去遠
也又違也唳鶴鳴唳聲慮思丨疑丨星丨濾去其渣滓鑢摩丨屢頻數也又疾也
意心所向也又丨外薏丨苡仁鷾丨鳥燕子臆胸丨憶思念億度十萬曰丨大也傷
慢丨易不難也平易輕丨丨治艾除也異丨怪不同异舉也向上施延丨饐飯傷熱濕曀
陰氣殪死也殺也肄丨業習也勩勞丨枻楫也泄怠緩悅從之意又緩飛也曳拖引
䘸長衣瞖目疾翳障蔽又華蓋㙠塵丨也蠮丨螉細腰蜂也衣服飾也裔丨苗
後嗣又衣裾也瘞埋也藏也劓鼻刑扆畫斧屏風天子立於其中
被丨及澤丨恩比丨密丨合丨及丨年猶頻年也屁氣下洩也狴丨犴獄也紕組織也邶丨鄘
國名篦梳丨背違丨反而也畀與丨也淠舟行貌眾也又動貌睥丨睨旁視俾
丨倪邪視婢奴女裨補也益也庳國名下也幣帛丨弊丨病又丨敗也閉也敝敗衣也
譬丨喻辟同斃死也避丨逃嬖丨愛倖丨薜丨荔香草柿削木片也備俻
防丨具也尾也咸也成也副也預辦也糒糗糧乾飯奰壯大也又不醉而怒贔丨屭作力貌佩帶丨
丨服珮環丨朝用霈丨雨貌又水流貌沛顛丨同上旆旂丨飛揚貌配丨合丨對
刺丨流刑倍加丨焙火烘蓓棓五丨子浡誖木生柯葉貌茷丨丨飛揚也
柀木生柯葉俾丨倪邪視之貌
世丨間丨界貰代也除也又赊也侍從丨是丨非正也宜也此也諟猶此也恃倚丨市

三十七

新字撰[...]
辨字捷徑 去聲

氏姓｜衍｜ 示告｜又指｜也 勢權｜威｜ 視力目｜ 式瞻｜樣｜ 蚮以食果菜之虫
弑下殺上也 試考｜用｜ 筮卜｜ 噬呑｜ 逝往也亡也 誓盟｜ 嗜好｜ 豉
施｜布散也 謚死後之號
氣志｜元｜ 炁同 器用｜ 噐皿｜ 技藝｜巧也 忮妬｜ 跂望｜ 妓娼｜ 屐木｜
伎又音能也 倆｜ 芰兩角為菱四角為｜總曰水果 企及｜望｜ 偈詩詞也語釋氏 愒
暨貪羨也及也 忌諱｜嫌｜ 跽長跪也 誋告也倍也 亟急也促迫也 盍子｜問
棄發｜廢｜息也 悸驚｜ 瘈病中瘛也 契文｜合｜ 鍥刻也絕也 挈左提右｜ 楔穰也
惎又音雪教也毒也 塈泥飾屋也又取也息也
義仁｜ 議論｜商｜ 誼 詣造｜至｜ 乂治也俊｜ 艾又｜治也 刈割也芟｜ 羿又｜
后｜基臣也 倪俾｜不正之視也 睨邪視 埶文字曰｜ 藝種也 囈夢中亂語 毅剛｜
果決
計謀｜夥｜ 記念｜ 既已也盡也 溉灌｜ 暨諸｜邑名 罽織毛為之 炁氣 冀
驥｜望不稱其力良馬 髻綰髮也 寄託 薊地名又姓 繼續 季｜叔｜幼也少也
悸驚 覬｜視希望也
係關｜ 繫縛｜又同上｜戀 系世｜ 餼｜廩米也 愾太息也 戲嬉｜謔｜ 憩息也
塈取鳥也 盻恨視也又勤苦不休息貌 洎及也潤也 嘒笑聲 屭贔｜碑上龍也金石
治修｜亂｜ 峙高山也 時上基也 痔瘡｜ 滯遲｜積｜ 殢困極也 饎酒食也

翅翼也 菧豬｜ 稚｜子后種曰｜ 小貌又 雉野雞 籊竹｜小 穉幼｜ 薙芟草也
閉｜塞掩｜ 閟幽深又閉也慎也 毖慎密也 祕｜密隱｜ 秘同上 泌｜傳又水名 貱
帔｜債代人霞｜婦人服 詖｜命險不平之言 庇｜佑蔭｜ 疪腳冷濕病 轡馬之韁 背
褙｜心｜肩 蔽隱｜遮｜ 篳｜班 箅甑｜甑底用以 貝寶｜ 賁邑名
狽｜狼 颶風｜ 鵯鳥名 臂肱也自手至腕曰｜ 澼渣｜ 鎞配也錫也 陂傾邪
賁毋｜飾貌也
寐寤｜睡也 沫水名又微晦也 韎東夷之樂與韎同音 韎茅蒐所染之草其色一入曰｜ 妹音妹又女弟 眛
魅昏也｜魑山川之怪 昧晴｜日微明也又｜爽 媚諂｜嬌｜ 瑁玳｜ 媢夫妬婦曰｜ 痗
袂病也衣袖也 謎隱語｜啞 澨水｜
祭｜祀 際常也邊｜又交會也 穄塗｜文字 濟救｜又事遂也｜度 霽天晴也又止也又息怒曰
癠｜病｜戚 劑齊也和也又｜ 足過恭也
費｜用盤｜ 肺心｜ 芾蔽｜盛也 沸水｜滾｜ 廢弛｜壞｜ 吠犬｜ 剕刖足之刑
帝｜星 蒂根｜ 螮寒蟬也 締結｜也 蝃｜蝀虹也 諦審｜也 的確｜ 啻不｜猶不止也
細｜微｜密 紬絲名 絮綿｜ 壻 婿女之夫 醑 嚔 崇鬼為禍 緒頭｜
序庠｜學名 敘｜述次｜
娶｜婦｜親 趣情｜ 聚｜集會｜ 妻以女嫁人 砌｜牆 覷伺視也 嚌嘗也 脆｜嫩
翠翡｜ 萃聚也英｜ 悴憔｜ 顇 瘁枯死勞｜

三十八

位|座 未文名又不會也 味氣| 昧五|子藥名 胃脾| 謂論其事 緭綵也 蝟

|集事多曰 [illegible]草名 渭|水太公釣處 恚怒| 畏懼|敬|忌 餵|馬 喟嘆聲

穢臭|汙| 爲|助也肉|被也熊也 衛捍|防| 尉太|廷|官名又|遲復姓 慰安|

蔚文|茂也又 螱飛蟻 蟪|占 鏸銳也 緯織曰經橫曰| 薈草名也 磑磨也

積也 飫飽足也 睿深明通達

惠恩| 穗禾| 嘒小聲 蕙似蘭而香 嚖微貌明貌又和也管聲鳴聲 慧聰|通| 會|宴

篲竹掃帚擁|掃門迎客之敬又|星 喙獸口曰|又鳥|又息也 澮溝|田間水道 禬祭名 諱

隱|讀覺悟也 誨教| 悔心悟從前之失 晦|暗又月盡也 卉花之總名 匯水四面合

潰逃散又|亂 翽鳥飛 噦車聲有節又鸞聲|| 譿亦鸞聲 頮洗面也 [illegible]外卦

曰|檜松|舟|楫

歲 歲年| 碎破|細| 晬生子一歲 睟清和潤澤 誶讓也詬也又多言也 遂如意也又助語

詞 檖木|秀也 邃深遠 璲瑞玉也 燧陽|取火於日中 隧墓中之道 澻田間溝

襚贈終之衣 旞羽旄 燧烽火 檖楊木 祟

罪過| 翠|翡 萃聚也|拔 悴憂也 瘁勞| 顇顦|憂也瘁也別作瘁通俗用惟悴並非 脺

顏色潤澤又下同 脆食物易斷絕也 焠燒鉄而納水中以銳其鋒也 粹純| 最|爾小貌

內外| 汭|地 諉諈|累也又煩重也 纇同 纇種飾也 綴|累 事相緣也 畢營也 玷也

欗|鼓俗用檑 淚目液也 耒耜| 郲|陽縣名 彙類也 酹以酒沃地

戾乖| 誄哀死而述其行也

貴賤| 桂花|又姓 溎水名 鱖魚| 蹶顛|之意 癸干名屬水 會|計 算計曰| 繪

畫 儈|牙 膾|炙牛羊魚之腥聶而切之 檜木名 澮|溝 鱠魚| 劊斷也 劌

傷也割也 筀竹名

愧慚| 餽|送餉也饋也又胎也|饋同 匱匣也又空乏也 櫃櫝| |臺 蕢草器 聵耳聾

憒心|亂也 闠市外門也 喟嘆聲 簣土籠

瑞祥|又以玉為信曰| 睡眠| 稅賦| 駾|駕上車 說以言動人又舍止也 帨周以拭手女子生曰設|

退進| 遜| 兌換| 蛻蟬| 螁同 駾也 隊群也 譈 憝 懟怨恨也

隊行伍之列 墜垂落也 贅附也入| 嚽言曰|人蠢也又多言同上 惴|慄也恐| 綴聯也又點|

[illegible]|諉多言 毳獸毛細縟者

銳精| 睿明 叡深明 |睿通達 芮國名又| 蚋|蠅

最極也 蕞小也又束茅而立之縮酒 醉酒| 足|恭過也

對|答成雙 碓舂米之具 戴姓也又頂也

僞詐|眞| 妄| 魏國名又姓

泥止也不通也 旎旖|美好也旌旆從風貌

丈寸尺曰|又長老之稱 杖|打也又 仗倚|全 唱歌| 倡|和 昶日長明也舒也通也

韔弓囊 暢達| 鬯造酒

三十九

蕩 廣遠也又大也放丨 盪 滌器也又推丨陸地行舟曰丨舟 踼 跌丨行失正也 碭 石之有文者又山名 [illegible]

黃金曰丨 宕 放丨 攩 搪 以手丨物

帳 幔丨 賬 目丨 脹 飽丨 漲 大水泛溢 悵 惆丨失志望恨意 障 保丨隔丨 瞕 目生翳丨

嶂 山險 瘴 丨癘病也 鄣 城之險也

狀 形丨又類也牒也札也陳也 藏 丨府貯物之器 臟 五丨六腑 鑶 盛酒之器 撞 倚也丨遇 䡴 衝城車

奘 大也盛也 幢 帷丨 鬤 丨鬤 [illegible] 糊塗愚也

亢 高丨丨陽 抗 丨違打也敵也 伉 丨儷倨也 炕 以火炙也又丨陽 骯 丨髒偉直 沆 水流聲

巷 街丨路丨 行 丨丨剛強貌又排丨 杭 晒衣竹竿 項 頸丨又姓又俗語一丨作為一丨

旺 興丨 王 興也盛也有天下曰丨 望 瞻丨怨丨責丨闕丨仰丨翹丨 朢 月滿 妄 虛丨 誷 丨誑

熿 炫丨 盲 不記事也又丨失

當 恭丨抵丨也鐺同 檔 橫木框丨 擋 抵丨 𨼬 隄丨 壋 土丨田丨 儅 伴丨止也 讜 言中理也

向 嚮 對丨丨往又兩階曰丨 鄉 曏 往時也不久也明也若言道來也 餉 饋丨饁丨 貺 賜也

降 丨臨服也 洚 水不遵正道也 絳 赤色 栙 木丨 焵 刀丨 閅 門丨俗字

誑 丨妄 姜去聲

糨 匡字去聲也糊丨 彊 人不善也 强 硬丨 謽 詞不屈曰丨語 [illegible] 弶 設罝於道以掩鳥獸也

亮 明丨 諒 信也又同上 喨 響丨 炕 火丨 輛 一車兩輪 量 度丨 緉 履兩枚也 兩 車丨同輛

況 語辭 曠 丨達丨空 纊 絲丨 壙 墓穴丨野 礦 石丨 獷 獸名楚丨

釀 造酒 饟 以食灌入腸內曰丨

樣 法也式也 漾 水蕩也 恙 病也又憂也 養 供丨奉丨 [illegible] 立動貌

讓 遜丨謙丨

象 獸名又同下 像 形丨肖似也摹仿也 相 宰丨助也儐也扶也亦視也

謗 毀丨訕丨

壯 強丨 葬 埋丨 髒 骯丨

放 肆丨置丨

匠 工丨 [illegible] 船走不直曰丨物不直亦曰丨 艙 船上艙丨

浪 波丨猛丨 誏 謔丨 閬 丨苑仙宮

上 高丨丨下又登也 尚 崇丨加丨又猶也加也庶幾也 鞝 鞋丨

喪 死丨失丨

傍 倚丨 䄘 禳丨 磅 十二兩為一丨 胖 丨孜肥壯 蚌 蛤丨 棒 杖也打也

醬 醋丨豆丨 將 帥丨

盎 洋溢也

善 慈丨 饍 饌丨 膳 供丨 繕 補也編也緝也又編絲文籍曰丨寫 鄯 西域國名 鱔 鱣 黃丨魚名

墠 壇之平處 禪 封丨丨位 單 丨于匈奴號丨父縣名丨于廣大貌 扇 引風取涼 煽 丨熾火熾也

練　薦　殿　片　奐　貫　念　賤

扇門丨　謆以言惑人　搧音擅丨惑又　擅自專也　贍足也給也丨會

練煮漚熟絲　鍊鍛丨　煉鑠治金也　戀眷丨　孌婉丨美好也　攣手足曲也　瀲丨灩水滿也又水汲也

殮斂丨衣也　斂收丨賦丨　蘞藥名　獫丨社　玁音險丨狁　湅又漸也熟絲也

薦舉丨薦丨祭引丨　荐席也草也再也屢也　洊水仍至也　臶重也至也再也　箭弓丨　餞丨行賓丨

濺水激洒也　僭亂丨　俴丨屋

殿宇丨　電閃丨　畋丨獵　靛藍丨染布之物　佃耕田人也　甸千里之內曰丨服丨之為言治也丨徒治

田之衆也　奠祭丨之禮曰丨儀丨定送長　簟竹丨席　瑱以玉繫于紞而充耳者　墊丨歸丨坑　鈿又音田婦人之花

片析開木也又辨也　弁冠也皮丨朝冠　辮丨別　辯論丨　諞誆丨諞同　騗躍上馬也　窆下棺也

便小丨易丨利丨旅也　卞法也又姓　汴水名丨梁　忭喜樂也　抃手拍也　辮頭上之髮丨

奐大也丨輪丨浮　瑍玉有文采　喚呼丨　換丨散　煥光也明也　瘓癱丨外症也丨病　緩丨急

貫丨通又穿也又籍丨　灌丨溉祭用酒地降神　鑵　礶瓦器　瓘玉名　鸛鳥名　觀寺丨

冠加丨于首曰丨

念思丨　彥俊丨士之美稱　諺俗語　喭粗語　唁弔慰曰丨　硯墨丨　掾官屬　釅酒濃曰丨

犴逐獸之犬　廿二十日為丨　唸丨呪丨口　艌丨船　驗效丨應丨　[illegible]同上巧寫

賤貴丨貧丨　踐丨踏丨履　諓善言巧辯也　漸丨次　塹坑丨　倩美笑也請代也　蒨草盛

濺水至也　茜染絳之草人丨草藥　鏇銅湯丨　颴風轉也　縼長引也又轉也又長繩繫牛馬

恨怨丨　行德丨　荇丨菜根生水底莖浮水上　幸欣丨又寵也　倖僥丨　杏丨花　鄧姓也

欠少也不伸也　芡藥名　件丨條也　儉勤丨丨約　健　健強丨有力　鍵關丨

縴丨挽　蒹龍丨也　犍丨梁

店房丨肆丨　坫邦君飲酒反爵其上　玷缺丨辱瑕　墊下也溺也　殿軍後曰丨又宇也　阽或丨死亡丨子

現當前也又顯也　莧丨菜又音陷　限限丨也　見下丨上也　憲法也　憪慢也　睍目光　獻

獻進丨丨賢也丨呈

泮丨宮丨水　伴侶丨陪丨　叛逆丨反丨　畔田丨　判斷丨剖丨　胖夫妻丨合壯大也　拌丨命拚同

羨歆丨慕也　線絲丨綫同　軐轉丨遶也丨車　選丨宮　先在前　制割也丨雞　暹進也升也

旋時丨　漩　淀水之丨渦

厭丨足丨棄　灩瀲丨水為丨墻也　饜飽足也　焰火氣也　魘汙濁也　爨燒丨又死人丨致　宴飲丨安丨　堰

燕喜也安也丨子飛　醼　咽口吞物也　讌丨燕　醼酒丨

艷樂也　豔色光彩華　灧手丨衣也

纏纏丨繞糾丨　韉鞍丨馬鞍飾　鞊也正音帖

凳　橙丨桌　揯丨扯　蹬蹭丨屈也　鐙馬鞍丨蹻　磴丨阪又登陟之道　餖祭食　隥

階也梯也　蹬行欲倒也　鄧丨姓

戰丨鬪又恐懼也　顫頭搖動不止也　驏馬臥土中　占丨魁丨先　佔丨霸　贉謀人財物

甑丨　譖讒謗毀也　諍諫丨　閛開丨　掙力硬

贈送也增益也鋥磨丨出劍光蹭丨蹬襯近身之衣䞋丨錢賭丨櫬棺中有屍曰丨齔小兒換齒又音引

硬堅也强也滲丨漏參字去聲讖驗也凡丨緯皆言將來之驗也

面丨頭麵丨油瞑丨眩憒亂也商書若藥不瞑眩厥疾不瘳

半中分也

孟始也長也漫汗丨瀰茫也徧也汙丨也

凌冰丨崚山丨稜木丨

徧遍周丨變丨易变丨化窆下棺

埂田丨更換也亘通也徧也艮止也限也又丨卦名

見看丨建立也劍刀丨劒

豆菽也又盛物之具荳丨蔻又同上逗丨遛止也痘疹丨餖飣丨透通丨徹丨竇穴也又姓

讀句丨後先丨后皇丨君丨同上逅邂丨不期而遇也郈魯邑名厚垕丨導丨土

候時丨伺丨堠堡丨以望烽火者也睺半盲為丨詬以言擬誘

冓中丨宮中冓密之處遘遇也構蓋也架也合也成也結也造也集也搆肯丨覯見也⿰火冓以火燒物

彀扯弓滿也詬丨詈罵也㝅乳子也楚人以乳為丨鷇又鳥卵

料丨度丨理又物丨廖姓丨燎庭丨之光燭也又焰也縱火也𥜒禱丨柴祭天⿰土尞四圍之墻繚丨繞

膫膋也獠夜獵曰丨鐐白金療治病轑丨轢又音了⿱罒尞魚網

跳躍丨越也眺丨望視也銚煮物之具頫俯首而取曰丨大夫眾來曰丨具曰丨糶丨糴平丨蓧去草

調腔丨丨傳掉搖動也佻達丨

茂盛丨楙木盛也又木瓜懋美也又丨勉貿丨易姆女師瞀目不明鄙吝也莓丨子即覆盆子

戊干支名袤廣也

凑添益也輳輻丨聚集腠膚理艛舡丨簇大丨湊水急流驟奔馳也又眾也速也

僽僝丨罵也甃街丨

叩問也發也丨頭與扣同敂擊也敂丨關同上又同下扣擊也釦紐丨訽亦問也絇絛丨蔻

豆丨寇丨盜又姓簆織布之具

俏佼丨誚譏丨峭峻丨高山也嚼口丨物也篍秋丨

要丨緊丨約又欲也耀燿光丨炫丨明不定也曜焜丨又光日月也鷂鷙丨

陋卑丨狹丨又鄙惡也漏滲丨更丨瘺瘡丨蔞蘆丨藥名鏤雕刻也

召請丨兆丨頭事之端也旐旗丨肇開也始也趙國名又姓劭勸也勉也

瘦不肥也鏉煎鈇漱丨口也又石枕流嗽咳丨瘶軟丨

奏進上也又節丨縐丨紗不伸也皺丨皮丨眉甃非橋又結砌也

漚嘔去聲也久浸也又人丨麻丨氣丨糞

紹繼續也卲勉也又姓少老丨幼也召丨呼又人名丨公奭

尿小便
照炤丨臨光丨燈燭之光　詔告也教導之也又上命也
弔吊問也傷也丨喪丨死　釣魚丨　窵遠丨　𥛆短衣
俵摽丨散分丨
醮丨祭又婦重婚曰再丨　爝燋火光油丨　釂飲酒盡曰丨又音爵
阜豐丨山丨　覆丨蓋又伏兵也　缶瓦器
笑喜丨　嘯蹙口出聲丨風生　肖像也好曰丨子　鞘刀丨
叫丨呼俗作呌非　訆大呼也丨
票摽動也輕舉也　嫖丨姚官名　驃豹疾貌　瞟目際目病　漂丨流又音莩
廟庙神丨　妙玅精丨
竅孔丨空也　轎肩輿以抬人也　簥竹丨　嶠山小而高　蕎丨頭菜名　[illegible]不平直貌　[illegible]丨戲不安
安也
閙鬧丨合爭丨又姓也
坐座丨廣位也容丨　剉銼斷木之具　莝斬草　挫辱也　錯差丨丨筆又音昨
惰怠丨慢丨　墮落丨　隳壞葉　唾丨涎戶夜　舵船丨　柁䑨並同上　大丨士觀音也又
栗丨
剁梨去聲斫丨

貨財丨　禍災丨殃　和倡丨調丨
破剖也裂也
播丨種丨揚丨遷丨殺　簸箕丨
過小丨
臥寢也偃也休也　餓飢丨　握持也
磨丨碓
箇个個物一枚為一丨
賀丨慶
佐輔丨助丨　做事丨　左右之上首曰丨
課稅丨訓丨程丨　騍馬丨　錁銀錠曰丨　堁塵起貌地名
懦柔也丨弱　稬穤糯丨米可作酒　嗏丨喇丨語助詞
父丨母　傅師丨又姓　賻以財物助喪家曰丨　輔丨佐　富丨貴豐丨　副佐也又相稱也　負丨辜抱丨背丨恃丨
付把丨交丨　附依丨寄丨益也近也　駙丨馬公主之夫　鮒小魚鯽魚　祔合食於先
跗足背　[illegible]丨子藥名　腐豆丨　咐囑丨　訃報孝書曰丨　賦詩丨稅丨給與也　婦
頫節丨髮丨
戶門丨　戽斗丨舟中出水之具　扈衛士在后曰丨擁丨又桑丨　護丨衛救丨封丨　濩布　祜福也
岵山無草木　怙恃依也父死曰失丨　互丨交　冱寒氣閉塞　絚以絲丨車用　瓠子丨

檴｜樹
故 緣｜又轉語 固 堅｜｜陋又已然之詞 涸 寒氣凝閉也 錮 鑄銅鐵以塞隙又禁｜ 詁 訓｜
顧 俗 顧 回視也思念也又眷念也反也又發語詞 雇 傭賃也募工也
霧 雲｜ 誣 妄｜ 婺 女星 騖 野鴨 惡 憎｜ 鶩 馳｜不求實也
汚 ｜穢不潔 絚 笠 車｜
素 ｜淨情｜又空也 愫 真情也又熟上通 訴 愬 告｜ 溯 遡 ｜洄送流而上又向也 塑
雕｜ 數 ｜目記 数 同上俗字 疏 文｜又條陳也
步 脚｜又依人行事曰｜ 埠 官牙｜岍又｜頭主舡容商賈之買賣也 捕 ｜捉 鋪 店｜ 哺 ｜吐 部 分也
｜署｜屬 簿 ｜書賬｜
杜 ｜絕又姓 肚 腹｜ 度 則也法也又過也 渡 濟｜｜船過｜ 鍍 ｜金以金飾物曰｜ 兔 獸名
菟 ｜絲子藥名
助 扶｜ 醋 酸｜ 措 ｜置 錯 同｜ 厝 棺落土曰安｜ 腊 于置也 祚 福也 阼 階｜
路 道｜ 露 ｜霧｜布 潞 州名 璐 美玉 鷺 ｜鷥 簬 美竹可為箭 輅 大車殷｜ 賂 賄｜
怒 恣｜
悟 心中了然 晤 相見曰會｜ 寤 覺｜｜寐 誤 悞 作事舛錯又欺
慕 思｜ 暮 朝｜ 墓 坟｜ 募 ｜化招｜ 莫 ｜春與暮同借用
布 ｜帛用以為衣 佈 擺｜偏也 怖 又畏懼 埔 地名

庫 貯物府藏大屋曰上｜ 褲 裙｜小衣 袴 絝 同上 銙 鈇鍍之類 胯 股也腰｜
妬 ｜忌 蠹 木中虫也｜魚 斁 射 厭惡也
介 大也助也 芥 草｜ 界 境｜限 炌 火明 玠 大圭也 价 使又差也 疥 瘡｜ 尬
尷｜｜行不正也 屆 至也極也當也 戒 ｜慎謹｜ 誡 儆｜又告也命也 解 ｜送｜元 廨 官｜
鎅 ｜鋸以鐵為之用以開木 鎅 同上 忦 ｜情
蔡 大龜也又姓 瘵 瘵｜病也 豸 獬｜虫無足曰｜又解也池上聲又音稚 嘬 ｜蠆 蠆 毒蜂 瘥 病愈
眦 睚｜舉目相忤貌 砦 營｜木柵也又壘也 寨 同上
械 杻｜器｜ 邂 ｜逅不期而遇 解 ｜悟也 懈 ｜怠 獬 ｜豸 薤 ｜葱 瀣 沆｜夜間寒氣
泰 否｜安｜清｜多｜ 汏 沙｜ 態 情｜｜度思｜ 薢 ｜草藥名 太 極｜
賴 ｜藉又姓 癩 瘡｜惡病 藾 樂器 鯻 魚名 瀨 水名 奈 ｜何 㮈 果名 耐 忍｜又輕形人
鼐 大鼎 蠆 ｜史 襶 不曉事
敗 損｜又輸也 唄 梵音 退 壞也散也 稗 草似稻而實細曰｜ 派 分｜ 憊 疲極 湃 澎｜水聲
帶 衣｜ 𤸉 赤白｜婦人下部病
曬 晒 日乾物也 鎩 ｜羽 殺 ｜人
艾 止也又少｜大好也 哎 約｜嘆聲 隘 狹｜險｜ 餲 食也
外 內｜表也又疏之也
怪 異｜ 硂 似玉｜石

賣丨買邁老丨過也
壞丨破
債負丨瘵丨勞
拜丨跪湃澎丨大水
快爽丨喜丨筷箸丨駃善行之馬塊土丨石丨蒯草丨又姓噲咽也儈牙丨市人者會合
駕天子出行曰丨撐船人曰丨架衣丨擱丨舸船丨稼禾丨嫁女適人曰丨價物之值丨幾何
假借事寬假曰告丨鵶丨丨驚聲謦譽
乍初也忽也暫也笮竹丨汊水流兩道曰丨咤叱丨怒也又丨也詐誇也誑也蜡虫名又漢人丨
禡祭名祭也
亞次也婭姻丨椏強與人物稏稏稻丨迓迎也訝嗟丨疑怪杈丨不正貌同研碾也
霸強丨垻同上壩障水丨欛刀丨欛柄丨靶馬轡上物把握丨弝弓丨靶同
䎬刀丨
卦又丨詿丨誤丨罣丨礙挂丨念懸掛懸丨正丨用置而不用又絓絲結也
化教丨變丨造丨話語丨畫繪丨画字丨擭補獸機檻華姓也鱯魚名似鮎大口呆魚之
杏同上樺木名
罵惡言以詈人[言+馬]多言也禡至所征地而祭始造軍法者鎷鈇丨欲榪木丨
柘木丨樜柘丨炙膾丨肉丨蔗甘丨蟅丨鷓丨鴣鳥

謝感丨榭臺丨卸脫丨交丨瀉泄丨
跨越丨騎丨胯兩股之下
借貸丨
下降丨夏春丨暇閒丨罅隙丨孔也嚇笑聲諕雄也
怕畏丨帕絹幅手丨罷休已也癈也黜也耙犁丨杷禾名丨稏
詐偽丨笮丨醡酒丨之具榨打油之具
藉借也有舍蓄意醞丨趄物不正也趨走也
夜亱丨早
社土神丨壇舍寒丨屋丨又三十五家為一丨茅丨射箭丨麝獸臍有香曰丨香赦丨宥丨罪
厦側屋庌傍屋嗄銅器破聲曬日丨物也
但轉語詞淡薄味醶無味澹丨泊恬靜無味之貌憺亦恬靜也僤忌丨畏丨彈弓丨
炭木丨嘆丨歎讚丨惜誕生育也妄又餡餅中肉蛋禽所生之卵
暫不久丨時鏨鈇丨蹔一足不能反粲飯也米曰白丨女口為璨璀丨玉光燦明也湛
露盛懺自陳悔也綻裂開破丨棧丨道客丨賺重價也丨錢
犯觸丨冒丨範模丨防丨范姓氾濫丨浮丨汎浮也廣也泛浮也梵西域浮屠種號又西
羌哦吟督也
販賣丨飯一丨粥丨饞匠糊也

諫 諍丨 監 臨丨視丨 鑑 鏡也金丨 間 隔丨隙離別久曰久丨 澗 山上來水 覸 成丨人名

贊賛 丨成 讚 稱丨頌丨 瓚 玉丨器名 禶 祀神也 酇 地名 站 立丨 蘸 以物浮水中又丨筆

散 消丨分丨 霰 雨雜雪 三 思丨 汕 魚浮水上曰丨以網取魚曰丨 訕 謗丨 秈 禾丨 疝 氣丨陰病

宦 仕丨 患 憂丨禍丨 槵 木名其子可為念珠 豢 養豕也 幻 虛丨惑丨

慢 謾 侮丨怠丨 幔 帳丨 嫚 媟丨侮丨易也 曼 衍丨又丨倩人名 縵 琴瑟之絃 蔓 草丨

[illegible] 身上汗丨 僈 舒遲也

慣 習丨 貫 同上 丱 丨角童子東髮也

濫 執丨 爁 以火丨物 檻 軒窓下以版曰丨丨朱雲折檻 艦 舟名 爛 爗丨光也又熱也 瓓 玉采也

纜 繫舟之索 難 患丨問丨 滲 淹丨小也 婪 貪丨

辦 办 備丨買丨事丨理丨 瓣 花丨 盼 丨望又眸子黑白分明之貌 靽 駕牛馬之具 襻 鈕丨

闞 閱丨望丨 瞯 視也 覵 同上 瞰 俯視也 嵌 丨實石也 奓 脚丨

雁 鴈 鳥名 贗 偽物 晏 安丨又姓 鷃 鳥名

限 閾也又度也齊也界也阻也檢也 閬 閾丨 陷 坑丨没丨 莧 菜丨 骭 尺背骨也

旦 早也 組 聯丨 擔 挑物擔也斗石同丨 [illegible] 頻緩 丼 物投井中聲

萬 俗万 數目

扮 粧丨 絆 羈丨

甏 鉦丨

動 行丨起丨 慟 哀傷過也 痛 疼丨傷丨 侗 無知貌 洞 丨徹又空也幽也鑿也疾流也恭也 [illegible] 地丨

恫 喝丨 硐 硿丨 迵 過也徹也丨風言風疾丨徹五臟也

凍 氷丨呵丨 棟 梁丨 蝀 螮丨虹也

汞 水銀 [illegible] 鐘聲 [illegible] 耳丨丨中鳴也 哄 樂聲又市人聲 閧 閙聲 叿 丨丨人聲也市

奉 承丨供丨 俸 祿丨先生丨金 鳳 丨凰 風 因丨感物 諷 誦丨識丨 賵 送死人之物 吉 [illegible]丨

控 告也又提丨吏也又丨制 空 困窮之丨 鞚 勒馬曰丨

訟 爭丨 誦 讀丨 頌 稱丨歌丨 傯 聚也

仲 伯丨中也 銃 丨炮軍器 重 輕丨厚丨

眾 多也 中 當也丨式 種 布丨植丨

甕 汲水丨 瓮 水丨 齆 鼻丨 [illegible] 火丨[illegible]聲 蓊 丨草之莖 硔 石橋捲丨 [illegible] 水車頭丨 蕻 丨菜也又音鳳

宋 國名又姓 送 餽丨 鬉 鬃 毛鬉丨散亂也

粽 糉 角黍 綜 綷丨

[illegible] 朋去聲丨香氣盛也 椪 橦丨

弄 戲丨撥丨 哢 鳥吟聲 梇 木丨磬同 鬞 毛髮鬞丨亂也 挵 玩戲也

嗅 鼻閒氣

貢丨稅丨獻丨上 蕡草木子叢生 供丨養 玒飛至也
夢 夢 俗梦 神交為丨 孟始也又丨子
縱放丨然 從跟丨隨行也又放丨
用器丨使丨又以也庸也
共同也
汗人液熱則有丨之聲 扞同下丨格 捍丨衛禦丨 悍妬丨又強狠也 垾小堤 旱乾丨 鼾丨睡卧息
肝日晚 閈丨閎 銲銅鍚 豻犴同丨犴 暵燥也 漢河丨男子丨羅丨 翰
文丨又鳥羽又高飛 憾恨也 澣北海名又濯丨廣大貌 熯熱也 琀死者口中玉
眷親丨念丨 卷書丨 桊牛丨棬同 睠反顧也 絹丨紬 狷狂丨又才不足而守有餘獧同
悁躁急也
篡丨奪臣取君也 爨進火也分居曰各丨爨 竄逃丨逐丨 攛以手擲物 縓淡紅黃色 饌殽丨
撰著述 譔
縣府丨州丨 炫丨耀火光 眩丨惑睛亂 玹玉名 袨盛服 衒自矜 絢文采 昡日光
岸崖丨 按丨察又抑也據也 案丨几 玩丨好弄戲 翫丨賞 忨丨愒 暗 闇昏丨
幹能事也又枝條也 榦楨丨築牆之板 灨水名丨州 贛上同 紺深青赤色
倦疲丨怠丨 券契丨 綣繾丨 棬桮丨 圈欄丨 韏靴縫也 勸丨化劝同 楥靴丨楦同
看視也 勘校丨 磡崖岸之下又山崖 墈險岸 淦縣名

串丨通貫丨 釧釵丨 傳經丨 篆字丨 彖易丨丨者斷也論一卦之體也
斷決丨 俗断截丨 煅煉丨 鍛鍊丨 碫礪石 緞綢丨 剸刀斷也
願欲丨望丨 愿謹丨慇丨 硯筆丨文房四寶之具
鑽鑽丨用以穿物者也
怨恨丨 衏衏丨妓女 院宮丨學丨 遠去而丨也 緣領丨
蒜葷丨 筭 算計丨
亂不治 俗乱叅丨 𤔔治也理也
段 俗段鑿丨人姓 緞紬丨
颭丨風轉也 囀丨活
士學丨 仕丨宦 四數目 泗淮水名涕丨目疾 駟四馬也 肆店丨 寺院丨 事業丨
俟候丨 似人像也 姒以褒丨 涘水名 汜水決伏人 祀祭丨 賜賞丨 使役丨
思意丨慕丨 伺察丨 食食之也 耜耒丨犁尖 飼以食人丨 嗣子丨續丨 兕野牛
[illegible]似野牛而色青
字文丨書丨 䍧母羊 牸母牛 巳地支 誺數諫也 朿木芒丨 刺丨殺 莿草木丨鍼
次第丨 茨茅丨 佽便利也又助也 廁茅丨又次也 玼瑕丨玉病 蛓毛丨蟲名 柹
果名 自由也又已也 疵瑕丨病也
恣肆也 [illegible]值丨 積儲蓄 漬漚也漫也 眥 眦睚丨目相忤 胔骼丨枯骨曰丨肉腐曰丨

胾切肉曰｜
裕寬｜豐｜與｜干譽名｜鸒｜斷鸒鳥名舉兩手對舉之意礜藥名飫厭也飽也預
逸｜悅｜干豫猶｜同上蕷｜又山藥｜薯澦灩｜水名芋｜頭嫗老婦人諭曉｜
喻上人姓譽｜又同雨自上而下曰｜
去往也故｜曰久｜倦俗云巨大也鉅同上又公天子也柜｜黑詎豈也拒｜絕卻｜
距雞脚同上苣菜名炬燭光虡鍾｜簴鍾鼓之架橫曰｜窶貧｜懼畏｜愳同
惧同上俗字具｜備器｜颶海中大風
二數目貳副也重也佐｜疑｜弍同上俗字貣｜益也樲｜棘酸棗木膩垢｜肥｜[扌貳]｜拭
搽粉餌釣魚食咡口傍也珥玉名瑇｜濡滯｜孺小兒｜子薷香｜茹口受也
度也又飲也袽衣｜絮屬裋童豎所著褐布衣｜褐不完誀誘也
句字｜絇絲絢也據憑｜又持手也遽急｜勮勤也懼也醵合錢飲酒踞｜盤据
手足勤勞曰拮｜鮕魚｜屨草履
著明｜又｜述也註｜釋注灌｜｜意蛀｜虫物炷香一｜爲一｜燭軴車止也駐馬立
紸細紬｜絲馵馬後足白又馬懸足鑄｜鐘疰人面上肉生
恕忠｜平｜庶衆也又嫗｜又｜幾近詞澍時雨樹｜木植也豎｜立小豎子未冠之稱曙早也曉也
署官｜戍守邊之兵豎小｜于輕人之詞
住止也柱棟｜跓停足也宁門屏之間苧紵蘇｜絲｜竚久立也箸匙｜筯同

處所在也
御臨｜統｜馭駕｜使｜遇｜合際｜寓｜止寄居女以｜嫁人王｜帝
酗酒醉怒也醄虛字去聲
道｜理｜德｜路｜治導引｜蹈履｜稻禾｜套圈｜虛｜悼傷｜纛軍中大旂盜强｜
幬覆｜翿舞者所持羽旄之屬耄七十曰｜燾溥覆照也
造建｜化｜｜次糙｜米粗慥篤實貌噪鵲｜
譟諠｜操節｜漕以水運輸曰｜唣囉｜鈔錢｜皂隸｜
皁馬閑[牜卓]以角挑物櫂進船器槽手攪｜也耖耕種田也
冒覆｜｜犯帽衣｜冠也瑁天子所持媢嫉｜瞀｜低目視眊目不明也耄
九十曰｜旄同芼熱而蕃也貌容｜覒邪視
號俗号名｜令｜耗虛｜託信也浩｜蕩廣大皓光也白也好喜｜孝｜弟
效驗｜｜法傚法｜校學｜恔快也斆教也又效法也効力｜
傲驕｜奡同上又澆促子名敖｜急奧深｜又室西南隅爲｜燠熱在中也坳｜執[石幼]｜石
平｜㟉山曲也樂喜好媼老女稱覰｜覰不安
躁急｜懆愠也愁不伸也燥乾｜瘙皮上｜癢竈俗灶鍋｜罩覆也魚｜[竹卓]
笊籬｜[足蚤]跳｜
抱懷｜[毛包]鳥伏卵也泡水｜疱腫病砲銃｜鮑以鹽漬魚又姓炮水滾皰面上｜氣

丨竅 暴丨横丨雨

到至也 告丨示 誥新詔丨告也 郜國名又姓 窖地 丨教訓 酵丨酒 校考丨學 較丨量

笅丨比神丨吉凶者 覺丨睡

撈水中取物 勞丨慰丨勸 邏丨巡 鬧丨吵丨熱 淖泥也又和也又姓 澇淹也 嫪文物也婟

丨戀惜也又士無行考曰丨

靠倚丨 犒丨賞 槁丨打

報丨答告丨 豹丨虎 爆火裂也

哨丨巡 稍洗米之水 掃丨地

右丨左 佑丨保 又丨庇 丨再也 幼小也長丨 柚似橙 宥丨寬 侑勸酒 囿丨園 銪

褎丨燒袖也又多笑貌寔丨漸長 也又服飾華盛貌 釉物有光也

受丨承 授丨領 綬付也 丨印 獸禽 狩冬獵也又天子出行巡丨 首有罪自陳曰出丨 售

壽丨賣也 寿年丨福丨

秀俊丨丨才 榮也茂也 琇玉名又美石也 綉錦丨 繡綵丨 銹鐵丨 岫山有穴曰丨 袖彩丨彩丨

宿星丨

救濟丨 捄同丨 廄馬丨 欄 究追丨研丨 疚病也 灸火灼體以療病也 柩扶丨棺丨

臼丨碓 舅母丨妻丨 舊不新也 桕鳥丨子丨 咎罪丨咨

辨字捷徑 入聲

紂桀丨 宙宇丨 胄甲丨 冑胤也高也系也嗣也太子曰丨子 臭穢丨 酎醇酒

嗅 齅鼻鳴 糗乾粮

謬丨詐 丨妄 繆差丨 綢丨

就即也從也 鷲大鵰 丨嶺丨

溜丨水也丨 霤屋水流處曰丨又中丨中宮之神 鎦水飲飯也 籀大篆丨

晝夜名對也 咒丨詛丨語 味 噣鳥喙鳥口又星名

辨字摘要入聲卷四

哲丨明 晢丨明 蜇螫丨 浙江丨水名 晣明也 哲星光 折曲丨或以少代多皆曰丨 蜥俗作

丨懾海丨怯也 慴伏丨 摺丨疊 褶複衣 輒每事即然也 輙 又動丨止也 歠歉也 讋畏也

帖丨簡 怗安丨 丨服安也靜也 碟石丨 牒木丨 貼丨帖也又 呫囁丨 堞城上短墻 諜間丨

喋丨軍中採事之人 蹀踏也又行不穩也 躞丨 喋丨口能言 蝶蝴丨 渫水也 泄丨 楪木丨

媟丨嬻 疊丨重 疉疊也 又鐵 鉄黑金 鐵銅丨 驖馬黑色 絰麻丨喪服 丨

耋八十曰丨 垤蟻丨冢也 咥咬丨 迭更丨 軼 跌丨 又丨 佚也又

丨與迭同更也遞也 餮貪食

雪丨雨 屑心意切切 潔也碎也 糏米麥破之餘曰丨 薛國名又姓也 紲縲丨 絏 又馬丨繫也

躞又丨 蹀長丨 痥丨痢 屧丨鞋 枻檠丨弓之丨 泄丨 洩丨漏 渫除丨

又教也和也 燮丨和 爕木也 燮調丨理丨 傑 細事丨 媟丨嬻丨狎 御近侍之臣

四十九

業

藝燒 契洯同 褻丨慢又私衣也

事丨業丨丨生理也 鄴郡名又姓 聶聶又人姓又小語 躡丨踏又履其後也 讘丨口丨多言

鑷鉗取之具 囁丨嚅怯呐也又和罵 蘖丨妖 蘗萌生所木復生枝也 孽庶子 涅染也

捻丨指 齧咬也 嚙齒丨物也 臬桉察使司又法也 臲丨卼危也 闑門限 蘭

稍也 櫱麴丨 讞以言議罪以水者讞罪如水之平 瀎 捏手丨捻也

末

本丨木杪也又無也 抹丨攺塗丨 鮇魚 茉丨莉花名 沫涎丨水 秣以穀粟飼馬曰丨馬

墨筆丨 默丨不言 冐丨貪 脉丨 脈筋丨血丨 霡丨霂小雨 万丨俟複姓 麥

丨敕 陌阡丨田間之道也 貊 貉夷狄也安靜也 驀丨越忽然也

結

成丨 桔丨梗 袺以衣貯物而執其衽 拮丨据 黠丨慧 孑丨特出也 紉丨又絲束

刦 刧丨數丨奪也 絜清淨也 㓗水之具 潔淨丨 揭丨起 莢丨莢

瑞草名丨豆丨 羯胡戎號 訐斥人隱過攻發陰私 頰面丨 鋏劍把 蛺丨蝶 唊妄言也

襭以衣貯物而扱于帶間

仄

陿丨與同又平 昃日斜西也 則 側丨陋 磔裂也張也開也 [illegible]以石

丨窄物丨狹 舴丨艋小舟 蚱丨蜢虫名 摘取 謫貶也責也 責丨罰 嘖丨罰備

煩言 賾丨賾也 蹟迹也與績同 嫧雖也 簀床名之簀

宅丨舍 測度丨 惻悽丨痛 擇選丨 澤恩丨 滑丨 濹丨 簗名 策計 筴卜筮

葉

丨賊盜丨害丨 蠈食苗節之虫亦其頭身長而細 册 冊丨籍 栅編木為之 丨門塞 坼

丨開 坼丨裂地丨 叕治稼穀也 穀擊

枝丨中丨中世世也 鍱金鐵丨也 厭伏也又滿意 擫 咽哽丨 噎丨悲吏丨

食時氣室不通也 饁餉 糧米久生 鯰 醃鹽漬之魚肉 曄光耀也 燁光明盛也又電

光丨也 謁丨見 暍傷暑 頁書丨 蟖丨蛸即螺虫 抴丨採 閼歲在卯曰單丨 僷

容也 丨 㦻丨

叶

協 協和丨 脅丨合音韻不丨 脇肋身左右脇也迫丨以威力恐人 俠丨客烈丨 挾丨持丨帶

愜快意 纈綰結也 頡丨頏相並也 歇息丨安丨 蠍虫 猲虎短喙犬也 䬹

丨肩 脇丨 骼丨

竭

丨盡丨力 碣碑圓為碣特立者曰丨又石 揭 揲負也 碣去也健也武壯也 桀賊人多殺曰丨

傑 杰豪丨俊丨 挈丨提 扢以手丨物 怯畏丨 慊快也足也 愒貪羨也

篋丨箱 痃病

色

丨領 虱蟣 瑟琴丨 璱玉瑩潔貌又碧珠也 塞丨塞也又耳不通又壤 嗇

鄙丨 濇不滑也澁同 穡稼丨 鑡腳丨 廝丨打丨罵 骰子

白

明丨黃丨又告也 帛幣丨 魄魂丨 拍打也丨板 珀琥丨 舶海中大船 鮊鯉魚 鈸

丨銚 茇草名 匐匍丨 蔔蘿丨 潑水丨 撥丨動也 㩧射中物聲 醱語丨 醱醅丨

淌名

列㼲｜又多也　烈酷｜猛　冽凜｜又水清潔　裂碎｜開　劣醜｜　埒並｜等也　鋝三十

百數｜目　陌兩｜也耕田起土　捩紾也又相違也　獵打｜　躐踐也｜等踰跨也　鬣馬領毛又剛｜豕名

佰百人為｜　伯長也兄又霸之稱　柏松｜　迫窘｜切　擘巨｜大指　蘗黃｜藥名

革皮去毛曰｜又曰｜去　北方｜　撥分｜　襏｜襫兩具　鉢衣｜　䥽｜鎌香芷

格｜式｜又至也又樣法則也　骼骨｜　篰竹為障｜子以　隔｜斷　鬲｜

或疑而未定　膈胸｜　繹織｜也　挌鬪也擊也

惑疑｜眩亂　獲得也又臧｜奴婢也　豁｜達｜免　活生｜　畫界限也分也　劃以刀破物

國邦｜家｜　幗巾｜婦人　蟈螻｜虫名　括檢也包｜　聒｜噪　适疾也伯｜　虢｜國　斡

馘旋｜｜耳割左　𦯬蔓｜蔓即草名

妾次妻　截斷｜也　捷急｜疾走也又勝也　崨山形｜業　緁縫衣　誱利也便也　切割｜一｜｜迫

絕｜滅｜斷又止之也　竊盜私取也　睫目｜眉｜邊毛也　竆恐｜恐　婕好女官　踕足疾

黑色　核｜綜殺　劾按｜彈｜　赫｜明顯盛　嚇恐｜怒也　戛考｜又慘刻也　翮羽莖

謔也驚｜　𪆰又胡鬣｜人名

滅　威｜絕｜沒　搣手分之也　篾竹肉削去為｜　蠛汚　蔑斯｜死也　蠛｜蠓小虫

接｜待受也承也　楫船｜　檝｜子　睞目旁毛　浹｜合親厚也　岊山高　櫛梳｜日｜

䣣鄉｜　卽｜制　幯巾｜　楶梁之短柱上承屋脊

客賓｜寄也　喀又｜嗽　克能也勝也又已又攻　尅急｜剋定約　刻時｜雕｜　楔書｜木｜

徹通｜明｜也取也收也　㗭｜哄　澈水澄｜水清　撤｜除去也　轍車迹也　哲明｜知也　掣曳也同｜

涉徒行水中　鍱鉄｜金飾　跕足行也　揲以手數物　葉姓｜枝｜　攝｜政兼也　躡｜日動　懾

舌口｜灌也　兌爵本｜末　設陳｜若之辭　歙又假縣名

厄災｜　扼持也按也　軛轅端橫木駕馬頸者　枙秧　㼜有力者　額｜頭｜

特挺立也獨｜又別　螣虫名　忒差也　慝惡之于心者　忑忐｜心虛也志｜法也懼也　蟘食苗葉虫又乞貸則生｜

別分｜　撇特｜拋｜　瞥暫見也　鱉魚｜團｜　鷩瓦器　蹩｜躠足跛也　女婦女陰戶

勒刻｜泐同　艻｜刺　肋脇｜骨也　趯急行趕人曰｜勉同　揲｜手指間　扐同上　櫪也

闊廣｜疎｜契｜又勤苦也

德道｜恩｜　得｜福去

熱炎｜

跌｜倒　攧｜撲殺

一數之始　乙太｜星名又天干名　壹專｜　灐水流　益進｜　縊弔死　溢滿也　嗌哽｜

鎰廿兩也　謚官｜　鷁水鳥　翼羽｜又扶助也恭敬也　瀷飛｜　翌明日　翊輔｜

睪伺也引｜　繹長也思｜　懌悅也　驛館｜遞｜　譯重｜　釋解之明日　嶧山名

斁 射|厭 醳 酒| 墿 街道 䞣 鬼使 燡 火光 檍 木名 億 十萬曰| 臆 胸|
掖 持| 液 津| 腋 肘| 焲 火光也 棭 木名 亦 又也旁及之詞 弈 圍棊|葉
易 換也經| 埸 疆| 煬 火光 蜴 蜥|虫名 鳦 燕子 揖 拜|讓 抑 遏|屈|遏
挹 損|酌也 邑 縣名 悒 憂|安貌 浥 潤濕 唈 氣短 裛 書囊香衣 裛
儒衣 逸 軼 縱|安|隱|超|逃| 佚 遺|安| 泆 淫|放也 洂 精| 妷 淫| 佾
舞列 熠 燿|微光 煜 火光盛也 弋 |射 蚮 虫名 弌 古字 杙 果名 酟 酒色也又甘也
曳 拖| 覛 |巫 亂 掌骨之 叱 聲也 溴 水出河南密縣 归 也 馹 館|馬|
鉽 鼎耳在外 帟 小帳 亦 即亦字人之|下 芅 羊桃也
習 溫|學| 褶 袴|也 昔 往|代也 惜 愛|難| 腊 乾肉 襲 掩|依|承|子承父爵曰|
舄 履也 隰 原|曰|又姓 席 坐|筵|尊|師曰西| 恤 卹 憫| 䘏 賑| 侐 清靜
析 分| 蜥 蜴 䬸 風聲 |䬸 晰 明| 晳 白色 夕 暮也 汐 海潮晚至 穸 窀|
基 蓆 草|又大也 錫 銅|又賜予也 焬 乾貌 裼 上身衣又加于裘上之衣又小兒之被 悉
皆也 奮也 蟋 蟀| 戌 支名 膝 足|下 藤 牛|藥名 息 喘|利|消|姑|歎| 媳 子之
婦曰| 熄 滅火也又蓄火也 瘜 惡肉之人其息是也
即 就也又助語又|刻 唧 虫聲|啾| 鯽 魚| 蝍 蛆| 積 聚|習| 績 紡| 勣 積 |聚
衣間壁也 蹟 跡 迹 不|不同道 足|形| 磧 砂|古| 稷 粟類似黍而小又社| 瘠
小兒瘠| 踖 蹴| 脊 背| 鶺 鴒| 蹐 累足而行步之狹也 瘠 瘦| 塉 土| 畟

進也又利器狀
立 建|成| 粒 顆 笠 若| 苙 欄也 曆 歲| 歷 經|練| 嚦 鳥聲 瀝 |不得盡而
餘酒 癧 瘰|結瘡也 櫪 樹名 瞝 |瞑視之明也又目轉也 藶 葶|藥名 䍽 風聲|䬸| 靂
霹|雷聲 慄 懼也 櫪 馬厩 力 氣| 率 彀|弓之限 繂 繩| 膟 骨|腸間之脂也
栗 棗|果名 溧 |列 㮚 何|人名 瑮 玉英華也 矞 以錐有所穿也又滿有所出也 繘
汲水之索 適 回邪 聿 發語詞 礫 山石 律 音|又|令又|均平也 嵂 崒|山峻貌
櫟 樗|無用之材 瓅 珠色 轢 明|車 鴥 疾飛 酈 地名又姓 匿 |隱 惄 飢也
㳮 小便又流水 溺 同上 尼 止也孟子止或|之 霱 瑞雲 鷸 知雨鳥

十 數之終 什 數以十紀又|物 拾 收也|取 食 飲|又|言不踐言也 飾 修|粉| 蝕 日|
|月 溼 濕 濕 潮|也 失 落| 識 知|見|認| 室 家| 實 寔 實 虛|
果|又充滿也是也 射 弋不|宿| 釋 消也又解|又|放 式 中|格|合 軾 車前橫木可憑者
拭 抹也 蟄也 栻 木局所以推陰陽占吉凶者 奭 盛也又赤色 襫 襏|雨具 石 山石 碩
大也|望 㚼 女無子也 適 往也又安|又|然 俗 遹 猶偶然也女嫁曰| 螫 蜂行毒 隰
陘 地低下處 鼫 五技鼠
尺 丈| 直 正|道| 值 價|遇|時| 植 栽|立| 殖 貨|種| 勅 |令也 勑 封| 慹 從
鸂 鶒|水鳥毛五色 遫 張也 飭 整| 擲 |躑 踯|跳躍 湜 水清見底 蟄 驚|虫藏也又節名
赤 紅色又|子又|身 斥 貧又|呵|中|又發怒也 叱 口罵也 秩 爵|序| 鉄 縫也

扶笞打也　怢書衣書卷　肤目不正也　袠十歲曰丨　姪侄叔丨　彳小行貌

柣門限

必

丨定　珌佩刀上飾　畢完丨丨宿　蓽蓬丨草屋　篳甑丨　熚丨州火聲　蹕駐丨警丨止行人也

⿰木畢木名　罼網小柄長　韠丨沸泉出貌　筆笔丨墨又述事而書之　逼丨迫丨抑緊丨偪同

愊悃丨至誠　觱丨栗樂器丨發風聲　煏飯丨　辟比也居也　鐴犁丨丨　壁牆丨　襞積丨

縠縫　碧深青色　躄跛也不能行也　薜丨荔茅屋　璧玉也圭丨

執

拘丨持丨　縶繫絆馬足　職官丨主也掌也　織丨布也　熾火盛也　幟旗丨　只助語

窒丨礙丨塞　桎刑足具　蛭馬黃蜞丨　郅至也　銍鐮刀　質贄丨丨證丨樸　礩柱下石礎

陟登也　騭陰丨　炙近火曰丨　跖　蹠足底　摭採取　汁丨液　隻單也　馽

繫馬足繩　秷禾穗又刈禾之聲

吉

丨慶丨凶　佶正也又壯健貌　拮丨据手足共作之貌　姞姓　咭丨聒喧鬧　給贍也足也又曰捷丨

跲躓也蹶也　急繫丨丨迫　亟急也數也　殛誅也　激感丨丨礦　擊打也　級階也首也

汲引水又不休息貌　伋同急又子思名　扱扳取也　岌丨丨不安貌　笈書箱　鈒丨鑣

酒器　戟兵器　棘荊丨陳衣為領　劇丨雜丨又病重也　訖丨了也　⿱畫皿心憂悶也　暨丨陶宋仁宗時中進士吳人丨豔之後

匹

丨夫丨配　疋布丨又同上　鵖鴨也　辟丨除偏丨便丨　闢開丨　僻陋也乖邪丨幽丨偏丨靜丨

癖腹積也　霹丨靂雷聲　䨪丨礔也　劈以刀開物　擗拊心也　躃踴丨跳也　澼沈也

擘巨丨大指也　㢸魯之家臣劉丨　弼輔丨助也正也　愎剛丨丨戾　苾丨芬香也　鉍介者

鼻口丨　胇丨肸人名　痹有丨國名

迪

丨進也順也啟丨開發也　覿見也　敵抵丨仇丨敵同　倜丨儻不羈　惕警丨愛也　剔以力去物　邀遠也遏也　踢

笛樂具丨孜　翟山雉又姓　糴買穀米　趯跳也　籊長而殺也

丨腳丨毬　狄夷丨　荻蘆丨　瞲失意視也丨馬失所　滌洗丨除

吸

呼丨飲也　檄丨文稱彼之惡說此之善曉諭百姓之書也　隙空丨丨嫌釁丨郤同　綌粗葛　艴大赤

翕合也聚也盛也　肸響布也盛作也如虫起而起也　虩恐懼貌　汔水涸盡又幾也水乾　鬩訟也戾也怨也　闃幽靜　覡女巫曰丨

七

數目柒同　疾丨惡急也　蒺丨藜藥名　嫉妒丨　鏃丨鏃　籍書丨又丨語聲　漆水名又油丨也

桼膠丨　寂丨寞靜丨　戚親丨丨斧　慼心憂丨丨　刺以針丨物　集聚丨　緝續也又績

縫也　咠譖　葺覆蓋也修丨治也　戢斂丨也和　輯　濈丨和丨　藉蝍丨丨此

的

丨確射丨　菂蓮中子也　玓丨瓅明珠色也　靮馬韁也　滴點丨　鏑鋒丨　嫡正妻之子

適閒丨又專主也　蹢丨躅踯也　甋瓴丨也　弔至也

逆

不順也又近也　⿰口逆嘔丨　迄至也　仡丨丨壯勇貌　屹山高　矻勞極至也　圪高大貌

⿰立乞立也　鶂丨丨鶯聲　鷁水鳥船頭畫之　艗同上舟也

宓

密秘丨綢丨　蜜蜂丨　覓尋也求也索也　汨丨羅水名　謐靜悟也安也　冪遮面之衣

日丨入出丨進也約也馹驛傳馬遞

及并丨丨至芨白丨藥名吃喫食也乞丨丐求也泣無聲出涕蛣丨蜣虫名詰問也

青也又明旦曰丨朝劇烦丨丨又戲也增也屐丨木極至也窮也

叔父之弟也淑美也善也菽豆之總名俶始也婌女官倏忽丨孰誰何也熟生丨

束縛丨塾門側之堂蜀巴丨四川蠋草名屬屬附也稱也宦係部曲曰丨贖用價

取回曰丨又金兑罪曰丨

欲顧丨情丨又將也慾嗜丨淫丨貪丨育養丨㪚吹氣也鬻賣也養也又獯鬻北狄之名毓養丨

浴沐丨洗身也峪山丨郁丨丨文盛貌又馥丨香也澳水涯內曰丨墺煖也昱日光

煜火光薁丨李果名又草名鴪鴪丨鳥名

伏收丨俯丨茯丨苓藥名袱包丨服衣丨佩丨習丨事丨降丨福丨祿又祐也祥也菔萊丨

蘆丨即蘿蔔鵩鳥名幅裙丨布帛丨廣大也蝠蝙丨蟆鼠輻丨輳聚集也或又車復重丨

反丨白也報也腹丨肚複重衣覆反丨又敗也倒也又穹也審也馥丨郁香氣也蝮蝎丨

虙丨姓复行故道也

逐驅丨蓫丨蓫羊蹄菜躅躑丨不能行貌觸感丨犯抵丨歜氣盛怒也

躅同躅今字軸車轂丨妯丨娌兄弟之妻舳丨艫柚杼丨織具畜丨牲束約丨丨

矗直聳上高起也直也齊也

讀誦丨犢牛子瀆溝丨又江河淮濟為四丨匵櫝匱也牘簡丨瀆冒丨褻丨瓄玉名

讟怨丨謗丨嬻媟丨慢也黷丨武當行而玩視也隫通溝也殰胎敗也髑丨髏首骨

獨單也幽也独同上俗字薥丨活藥名毒狠丨丨害[illegible]丨氣害人[illegible]瘡丨[illegible]丨俗

如虎而豕鬣

速急丨又召也遫謹而不放敕丨菜次丨陋貌樕樸丨小木餗鼎中之物觫觳丨恐懼貌

謖興起也又人名馬丨驌率鼎聲縮退丨收斂也長房有丨地之方蓿首丨草名蹜舉足促狹

[illegible]砂丨藥名簌飾也

木樹丨質朴沐丨浴濯髮也痳麻丨俗字霂霢丨小雨穆丨淳丨廟序也又昭丨繆名與謚夷曰丨

又同上目眼丨節丨睦和丨親丨苜丨蓿草名鶩左傳公膳日雙雞饔人竊更之以丨楘

又姓

車歷錄東文也牧丨養丨童

祿俸丨回丨火神名利丨又碌丨唐[illegible]目丨珠睛轉醁醽丨美酒錄記丨騰丨騄騄丨馬也

轆車聲鹿獸名漉丨盧麓山之足轆丨轤汲水之具膔腹鳴聲簏竹篋也

摝振也甪商山四皓有丨里先生

六數目陸高平曰丨又姓[illegible]商丨曰常山稑種丨後種先熟曰丨蓼草長大貌戮殺丨丨辱

勠併力綠青黃間色菉丨豆籙圖書符丨箓丨竹醁丨酒名蔍丨蒿錄

抄丨目丨忸丨怩慙色

谷山丨穀米丨轂車丨瑴雙丨玉縠縐丨紬榖木名丨樹告言也梏桎丨刑也嚳

古帝之名鵠黃丨鴻丨又小鳥又射之的

竹 木|竺 天|西域國名 築 修| 筑 似琴樂具 祝 |贊又姓 柷 樂具 [illegible] 上樂 粥 飯|

燭 俗 烛 燈|又照也 蠋 桑虫如蚕 噣 |叮 矚 視之甚也 劚 斫也 窋 后稷之子名不|

肉 月 骨| 辱 玷|恥| 蓐 陳草復生又草薦 縟 繁采又細也 褥 被|裀| 溽 酷暑也

鄏 郟| 衄 傷也 䶊 鼻出血

哭 泣|

僕 奴| 撲 扑 |滅擊也 蹼 跌| 幞 |頭紗帽 樸 棫|木叢生之貌 襆 |被粉| 璞 玉在石中

曝 日| 濮 |陽水名 瀑 崖上飛泉 襮 繡黼為領朝服為衣 暴 |露|躁 朴 |質 又同樸

菊 |花又姓 掬 撮也 踘 蹴|今之戲毬 匊 兩手捧物曰| 鞠 |育|養 諊 |問又盡也 [illegible]

小| 鋦 也 麴 姓| 檋 禹山行所乘者

促 偪|不安 蹴 |蹋又不安貌 踧 |踖恭敬不寧之貌 蹙 顣 通|頻|愁貌 數 密也 勗 勉也

畜 止也養也 慉 養也 蓄 聚| 頊 顓|為皇帝之謹又嶽謹貌

曲 屈|部|吉|安| 麯 造酒之| 局 |面|外 跼 跼 侷 |促不自伸也

斛 斗|石|樂名 觳 |觫恐懼貌 酷 食| 焅 旱氣

族 宗| 蔟 蠶|聚也慣也 簇 小竹 鏃 箭頭

卜 |占 不 非也 暴 橫|露

篤 厚| 督 |責率都| 启 |臟下穀也 豚 同上 硌 落不聲

夙 早也|昔又 宿 |住 肅 敬| 鷫 |鸘神鳥 驌 |驦良馬 俗 風|粗| 續 陸|縊|又相連也

粟 粟俗 粟 米|穀寶也

足 脚也又豐|

玉 寶玉 鈺 堅金 獄 牢|囚|

屋 舍| 沃 灌溉

決 判|斷 訣 法也|絕 玦 環之不周者 [illegible] 着于手以張弓者 抉 挑|出也 觖 |望怨已

不滿所望之也 鴂 即子規鳥 厥 其也 蹶 跌也 劂 剞|雕刻也 蕨 草名|笋|粉 獗 猖|

曷 何不也 鐍 |有古今 葛 布| 盍 何不也 合 分|升| 閤 |帛山名又內小門 蛤 |蚌|粉 軩 諫|

鴿 |子 欱 歠也

盒 盤| 嗑 噬|卦名又食也 闔 閉也又閭| 褐 毛布 熆 |熇 歙 大歠

納 輸|收| 吶 |喊又不善之言 枘 圓|物 衲 補|衣 妠 |始 軜 驂馬內轡者

曰 語也 悅 喜意也 閱 閱|官家 鉞 鈇|軍器 越 |踰又國名 趣 超|

闕 宮| 橛 木橛也 閼 |止也樂終曰| 掘 |穿地也 缺 破| 蛈 列|雷師

拙 愚| 棁 梁上短柱也 罬 捕鳥之具 惙 |憂也 諁 多言不止 輟 已也止也 綴 聯也

準 |鼻也漢高祖龍|

月丨日　刖割也　趼斷足　軏車轅端横木
撮取也　蕞丨爾小貌
渴口干也又盡也　瞌丨睡　瞌眼丨　磕丨頭
掇採也取也　裰補丨
血丨脈　穴土室也又窟也
奪捨丨强取物也　脫丨落丨畧
雜錯丨　襍五彩相合　趡疾走
刷振丨又糊丨　尋究也掃丨　靸輕舉貌又草履小兒履也　颯颲風聲
遏丨絶丨止　頞鼻梁　姶美好也　盒覆蓋也　閼止也塞也
捋掇取也
啜歠丨飲
說丨話論丨解丨
達通丨　撻鞭丨打丨　澾滑丨　闥小門　韃丨靼　塔物墮聲又嚐丨浮層也又雁丨題名　搨低地
榻床狹而長　闒丨茸猥賤也又樓上户也　溻濕也　蹋　踏丨踐　遢邋遢丨不謹事　劼用力也固也勤謹也
沓意急緩　轄車軸　漯水名　獺水丨　鞳鼓聲　嚃以口就食　黠丨慧又堅黑
甲干名又介虫曰丨里丨胄又草木之孚也　胛干丨丨縫又　扴指揺丨物　夾丨輔左右扶持又相兼也　郟

丨郟地名　戛長矛也又擊也轢之也又法也　稭禾藁去其皮祭天以爲席　秸三百里納丨服　恝無愁之貌
答問丨報丨　裌袷衣無絮也　荅同上又小豆也又渠丨　搭附衣物　妲丨己紂之妃　踏跋行曰丨丨跡　靼
韃丨北狄總名　詚丨鬼不靜　黕黑而有白　怛憯丨悲愛　笪織竹以覆物者　嗒口丨　搨手打
殺誅戮也　躂足跌　錫鍋丨　𧞤衣丨裙　薩菩丨　蹳足踏草也　靸鞋丨　撒撮同揮散也　箑扇也　霎小雨
翣棺飾也　颯颯風也又風聲　卅三十併也　煞收丨神丨　歃盟者以血塗口旁曰丨
洽浹丨周徧也又和也　祫合祭也　峽山夾水也　狹丨隘　狎丨玩親近也又習也　柙俗
匣藏獸檻又匱也
瞎目不明也　舝車轄頭鉄
法方丨度丨效丨古丨　伐征丨丨柯　筏所丨度水之物　閥閥丨　發興丨遣丨朋丨達丨　髮頭丨
乏無也丨水　罰刑丨責丨
臘歲終祭也　獵火丨　蠟蜜丨　躐丨蹈行不正也　辣辛丨味也　拉丨招　喇丨叭樂器　喇
目不正也　剌僻也戾也　囓齧骨聲
扎收丨　札簡丨夭丨　匝周丨　睫目合也　劄丨子唐人用以奏事　茁丨壯肥貌草木出地貌
皶皺丨皮丨　眨眼丨動也　喳鵲噪聲　遳疾行貌　吃丨聲
察考丨省丨　擦摩丨　刹梵丨佛寺　插栽丨　牐閘城門具夾丨版　臿舂也　鍘以刀切草

具名丨刀　涵漏丨　扱收也取也獲也引也　鍤鍬也　歃歃也　閘丨版同牐　喢多言也

鴨鷄丨家鳧　押簽丨管丨丨韻　哈魚口動也　揠拔也　壓丨倒鎮丨　卣殘骨也

拔抽也取也　跋丨涉　魃旱丨　茇草舍又草木根

穵手丨為穴　襪足衣

八數目　捌同上又破裂之聲　叭喇丨樂器

恰丨好丨當　搯爪丨物也　鬜頭上白瘡后無髮也　簡同上　殎枯丨

滑丨利丨澤　猾丨亂狡丨

刮丨削又摩也

佛西方聖人之名　弗不可不然　彿　髴彷　茀草多　拂逆也丨拭丨塵風丨

沸滾丨泉湧出也　咈丨然丨戾　艴怒色　紼引柩索　紱印組也又朱丨朱裳也　畈列五

采繪為之有柄祭祀舞者執而舞之者也

域疆丨界丨限也　棫丨樸小木　魊鬼丨　閾門限　罭罔也　淢城溝　緎城溝界限　熨丨貼

丨斗　役丨使工丨　炈陶灶窗也　鬱　俗鬰丨丨蔥蔥佳氣抑丨丨結滯也　鬱芳草合釀之以

降神曰丨鬯　菀茂盛貌　疫瘟丨　爩烟氣出貌

孛星名　荸丨薺　勃丨然變色　浡興起也　渤丨海　㶿烟起貌　侼強也狠也　綍綸丨

悖昏亂

勿不也禁音　物事丨丨件又相度也　沕丨穆深微貌上古之風　核果中實也俗音黑

屈撓丨曲也　絀屈也　詘枉曲也辭塞也　倔丨強　崛丨起物孰曰

突悴然相見曰丨丨同下　揬搪丨不遜　禿無髮也又無鋒　凸高起　腯肥貌

忽倏丨輕丨丨忘　笏人臣手所執者　囫圇丨　⿰風忽風疾　欻風有所吹　紇孔聖父叔梁丨　齕齧也

率統丨又皆也畧也　啐怒聲　蟀蟋丨虫名　⿰鼻卒鼻聲　⿴行率丨性之謂道　帥先導也又同率

述紬丨著丨　朮白丨蒼丨皆藥名　秫積米　術丨故道丨心丨

出丨豆又生發也　黜貶丨丨陟　怵丨惕不怨

骨肉丨　汩亂也沒也

橘子丨　譎詭丨

窋將出穴貌又空也

矞重人身烏去也　鷸知天將雨鳥

咄敦入聲呵叱也　柮榾丨短木

窟孔穴也　矻丨丨勞極也

洫溝丨田間水道

訥嫩入聲言丨也　肭丨肚肥也

猝倉卒也　扨摩丨

卒兵丨又死也終也　⿱髟卒髻也

沒沉丨終也死也殁也

兀高貌又｜湛不動 杌檮｜獸名 屼山｜ 仉同｜下 卼危也 甈｜

樂音｜又姓 咢馬｜又徒及鼓也 萼花｜ 鶚好峙立鳥性 鄂地名又近驚｜失色 齶上下齒內

肉｜也 諤直言 愕錯｜處也 近 噩年肅渾｜ 鱷｜魚食人 惡｜善 堊粉壁曰｜ 嶽

山｜ 岳岱｜曰｜丈妻父 鷟鸑｜鳳屬 喔雉聲 椿｜ 齷｜齪齷也 握持也 幄帷｜

渥露｜又音沃

薄不厚也 礴磅｜混同貌又廣被也 充塞也又盤｜鬬定貌 簿簾｜ 欂六柱上枅也 扑杖也 朴

㸁｜爍竹火聲也賞 粕糟｜之渣 酒 泊船依岸曰｜又漂｜流 寫也淡｜恬靜也 箔簾也又金

魄魂｜落｜銀錫 亳州名 樸｜素質 璞玉在石中 雹冰｜ 㩧及物之素

撲同上 圤土塊也

洛｜陽地名 落｜花 魄｜ 落籬｜竹為之以 硌磊｜石貌又｜｜石堅 烙炮｜鉄｜ 絡聯｜脈｜

酪乳漿｜酥 雒鴟｜地名 駱 驝駱｜能負重 醁酒 樂情之所發也 擽打也

蹃脚｜ 諾許｜應詞也 犖駁｜牛雜色又卓｜超絕也 駱白馬黑鬣又｜駝

託 托寄｜又信任也 飥餺｜餅也 袥衣內 踱跳足蹋地 魄落｜又不檢 鐸木｜ 籜

竹皮 度對｜料｜ 籜草木所落皮葉為｜ 柝夜間所擊者 橐囊｜無底令人掛腰下者 拓手承

｜拔夷姓 物｜落不偶

各｜自分也 閣樓｜ 擱耽｜ 角頭｜又較量也 隔｜ 犄 桷椽方曰｜ 确｜鬭勝負也

屩麻履也 榷橫木渡水曰｜ 覺發｜知｜悟 珏二玉相合為｜ 較繼｜又直也又著明也

昨｜日 作木有刺者 錯｜交｜悮 鑿斧｜精｜穿 濁混｜不清 濯洗｜足又鮮潔貌又肥澤貌

擢拔｜舉也又用也 浞寒｜古之讒人 齪齷｜急促貌偏促貌 籗罩魚器 鸑鷟｜神鳥

怍愧｜ 謈訶也

約要｜不｜簡｜儉｜｜信｜束 礿薄也春秋祭名禴同 瀹疏通也又清也 籥樂器似笛三孔而小 鑰匙｜

藥治病之物 篗俗籰收絲之器 躍跳｜

作興｜主｜ 卓｜立高也 倬大也 棹｜枱 琢磨又選擇也 椓叩｜擊也 涿｜鹿地名

啄鳥｜食 鋜擊也 斲斫也 諑譖也 斵斫也 捉｜捕 晫明盛 浞寒｜人名

踔｜絕之行 焯光也爍也

莫無｜不可也 幕帳｜ 摸｜撈索 漠沙｜地也 邊 膜肉間皮 鏌｜鋣劍名 寞寂｜

篗竹｜ 瘼病也 邈遠也貌也

酌斟｜又取也參｜度量也 灼｜又昭明也又燒也｜｜花盛也 妁媒｜ 焯｜爍草木花色盛貌 斫斬也

着服也置也附也特｜ 繳以生絲繫矢而射也 勺樂具

博廣大也 餺｜飥餅也 膊肩｜ 鎛田具樂具 鑮 剝刻｜削｜ 礡石｜岸也

駁雜｜ 爆竹｜ 襮領｜ 搏手擊也

確堅｜的｜ 殼皮甲也 愨謹｜善也誠｜愿也 穀枳｜樂名 敲擊音也 觳鳥子欲出者 恪

鶂｜ 鷇鳥卵 鳨鳥名 涸水竭也 壑谿｜ 貉狐｜ 熇熾盛也 翯鳥羽潔白

郝姓也 學書｜習｜

脚足也　蹻草履　矍丨鑠神氣健也又地名孔聖習射之所　攫以爪搏物　钁丨頭田器　躩田

索繩丨　朔丨望又北方曰丨方　槊矛屬　數丨煩　摗摸丨　縤同索

霍國名又姓　癨丨亂嘔病　藿豆屬香草　穫刈禾　攉揮丨搖手曰揮反手曰丨　矐丨睒電也又音任平

聲　蠼虫名　縛束丨

杓用以挹水　芍丨藥　爍灼丨花盛也　鑠銷金也

爵丨位又酒器　皭白色　爝火炬　雀小鳥

畧簡丨忽丨又丨大約也　掠刦奪也

擴張大也　廓宏大也又開丨　鞹皮去毛也

虐暴丨　瘧丨疾寒熱相攻　箬丨笠蒻同　蒻蒲丨蒲初生之心曰丨者可為蓆

勺量名十抄為丨　綽寬也緩也　淖丨約　繳丨射

鵲喜丨　碏恭也又人名石丨　嚼咬丨

郭近城為丨　槨棺丨鄰同

削刮丨剝丨

若似也又汝也又順也　弱強丨

郤俗郄退也不受也又丨步不前

學俗斈丨習　謔戲丨

椓當入聲擊也　沰滴丨

辨字捷經　入聲　五十九

跋

竊謂備考之書為士林之臂助趨々步々如前燈之引路不可纖悉之誤與人迷惑也辨字捷徑一書其編者洪武正韻詮考精詳不謂非有功於人世故初出時亦甚洛陽紙貴為士人子必備之書厥後坊家翻印以蝕沙蝇味為居心置亥豕魯魚於不顧愈翻愈誤無可適從鄙人心焉傷之爰請名儒逐字逐韻詳加攷正一字無訛俾閱者開卷有益是即鄙人餉世之苦心焉耳

民國二年春二月富華圖書館主人謹識

邗江王允中履之甫書

六十一